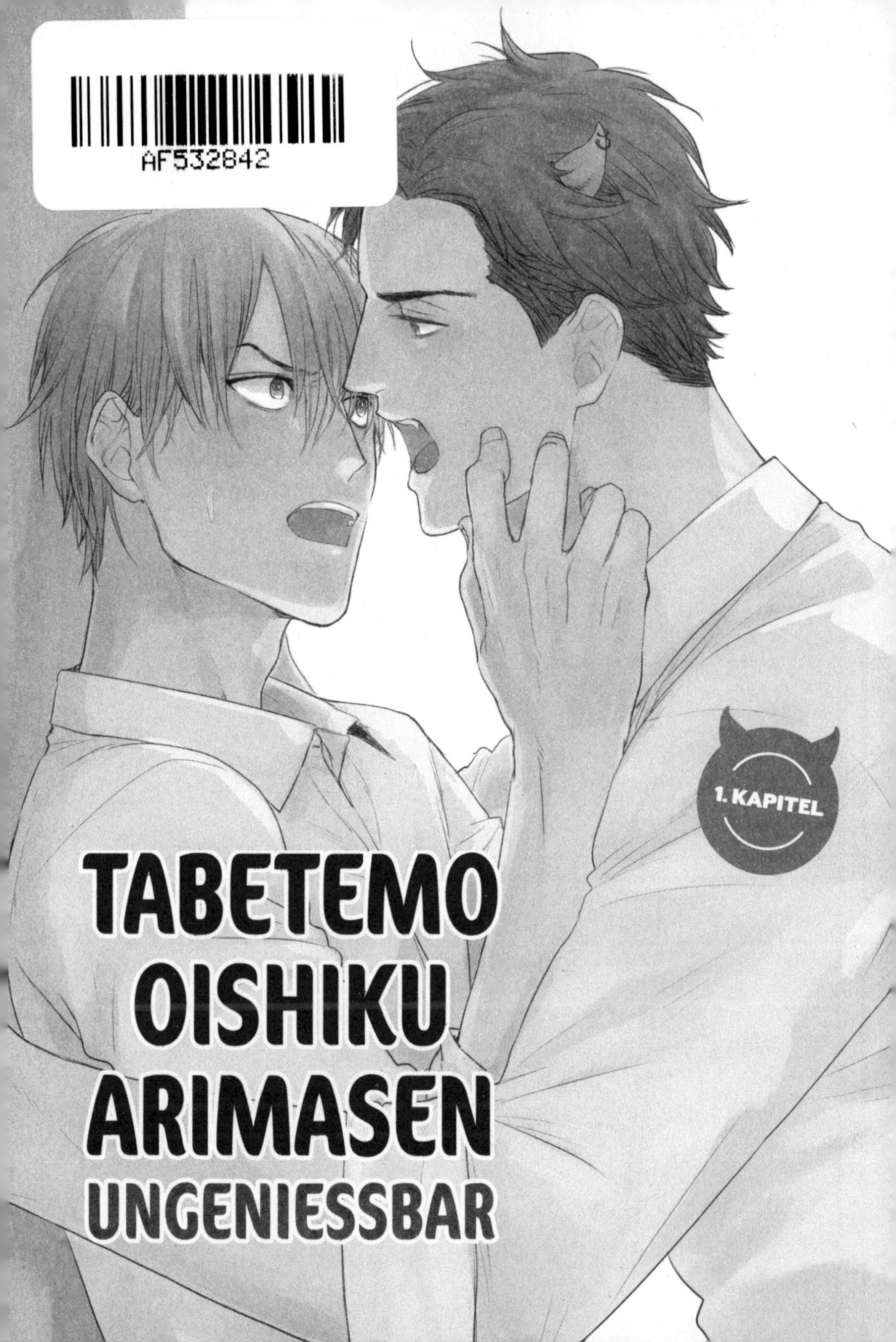

1. KAPITEL
TABETEMO OISHIKU ARIMASEN
UNGENIESSBAR

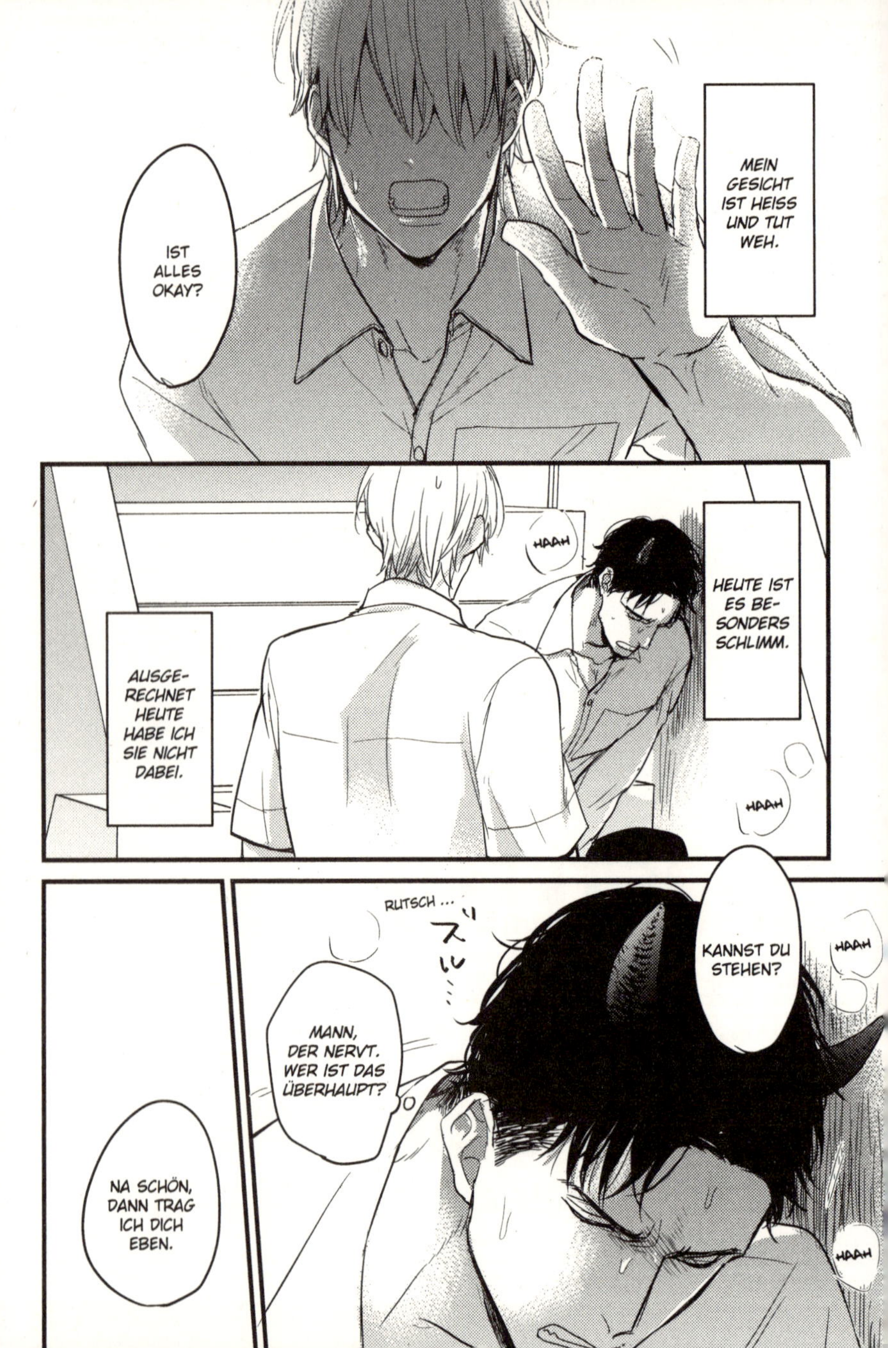
MEIN GESICHT IST HEISS UND TUT WEH.
IST ALLES OKAY?
HAAH
HEUTE IST ES BE-SONDERS SCHLIMM.
AUSGE-RECHNET HEUTE HABE ICH SIE NICHT DABEI.
HAAH
HAAH
KANNST DU STEHEN?
RUTSCH ...
ズル…
MANN, DER NERVT. WER IST DAS ÜBERHAUPT?
HAAH
NA SCHÖN, DANN TRAG ICH DICH EBEN.

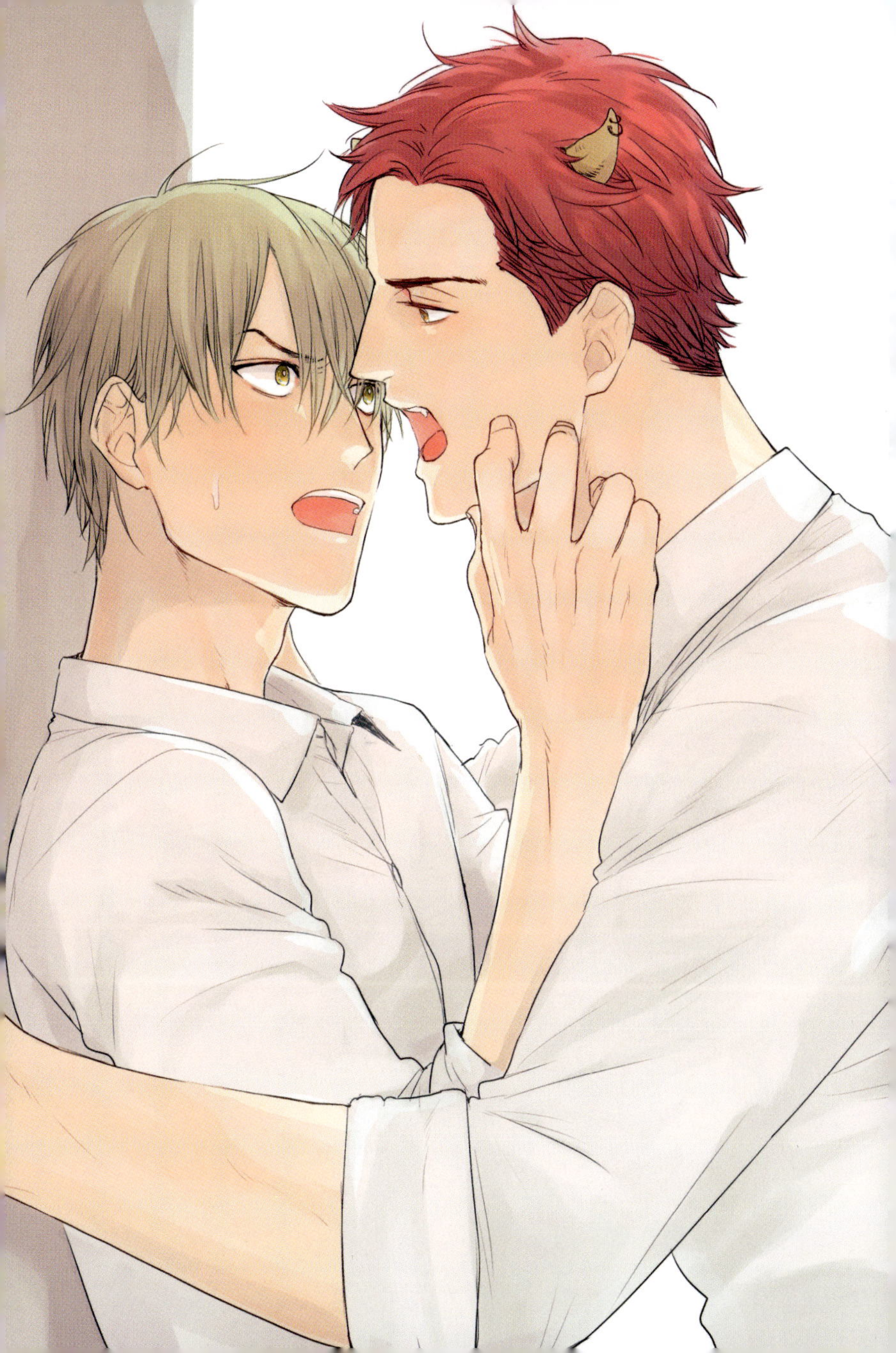

STORY & ZEICHNUNGEN
YAMADA2CHOME

ÜBERSETZUNG
SHOZO ARAKI

LEKTORAT
KATHARINA ALTREUTHER

LETTERING
LARA IACUCCI

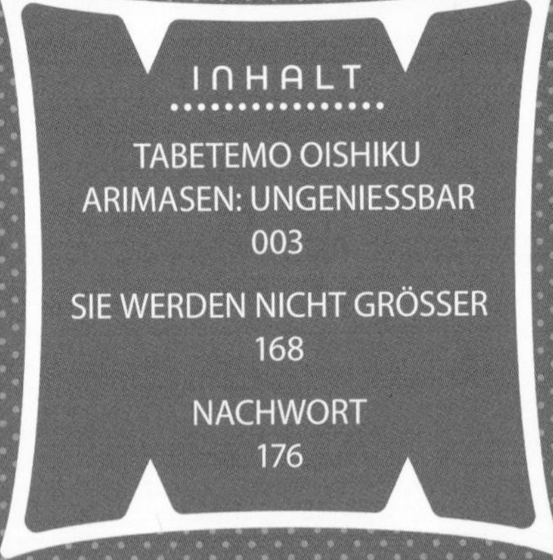

INHALT

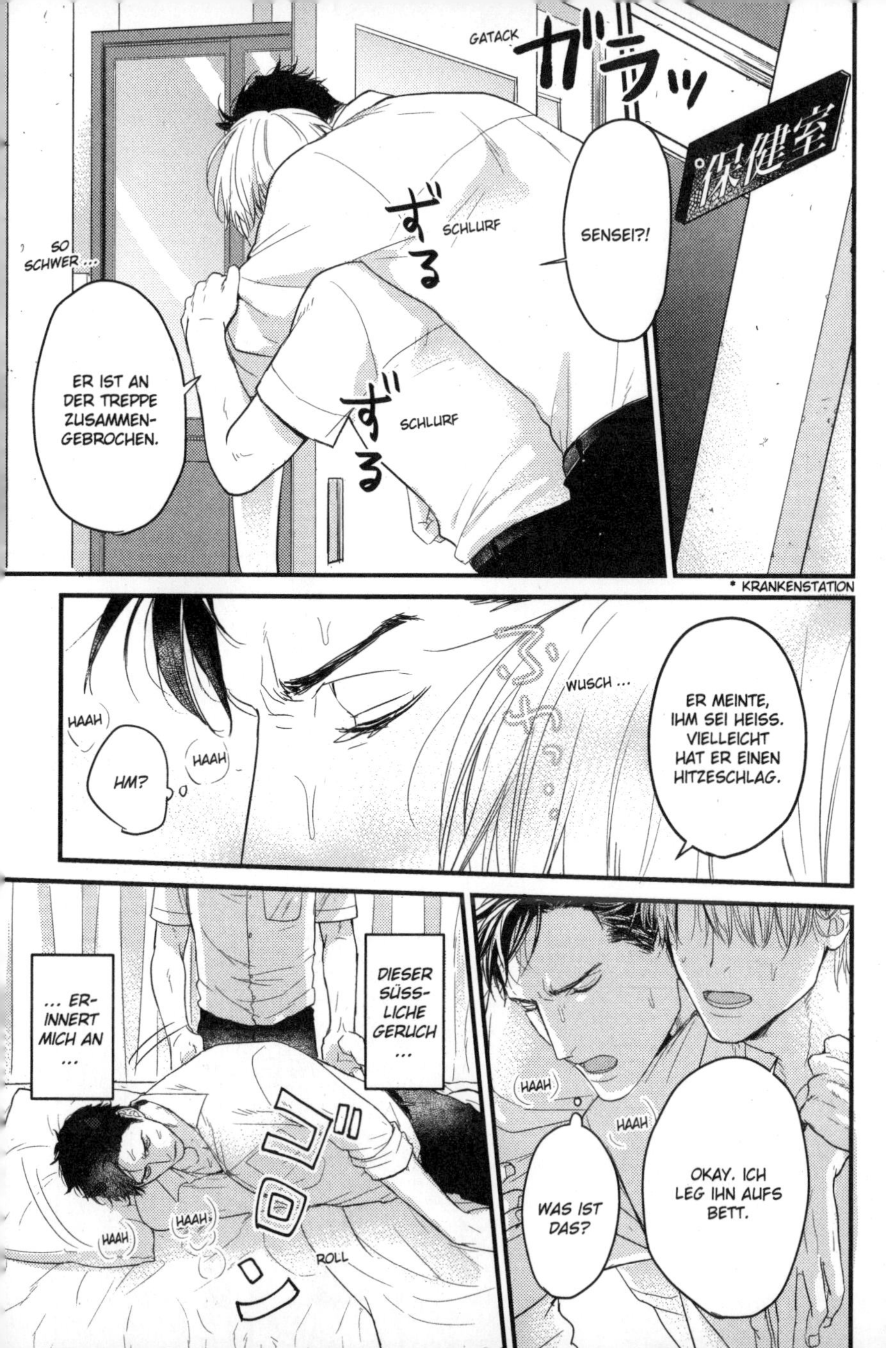

ガラッ
GATACK
保健室
SENSEI?!
ずる
SCHLURF
ずる
SCHLURF
SO SCHWER ...
ER IST AN DER TREPPE ZUSAMMEN-GEBROCHEN.
* KRANKENSTATION
ふわ
WUSCH ...
ER MEINTE, IHM SEI HEISS. VIELLEICHT HAT ER EINEN HITZESCHLAG.
HAAH
HAAH
HM?
OKAY. ICH LEG IHN AUFS BETT.
WAS IST DAS?
HAAH
HAAH
DIESER SÜSS-LICHE GERUCH ...
... ER-INNERT MICH AN ...
ゴロン
ROLL
HAAH
HAAH

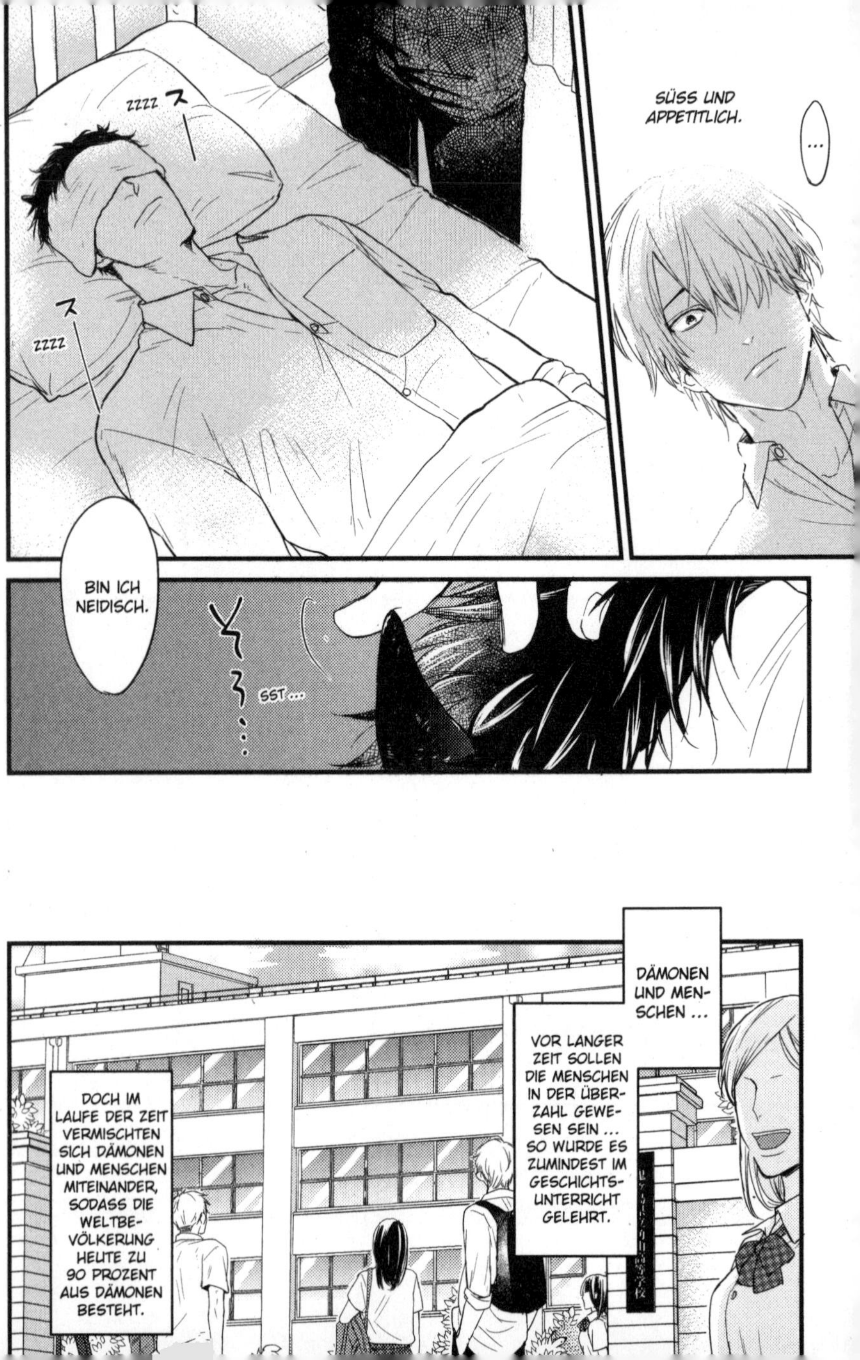

SÜSS UND APPETITLICH.

…

ZZZZ ス

ス ZZZZ

BIN ICH NEIDISCH.

SST …

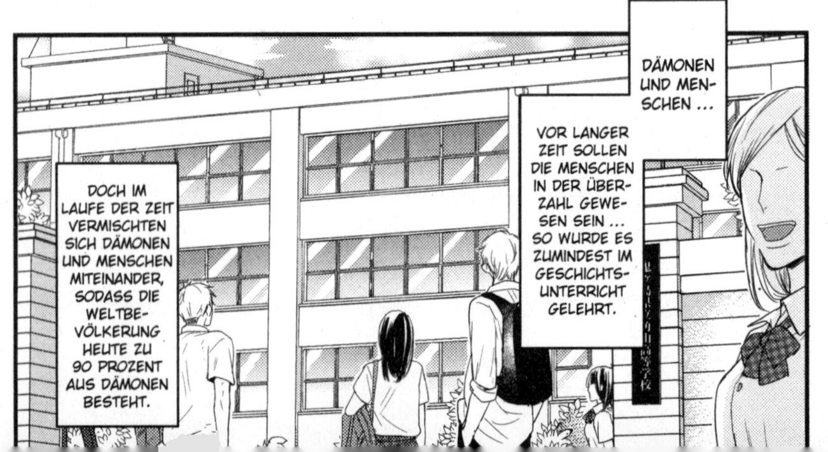

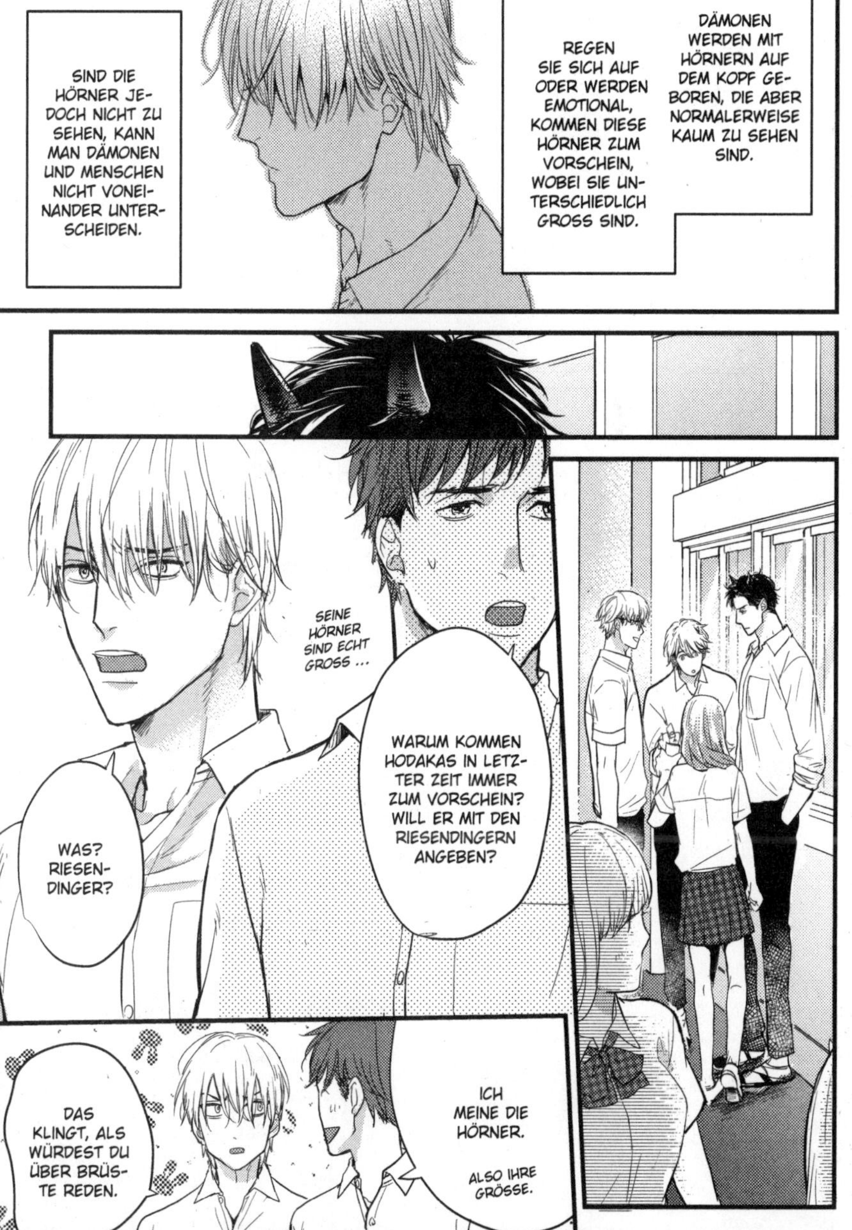
DÄMONEN WERDEN MIT HÖRNERN AUF DEM KOPF GEBOREN, DIE ABER NORMALERWEISE KAUM ZU SEHEN SIND.
REGEN SIE SICH AUF ODER WERDEN EMOTIONAL, KOMMEN DIESE HÖRNER ZUM VORSCHEIN, WOBEI SIE UNTERSCHIEDLICH GROSS SIND.
SIND DIE HÖRNER JEDOCH NICHT ZU SEHEN, KANN MAN DÄMONEN UND MENSCHEN NICHT VONEINANDER UNTERSCHEIDEN.
SEINE HÖRNER SIND ECHT GROSS ...
WARUM KOMMEN HODAKAS IN LETZTER ZEIT IMMER ZUM VORSCHEIN? WILL ER MIT DEN RIESENDINGERN ANGEBEN?
WAS? RIESENDINGER?
ICH MEINE DIE HÖRNER.
ALSO IHRE GRÖSSE.
DAS KLINGT, ALS WÜRDEST DU ÜBER BRÜSTE REDEN.

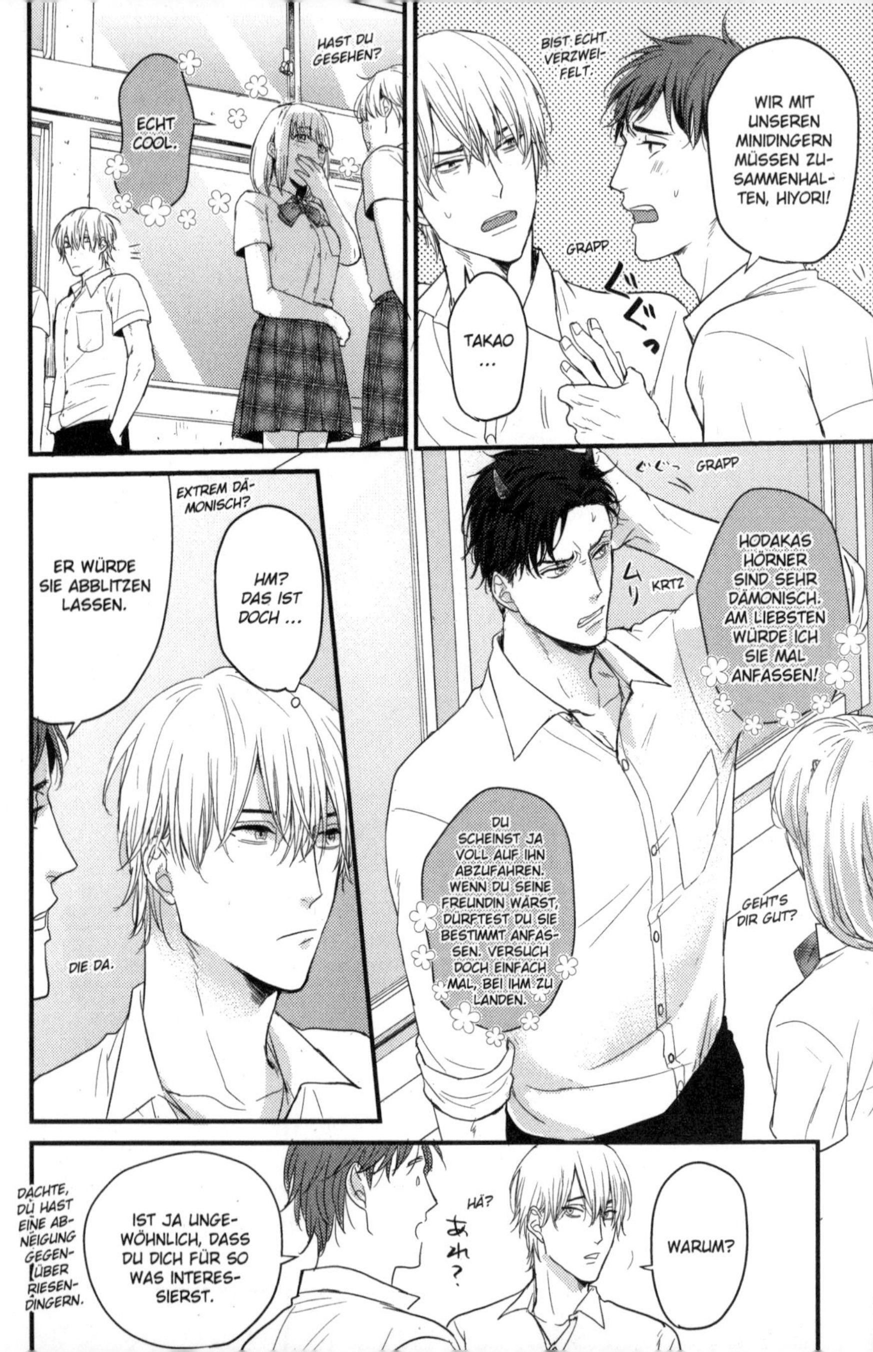
Wir mit unseren Minidingern müssen zusammenhalten, Hiyori!
Bist echt verzweifelt.
GRAPP
Takao …
Hast du gesehen?
Echt cool.
Hodakas Hörner sind sehr dämonisch. Am liebsten würde ich sie mal anfassen!
GRAPP
KRTZ
Du scheinst ja voll auf ihn abzufahren. Wenn du seine Freundin wärst, dürftest du sie bestimmt anfassen. Versuch doch einfach mal, bei ihm zu landen.
Geht's dir gut?
Extrem dämonisch?
Hm? Das ist doch …
Er würde sie abblitzen lassen.
Die da.
Warum?
Hä?
あれ?
Ist ja ungewöhnlich, dass du dich für so was interessierst.
Dachte, du hast eine Abneigung gegenüber Riesendingern.

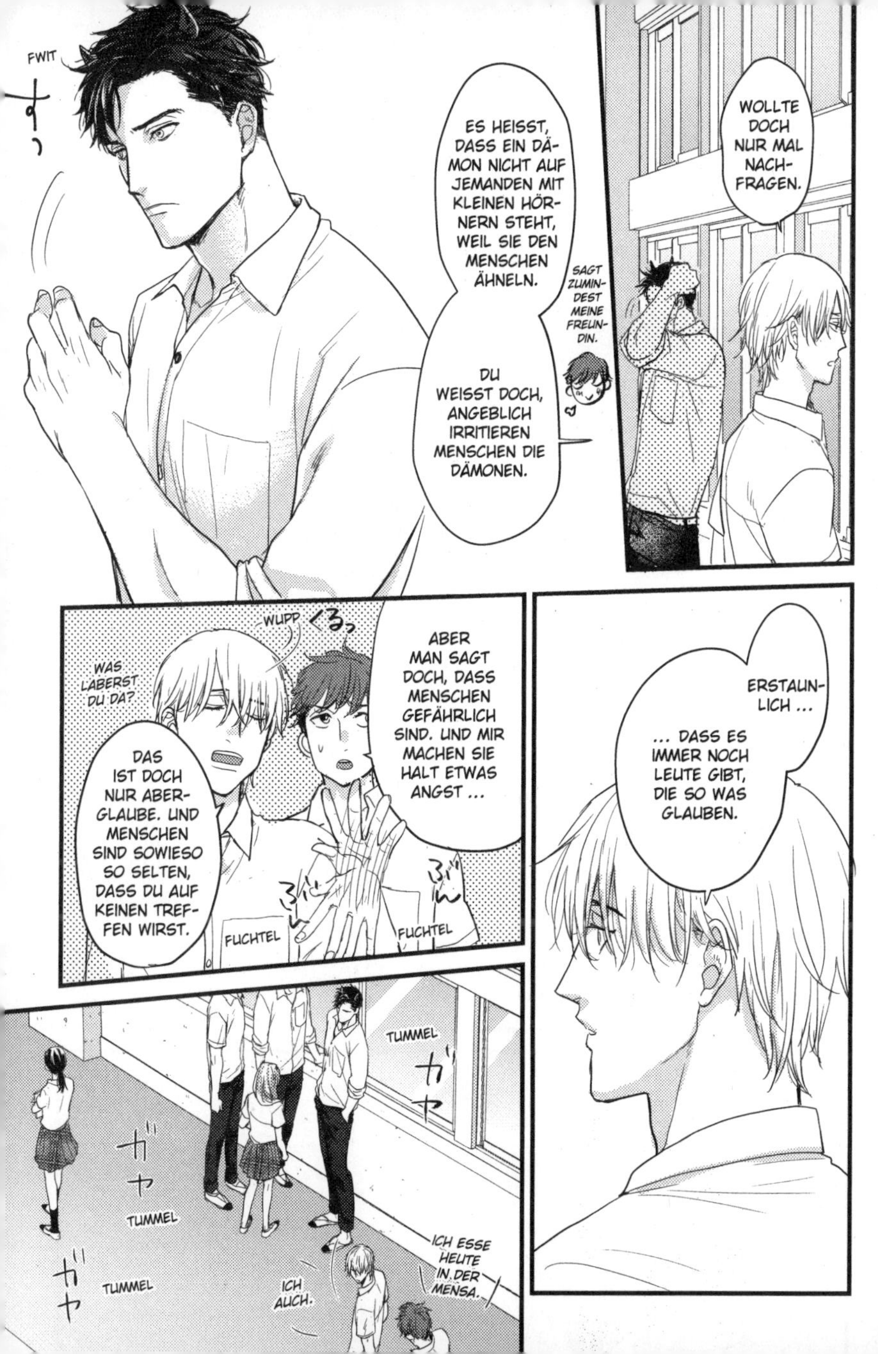
WOLLTE DOCH NUR MAL NACHFRAGEN.
ES HEISST, DASS EIN DÄMON NICHT AUF JEMANDEN MIT KLEINEN HÖRNERN STEHT, WEIL SIE DEN MENSCHEN ÄHNELN.
SAGT ZUMINDEST MEINE FREUNDIN.
DU WEISST DOCH, ANGEBLICH IRRITIEREN MENSCHEN DIE DÄMONEN.
FWIT
ERSTAUNLICH ...
... DASS ES IMMER NOCH LEUTE GIBT, DIE SO WAS GLAUBEN.
ABER MAN SAGT DOCH, DASS MENSCHEN GEFÄHRLICH SIND. UND MIR MACHEN SIE HALT ETWAS ANGST ...
WUPP
WAS LABERST DU DA?
DAS IST DOCH NUR ABERGLAUBE. UND MENSCHEN SIND SOWIESO SO SELTEN, DASS DU AUF KEINEN TREFFEN WIRST.
FUCHTEL
FUCHTEL
TUMMEL
TUMMEL
TUMMEL
ICH ESSE HEUTE IN DER MENSA.
ICH AUCH.

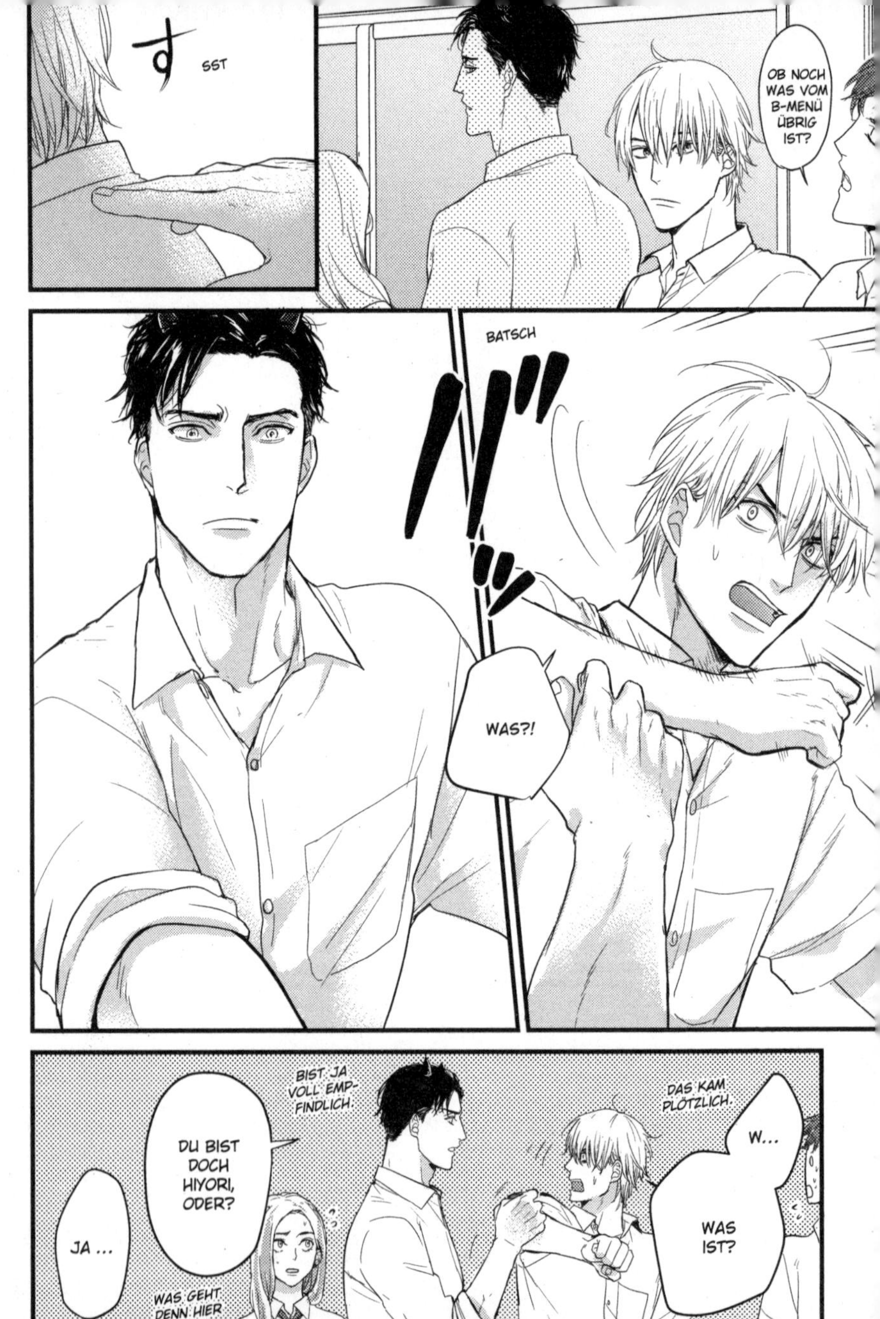
OB NOCH WAS VOM B-MENÜ ÜBRIG IST?
す
SST
BATSCH
WAS?!
W…
WAS IST?
DAS KAM PLÖTZLICH.
BIST JA VOLL EMP-FINDLICH.
DU BIST DOCH HIYORI, ODER?
JA …
WAS GEHT DENN HIER AB?

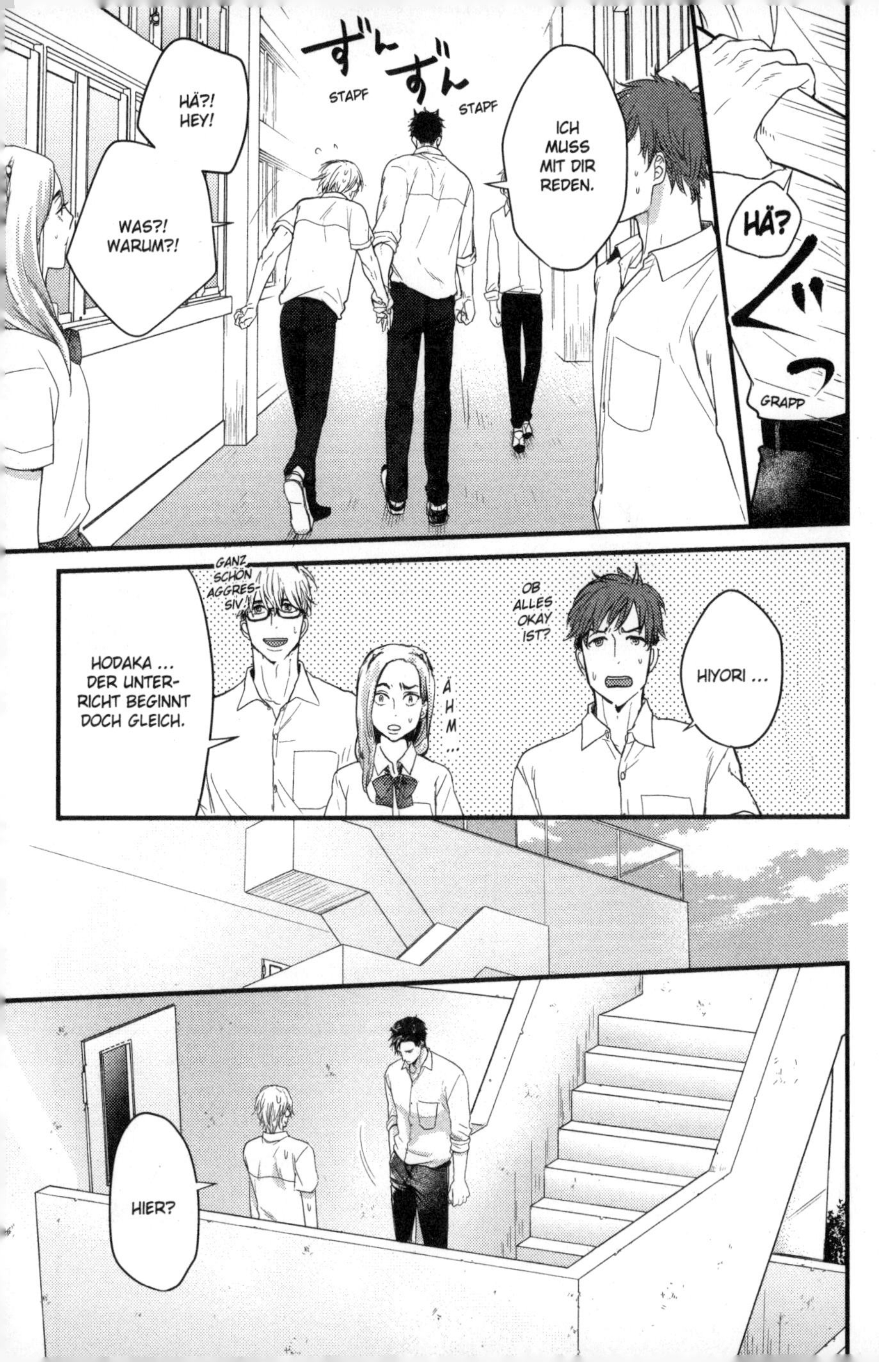
HÄ?
GRAPP
ICH MUSS MIT DIR REDEN.
ずんずん
STAPF
STAPF
HÄ?! HEY!
WAS?! WARUM?!
HIYORI ...
OB ALLES OKAY IST?
ÄHM ...
GANZ SCHÖN AGGRES-SIV.
HODAKA ... DER UNTER-RICHT BEGINNT DOCH GLEICH.
HIER?

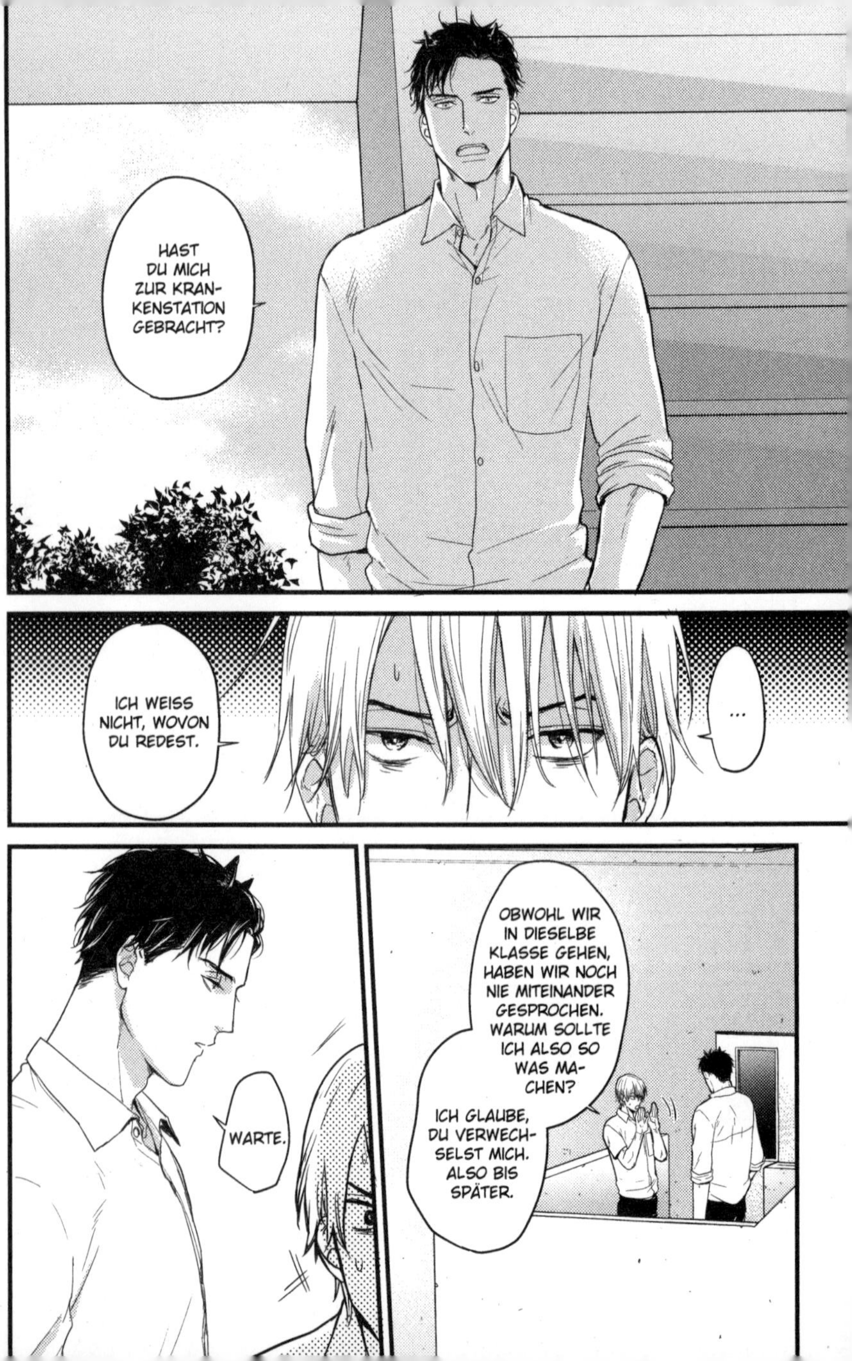

HAST DU MICH ZUR KRANKENSTATION GEBRACHT?

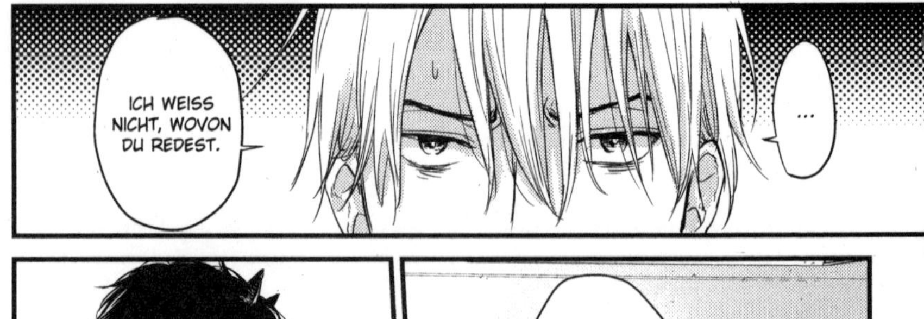

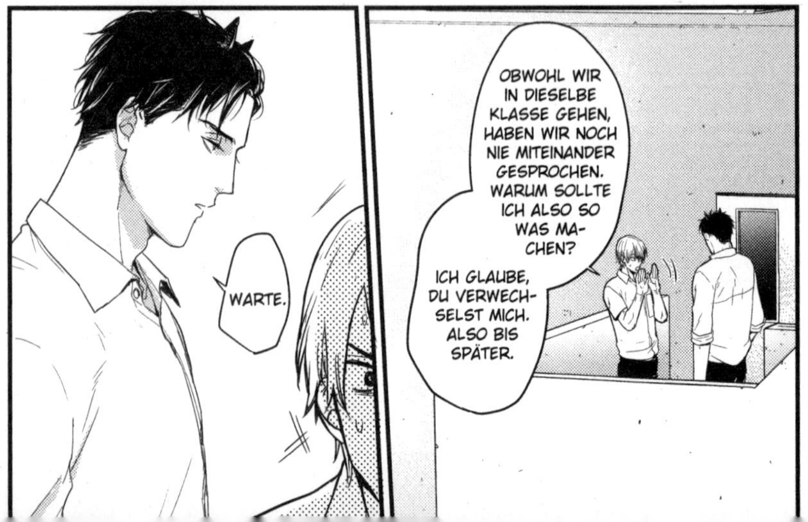

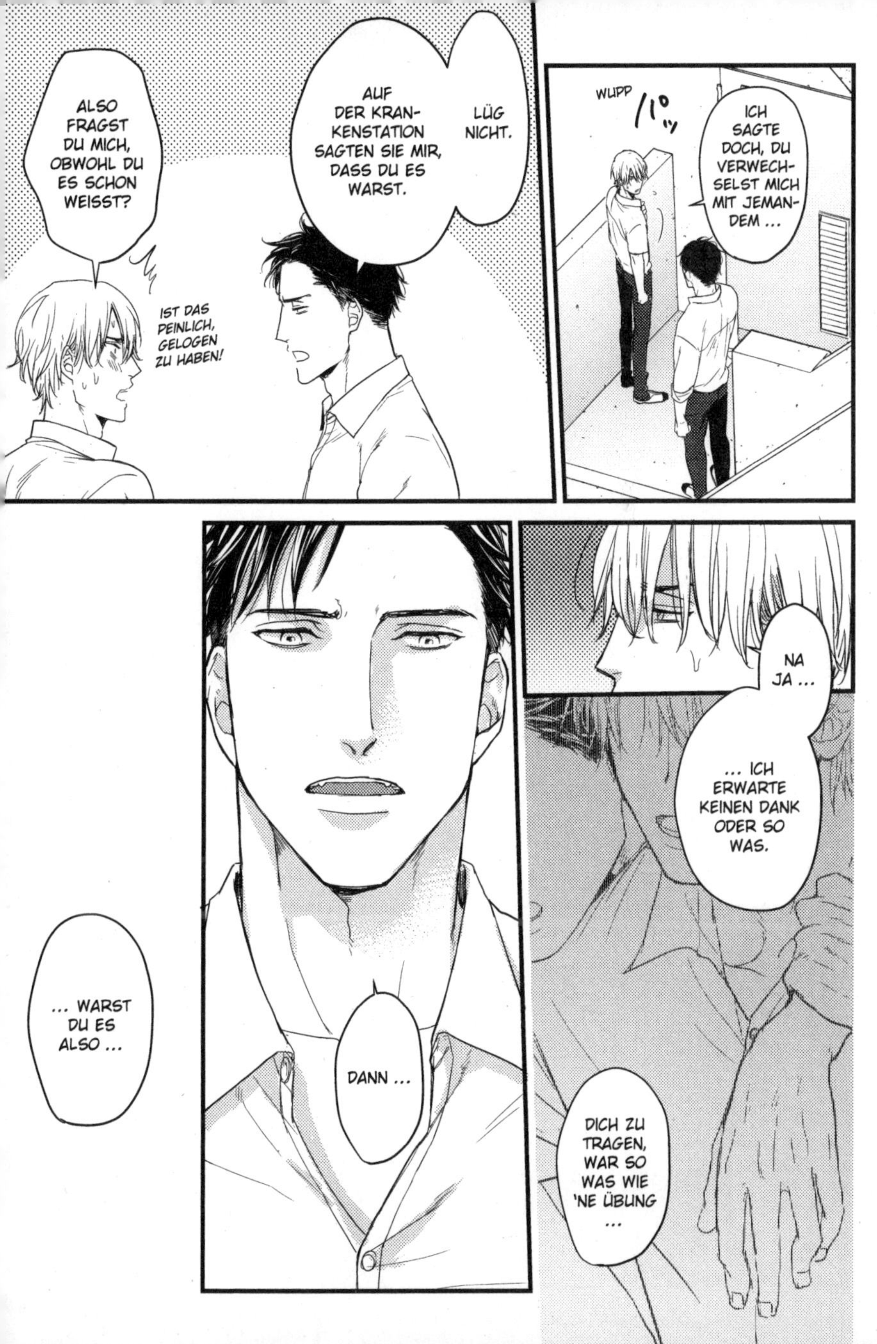

WUPP
パッ
ICH SAGTE DOCH, DU VERWECHSELST MICH MIT JEMANDEM …
LÜG NICHT.
AUF DER KRANKENSTATION SAGTEN SIE MIR, DASS DU ES WARST.
ALSO FRAGST DU MICH, OBWOHL DU ES SCHON WEISST?
IST DAS PEINLICH, GELOGEN ZU HABEN!
NA JA …
… ICH ERWARTE KEINEN DANK ODER SO WAS.
DICH ZU TRAGEN, WAR SO WAS WIE 'NE ÜBUNG …
DANN …
… WARST DU ES ALSO …

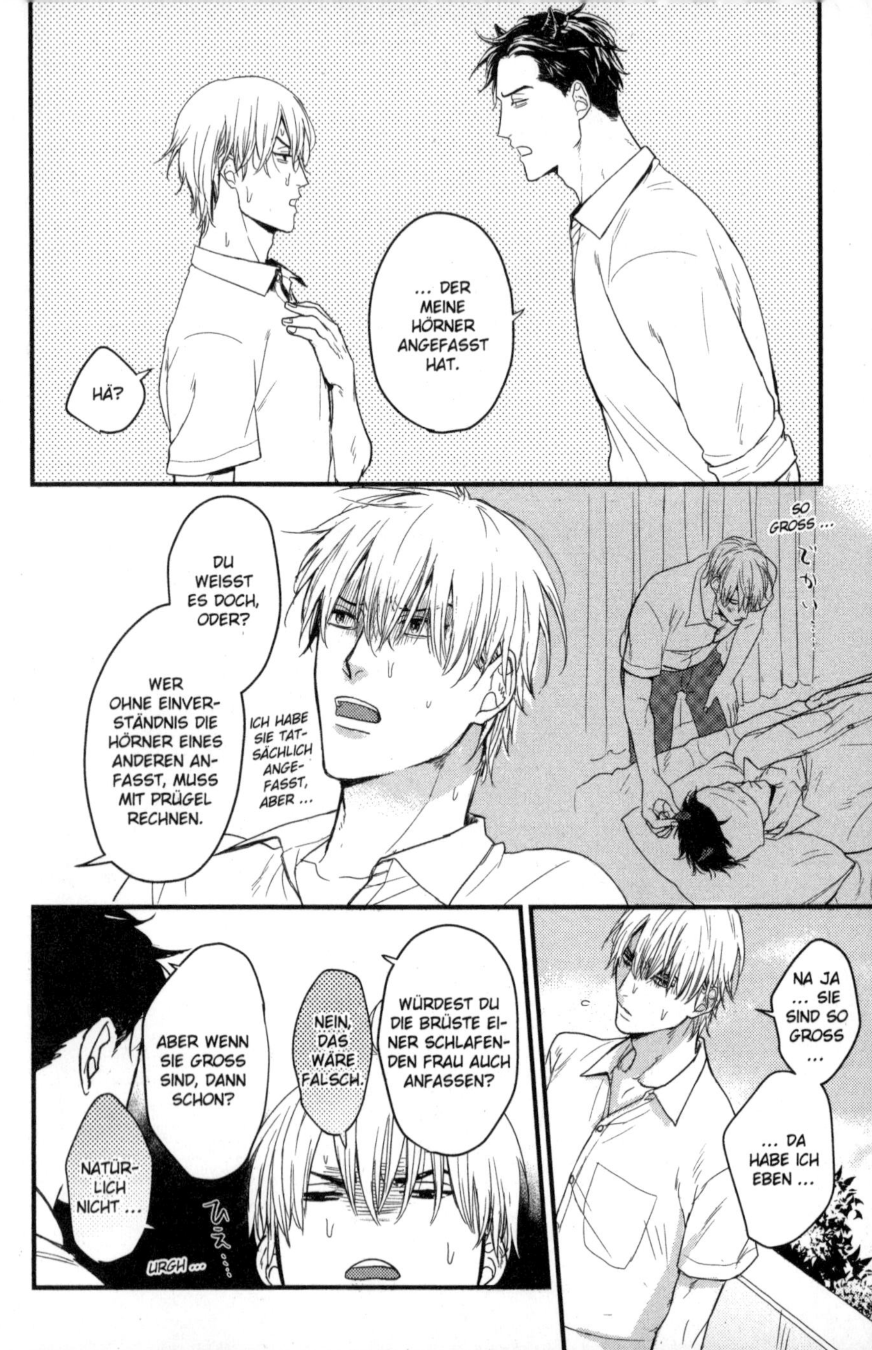
… DER MEINE HÖRNER ANGEFASST HAT.
HÄ?
SO GROSS …
ICH HABE SIE TATSÄCHLICH ANGEFASST, ABER …
DU WEISST ES DOCH, ODER?
WER OHNE EINVERSTÄNDNIS DIE HÖRNER EINES ANDEREN ANFASST, MUSS MIT PRÜGEL RECHNEN.
NA JA … SIE SIND SO GROSS …
… DA HABE ICH EBEN …
WÜRDEST DU DIE BRÜSTE EINER SCHLAFENDEN FRAU AUCH ANFASSEN?
NEIN, DAS WÄRE FALSCH.
ABER WENN SIE GROSS SIND, DANN SCHON?
NATÜRLICH NICHT …
URGH …

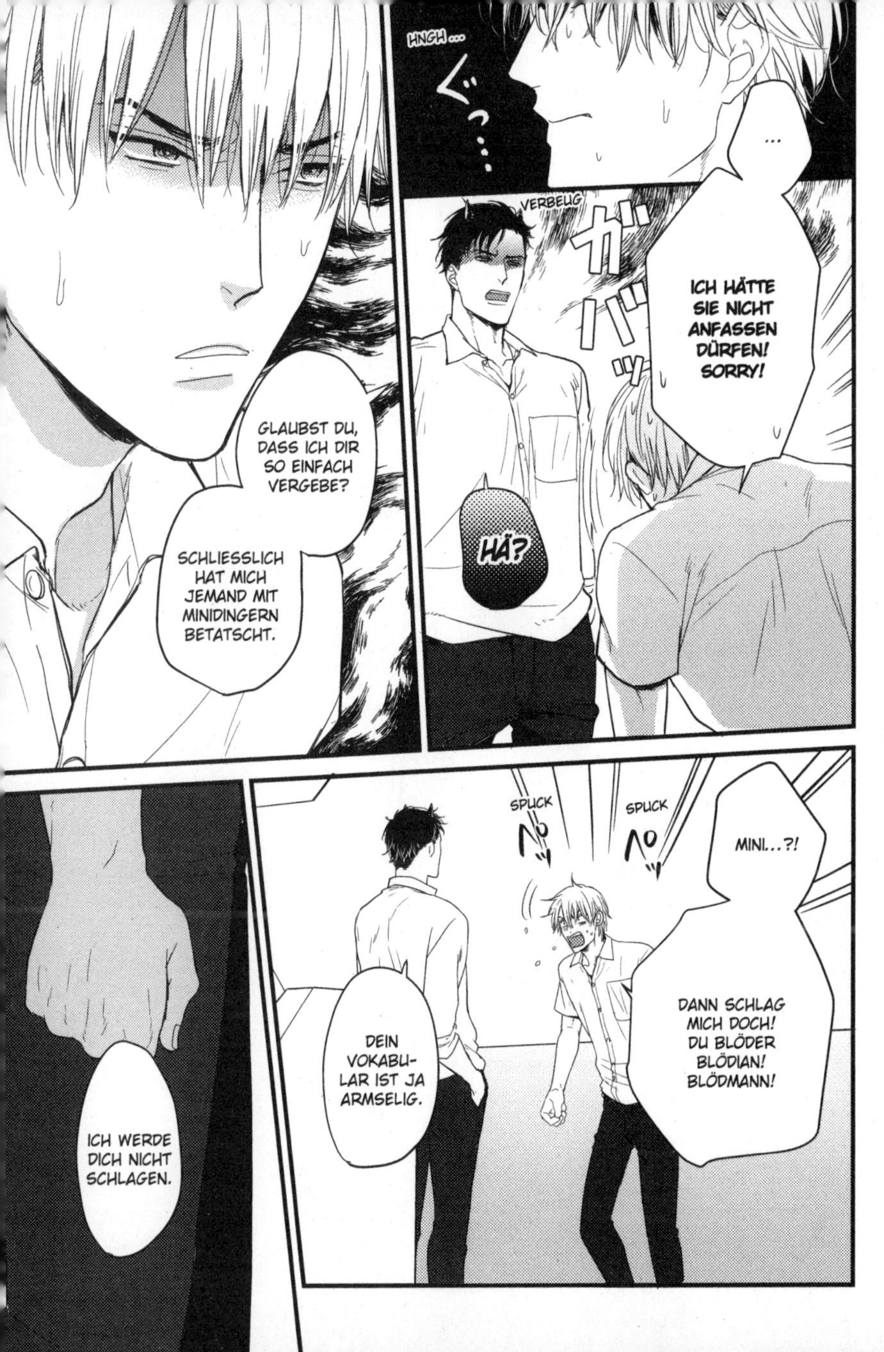

HNGH ...
ぐっ…
...
VERBEUG
ガバッ
ICH HÄTTE SIE NICHT ANFASSEN DÜRFEN! SORRY!
HÄ?
GLAUBST DU, DASS ICH DIR SO EINFACH VERGEBE?
SCHLIESSLICH HAT MICH JEMAND MIT MINIDINGERN BETATSCHT.
SPUCK
ペッ
SPUCK
ペッ
MINI...?!
DANN SCHLAG MICH DOCH! DU BLÖDER BLÖDIAN! BLÖDMANN!
DEIN VOKABU-LAR IST JA ARMSELIG.
ICH WERDE DICH NICHT SCHLAGEN.

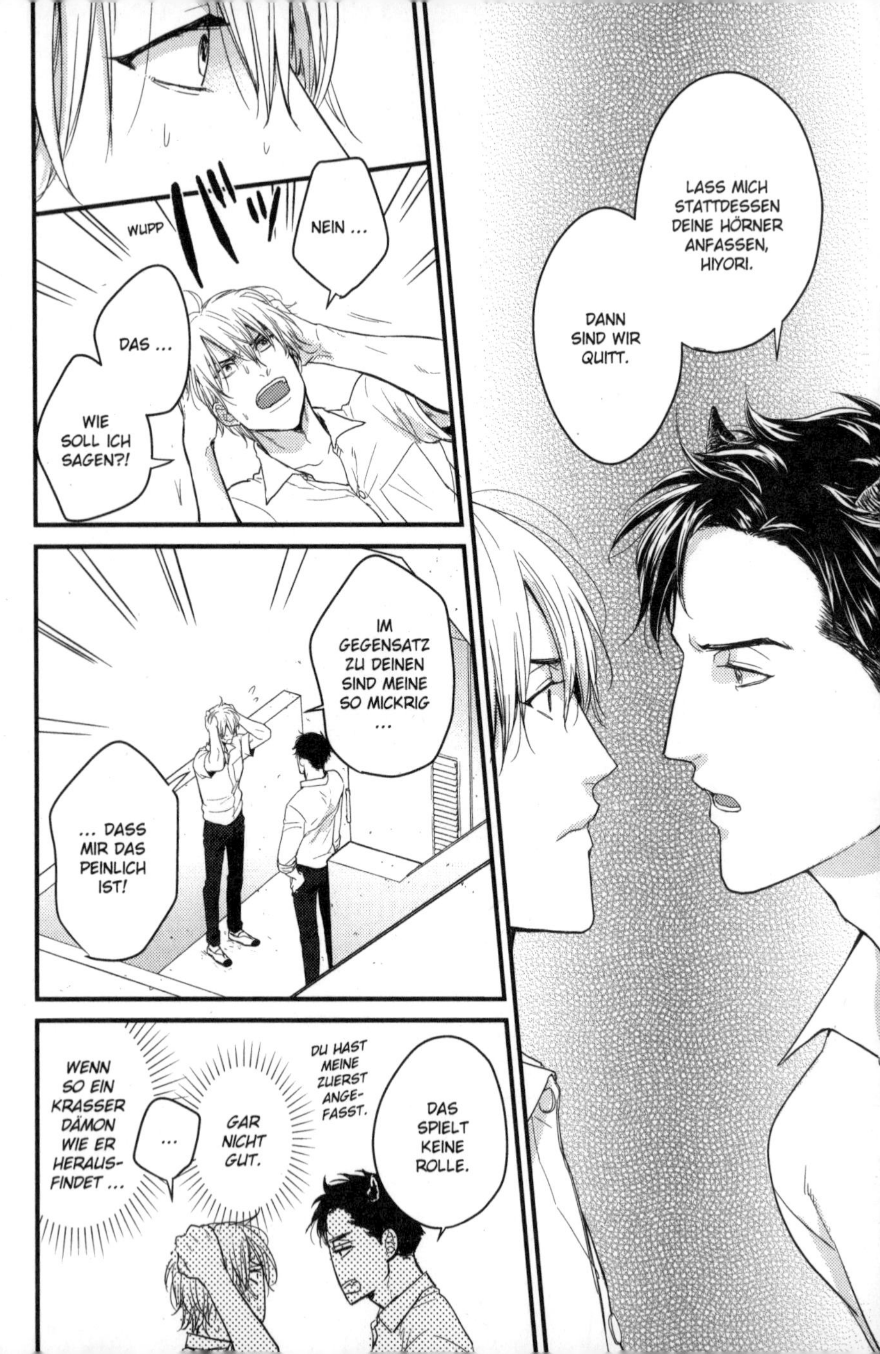
LASS MICH STATTDESSEN DEINE HÖRNER ANFASSEN, HIYORI.
DANN SIND WIR QUITT.
NEIN …
WUPP
DAS …
WIE SOLL ICH SAGEN?!
IM GEGENSATZ ZU DEINEN SIND MEINE SO MICKRIG …
… DASS MIR DAS PEINLICH IST!
DAS SPIELT KEINE ROLLE.
DU HAST MEINE ZUERST ANGE-FASST.
GAR NICHT GUT.
…
WENN SO EIN KRASSER DÄMON WIE ER HERAUS-FINDET …

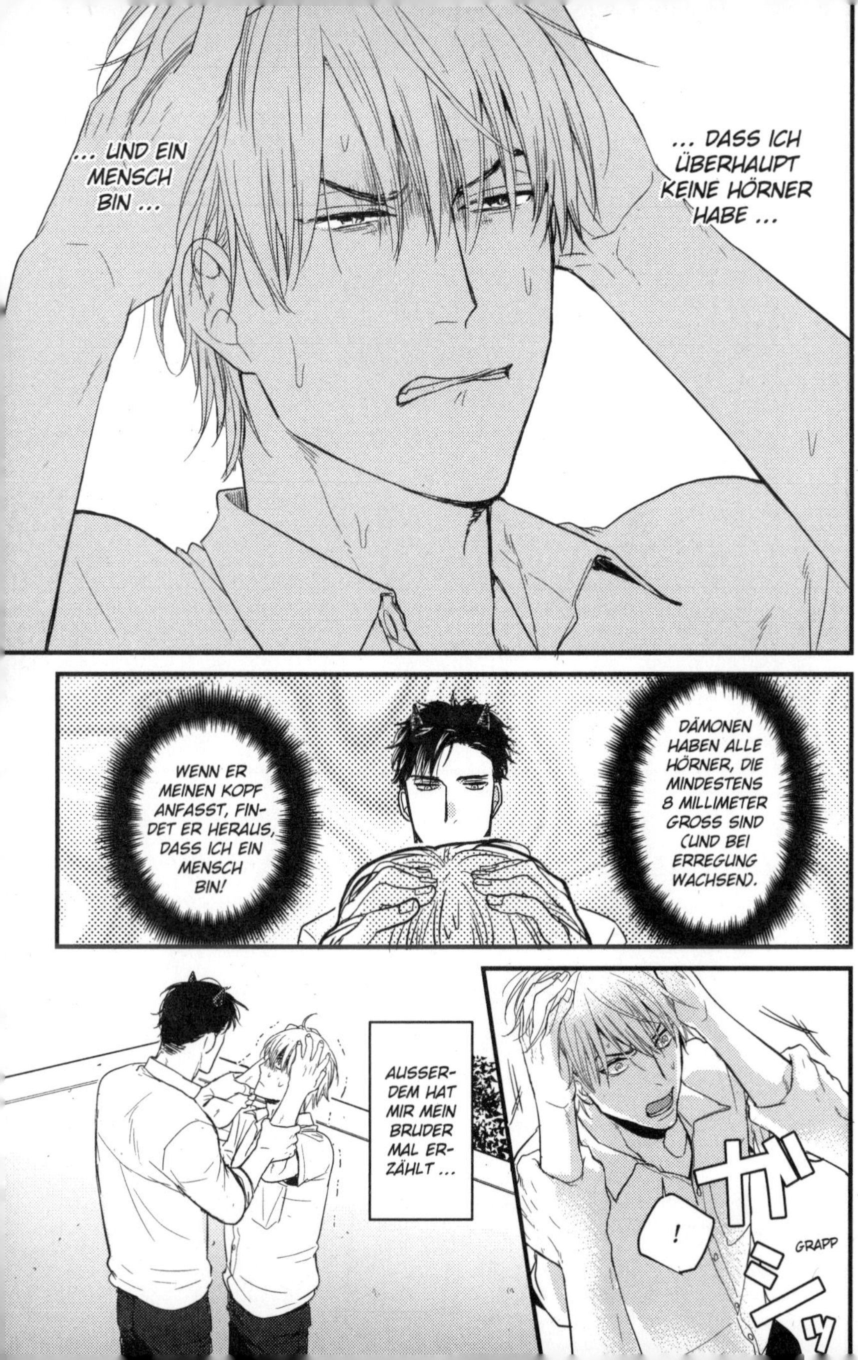

… DASS ICH ÜBERHAUPT KEINE HÖRNER HABE …
… UND EIN MENSCH BIN …

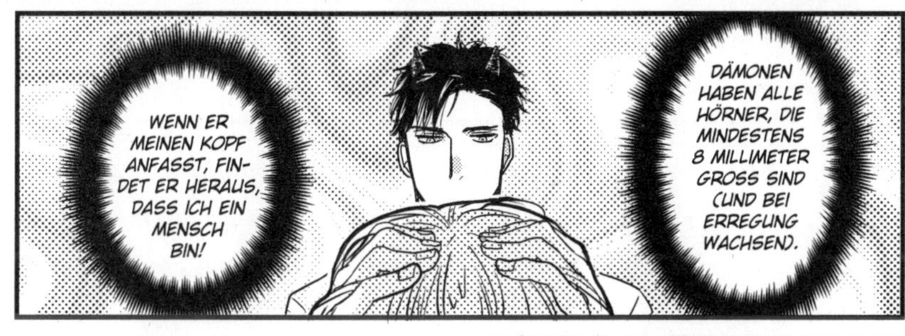

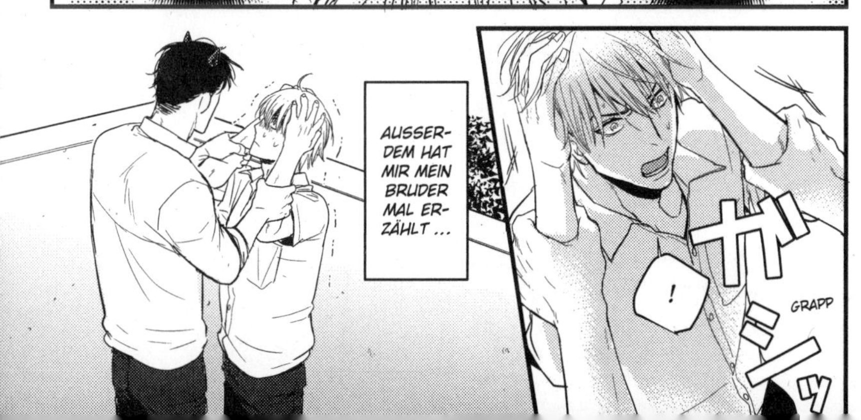

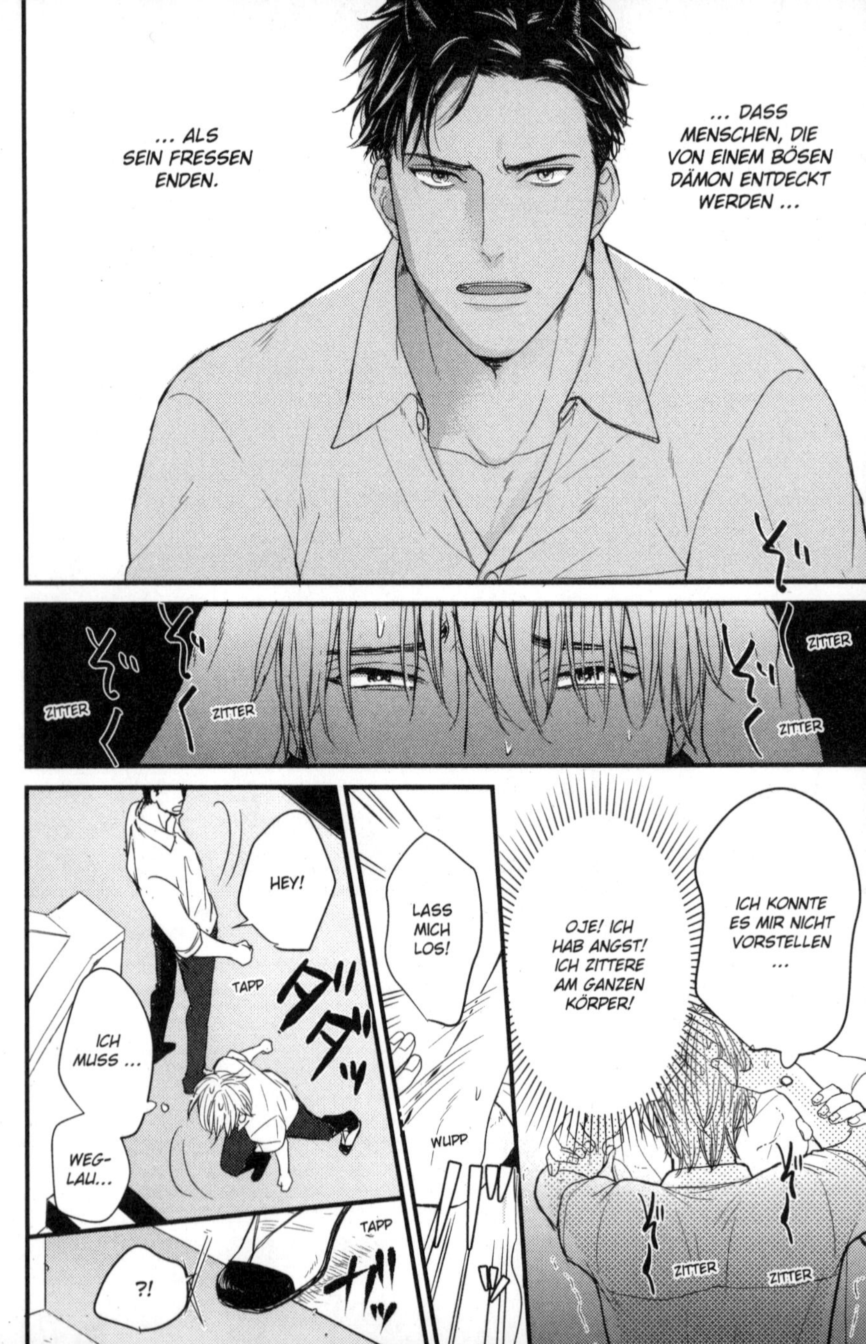
... DASS MENSCHEN, DIE VON EINEM BÖSEN DÄMON ENTDECKT WERDEN ...
... ALS SEIN FRESSEN ENDEN.
ZITTER
ZITTER
ZITTER
ZITTER
ICH KONNTE ES MIR NICHT VORSTELLEN ...
OJE! ICH HAB ANGST! ICH ZITTERE AM GANZEN KÖRPER!
ZITTER
ZITTER
LASS MICH LOS!
WUPP
HEY!
TAPP
ICH MUSS ...
WEG-LAU...
TAPP
?!

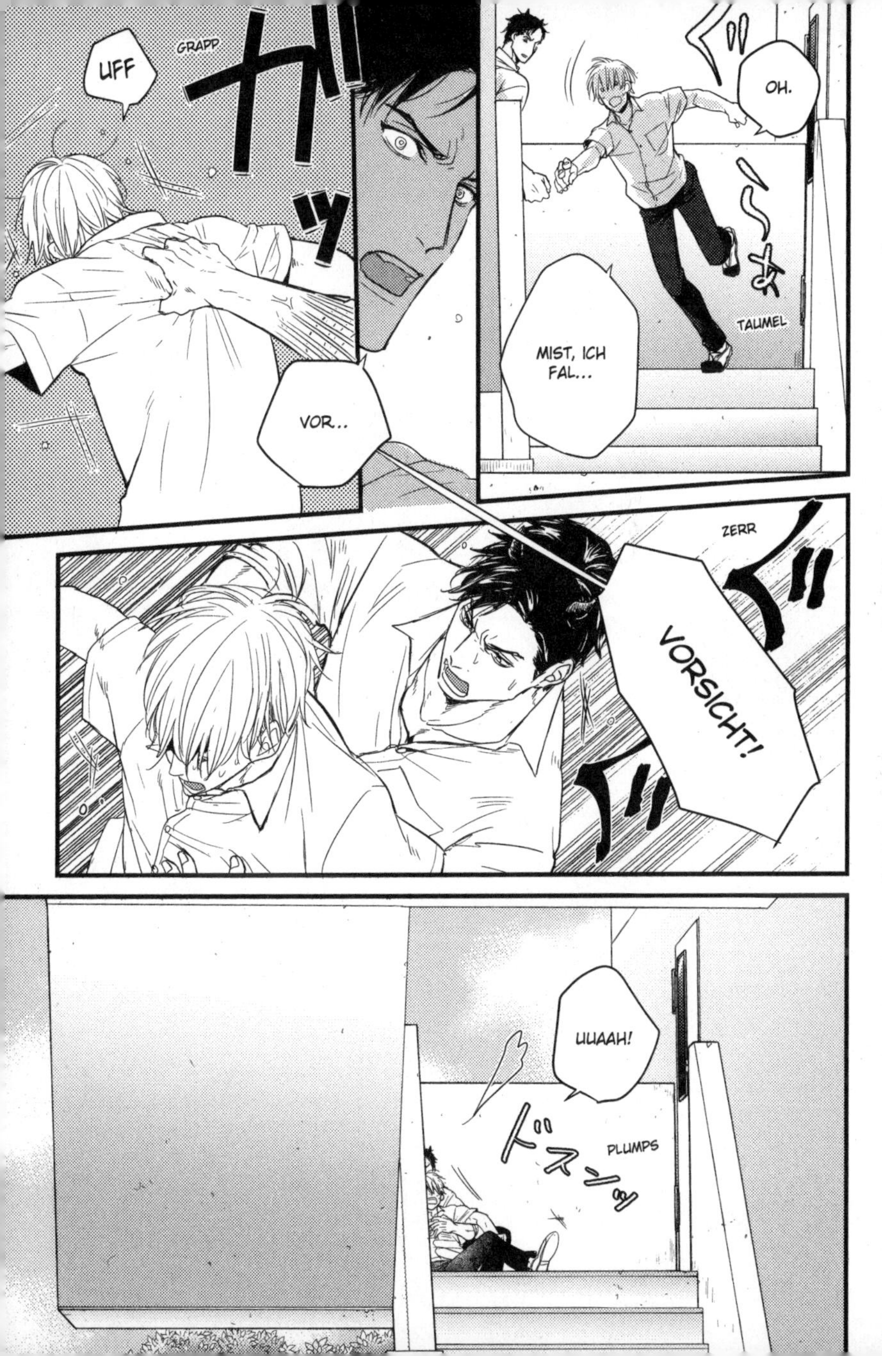
OH.
TAUMEL
MIST, ICH FAL...
GRAPP
UFF
VOR...
ZERR
VORSICHT!
UUAAH!
PLUMPS

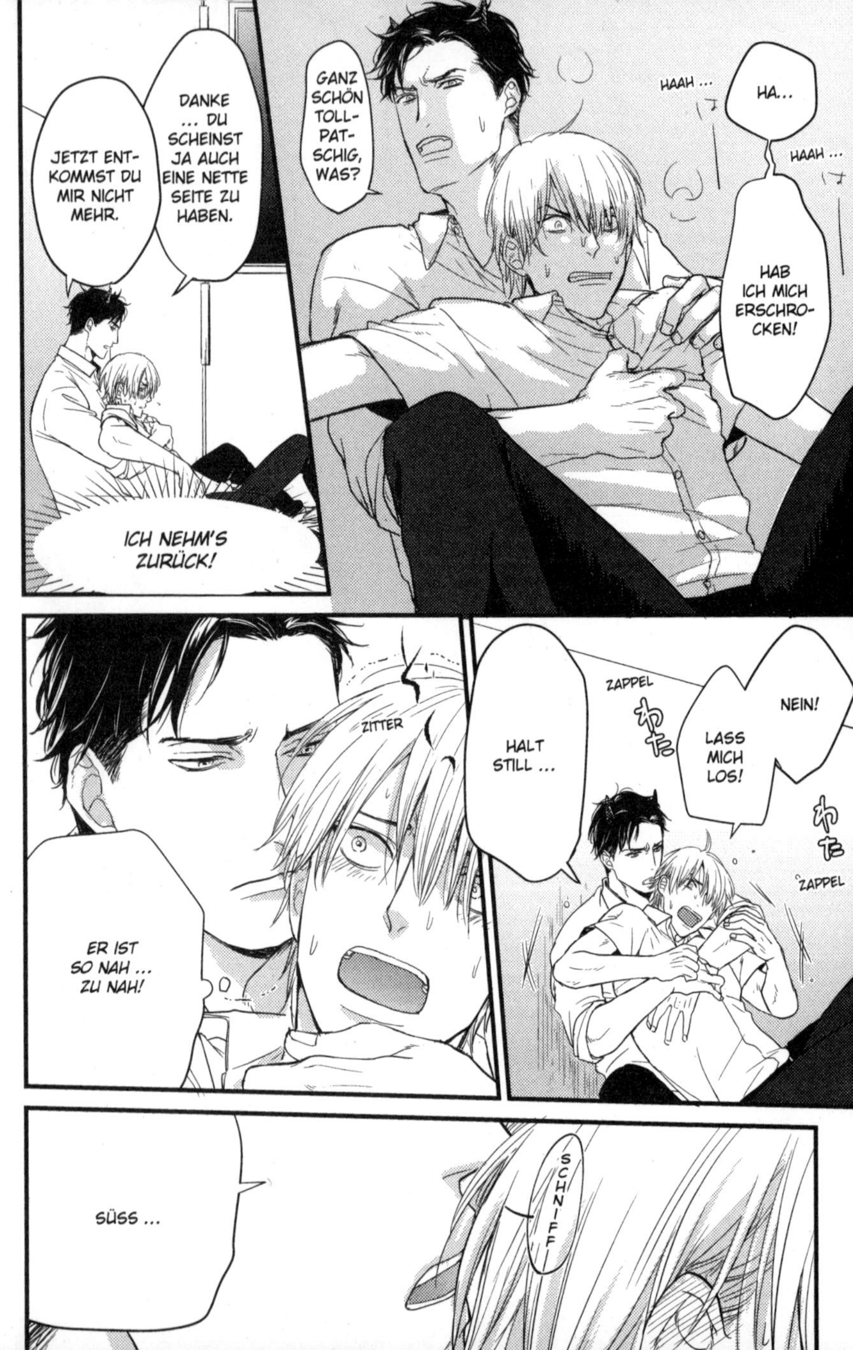
HAAH …
HA…
HAAH …
HAB ICH MICH ERSCHRO-CKEN!
GANZ SCHÖN TOLL-PAT-SCHIG, WAS?
DANKE … DU SCHEINST JA AUCH EINE NETTE SEITE ZU HABEN.
JETZT ENT-KOMMST DU MIR NICHT MEHR.
ICH NEHM'S ZURÜCK!
NEIN! LASS MICH LOS!
ZAPPEL
ZAPPEL
HALT STILL …
ZITTER
ER IST SO NAH … ZU NAH!
SCHNIFF
SÜSS …

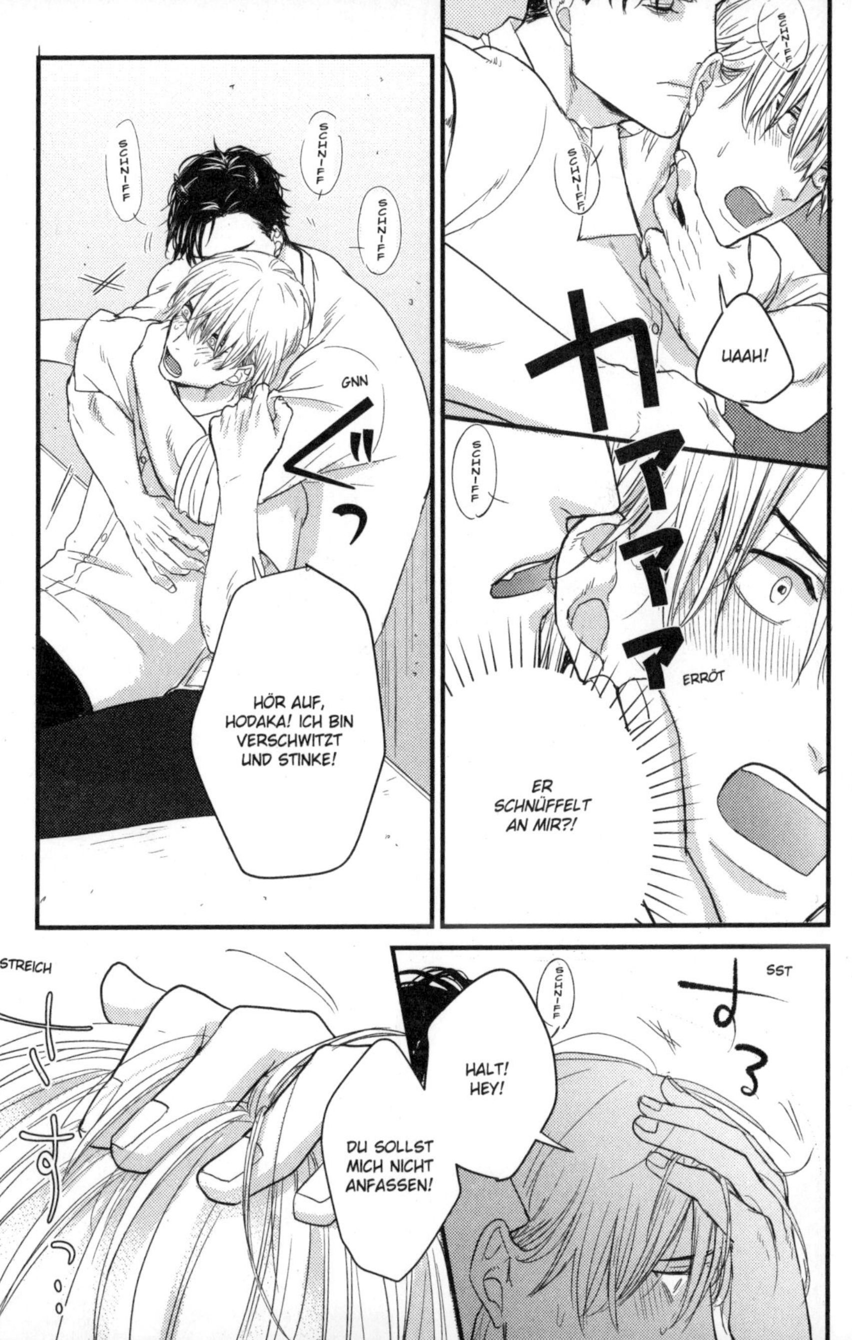
SCHNIFF
SCHNIFF
UAAH!
SCHNIFF
ERRÖT
ER SCHNÜFFELT AN MIR?!
SCHNIFF
SCHNIFF
SCHNIFF
GNN
HÖR AUF, HODAKA! ICH BIN VERSCHWITZT UND STINKE!
SST
SCHNIFF
HALT! HEY!
DU SOLLST MICH NICHT ANFASSEN!
STREICH

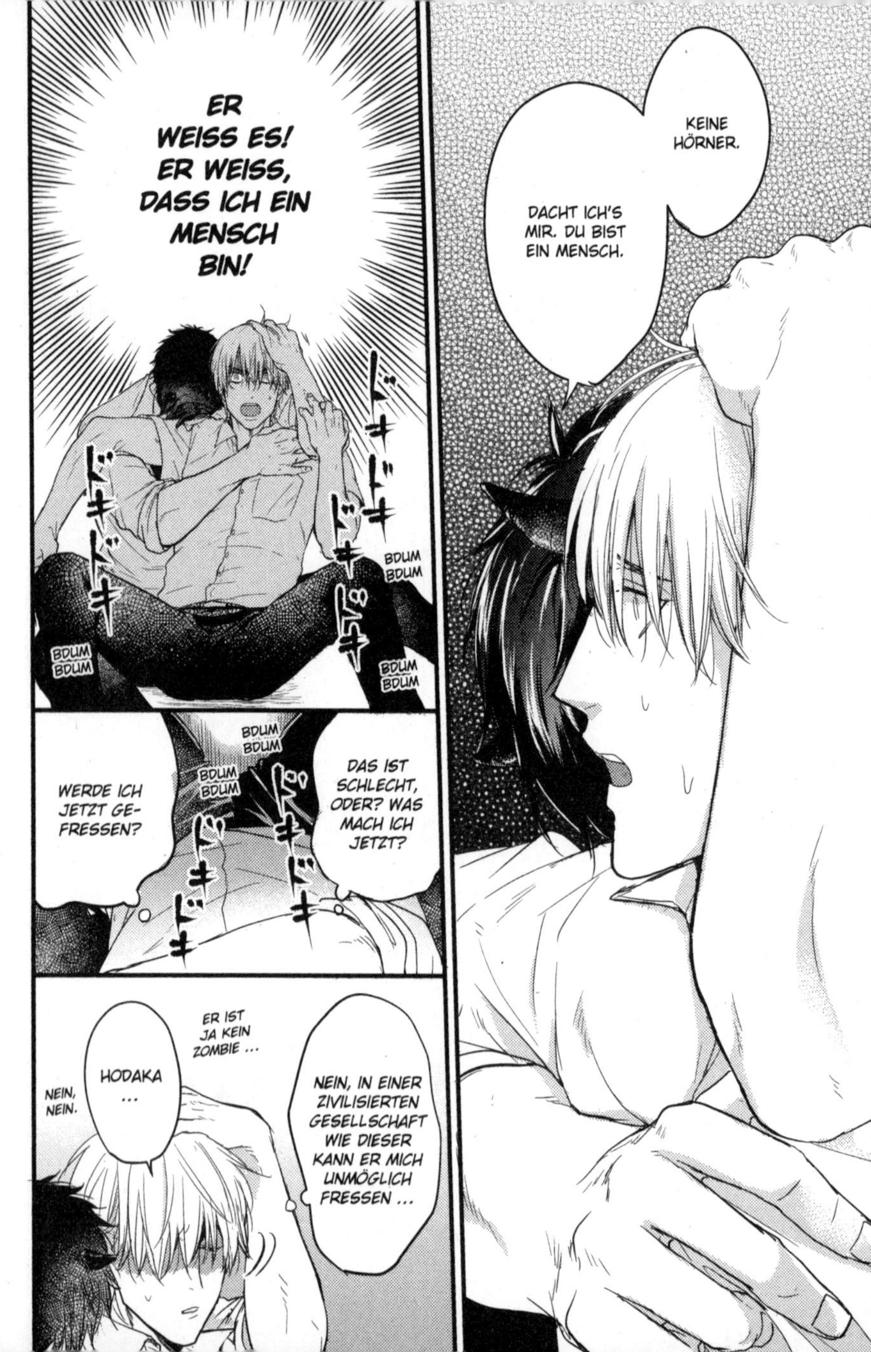
KEINE HÖRNER.
DACHT ICH'S MIR. DU BIST EIN MENSCH.
ER WEISS ES! ER WEISS, DASS ICH EIN MENSCH BIN!
BDUM BDUM
BDUM BDUM
BDUM BDUM
BDUM BDUM
BDUM BDUM
DAS IST SCHLECHT, ODER? WAS MACH ICH JETZT?
WERDE ICH JETZT GE-FRESSEN?
NEIN, IN EINER ZIVILISIERTEN GESELLSCHAFT WIE DIESER KANN ER MICH UNMÖGLICH FRESSEN …
ER IST JA KEIN ZOMBIE …
HODAKA …
NEIN, NEIN.

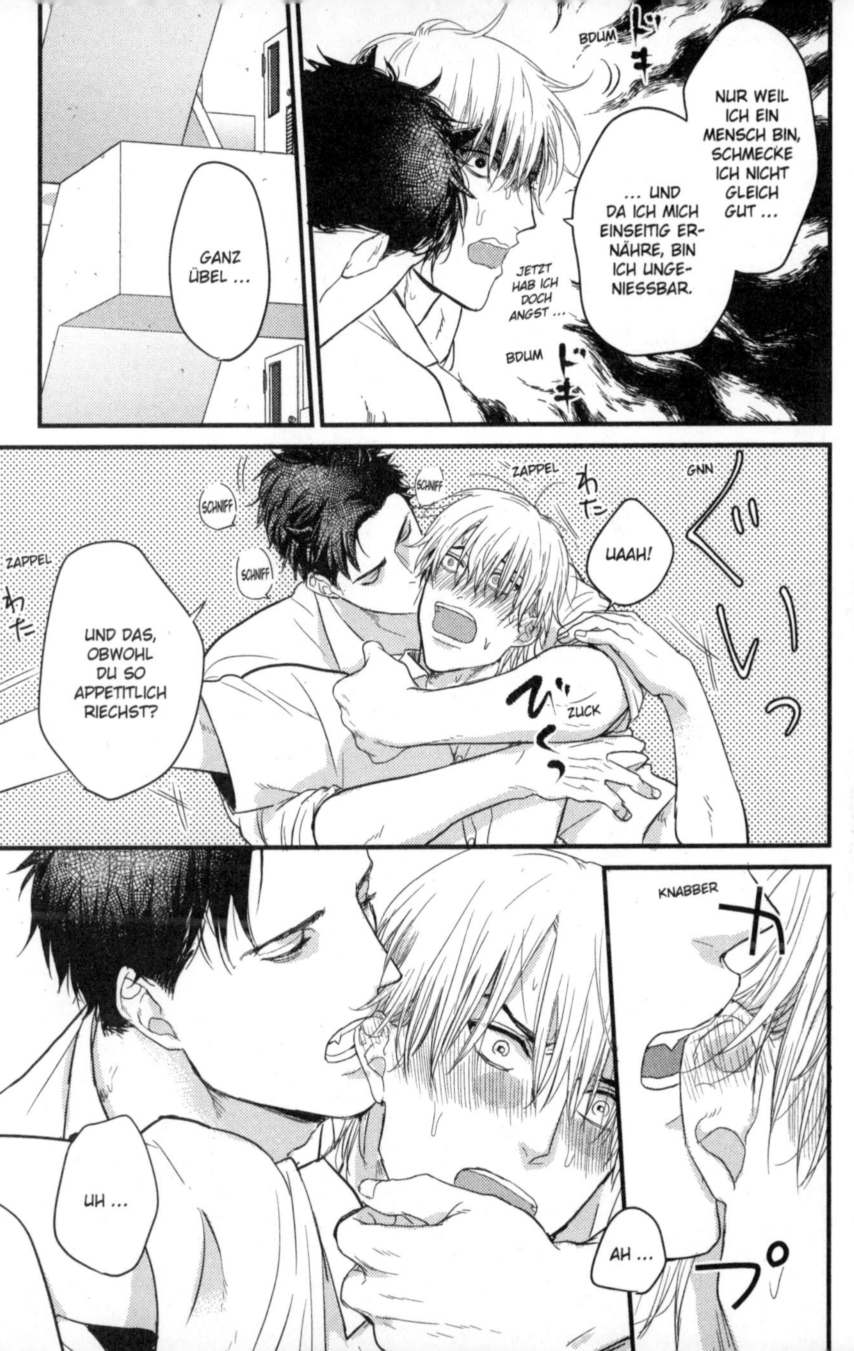
BDUM
NUR WEIL ICH EIN MENSCH BIN, SCHMECKE ICH NICHT GLEICH GUT …
… UND DA ICH MICH EINSEITIG ERNÄHRE, BIN ICH UNGENIESSBAR.
JETZT HAB ICH DOCH ANGST …
BDUM
GANZ ÜBEL …
GNN
ZAPPEL
UAAH!
SCHNIFF
SCHNIFF
SCHNIFF
ZUCK
ZAPPEL
UND DAS, OBWOHL DU SO APPETITLICH RIECHST?
KNABBER
AH …
UH …

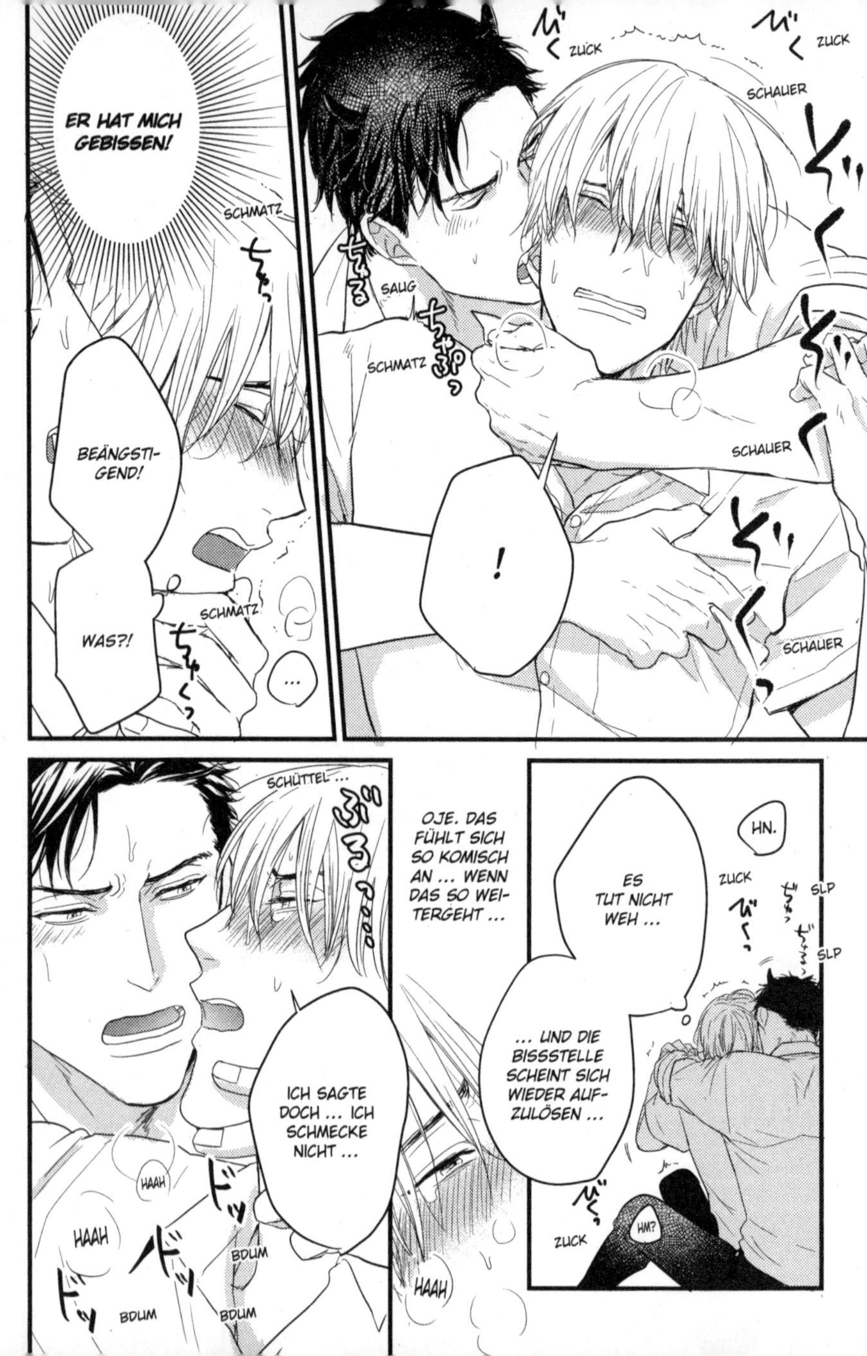
ZUCK
ZUCK
SCHAUER
SCHAUER
SCHAUER
SAUG
SCHMATZ
!
ER HAT MICH GEBISSEN!
SCHMATZ
BEÄNGSTI-GEND!
WAS?!
SCHMATZ
...
HN.
ZUCK
SLP
SLP
ES TUT NICHT WEH ...
... UND DIE BISSSTELLE SCHEINT SICH WIEDER AUF-ZULÖSEN ...
HM?
ZUCK
OJE. DAS FÜHLT SICH SO KOMISCH AN ... WENN DAS SO WEI-TERGEHT ...
HAAH
SCHÜTTEL ...
ICH SAGTE DOCH ... ICH SCHMECKE NICHT ...
HAAH
HAAH
BDUM
BDUM
BDUM

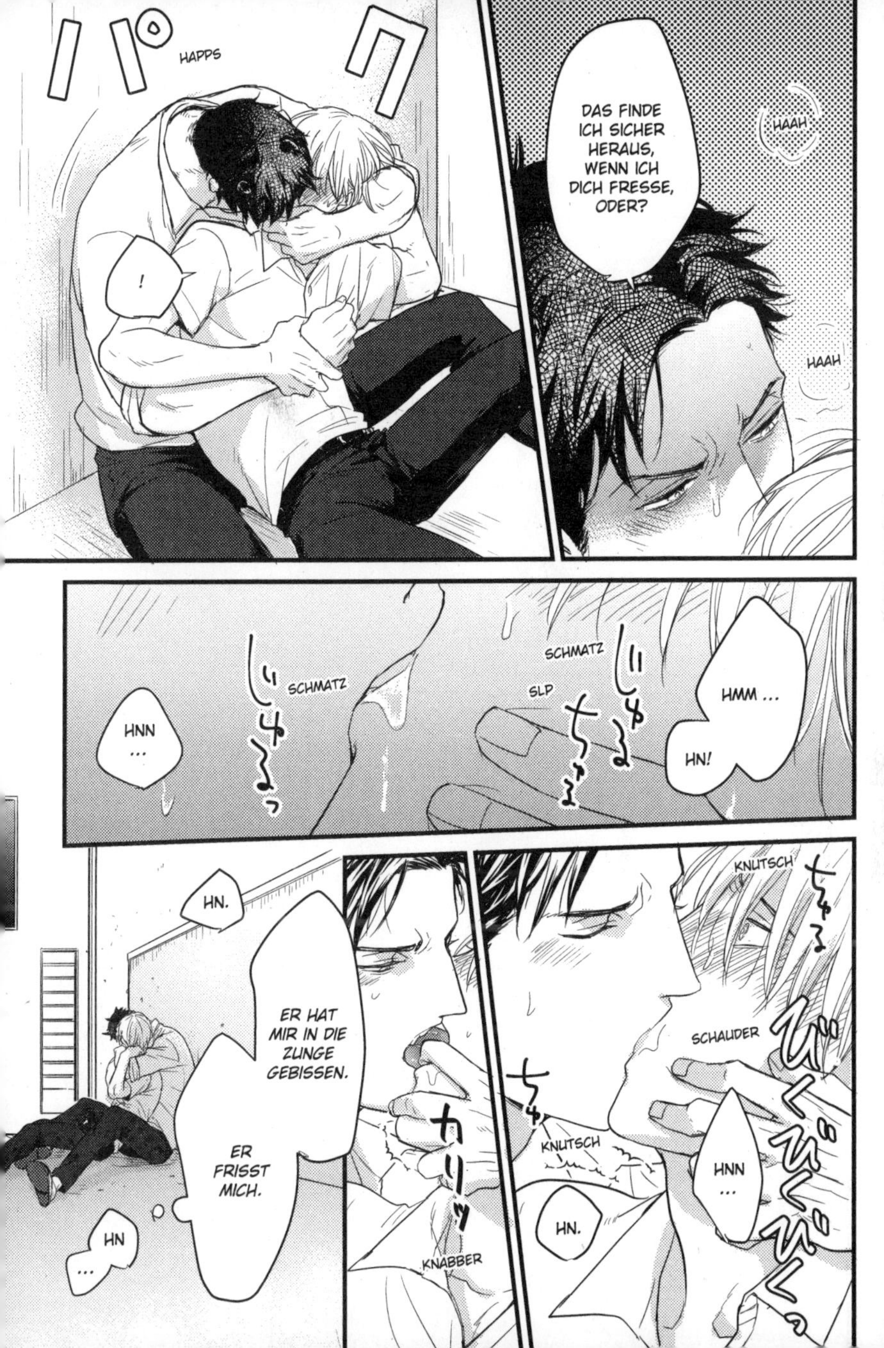
DAS FINDE ICH SICHER HERAUS, WENN ICH DICH FRESSE, ODER?
HAAH
HAAH
HAPPS
!
HMM ...
HN!
SCHMATZ
SLP
SCHMATZ
HNN ...
KNUTSCH
SCHAUDER
HNN ...
HN.
KNUTSCH
KNABBER
HN.
ER HAT MIR IN DIE ZUNGE GEBISSEN.
ER FRISST MICH.
HN ...

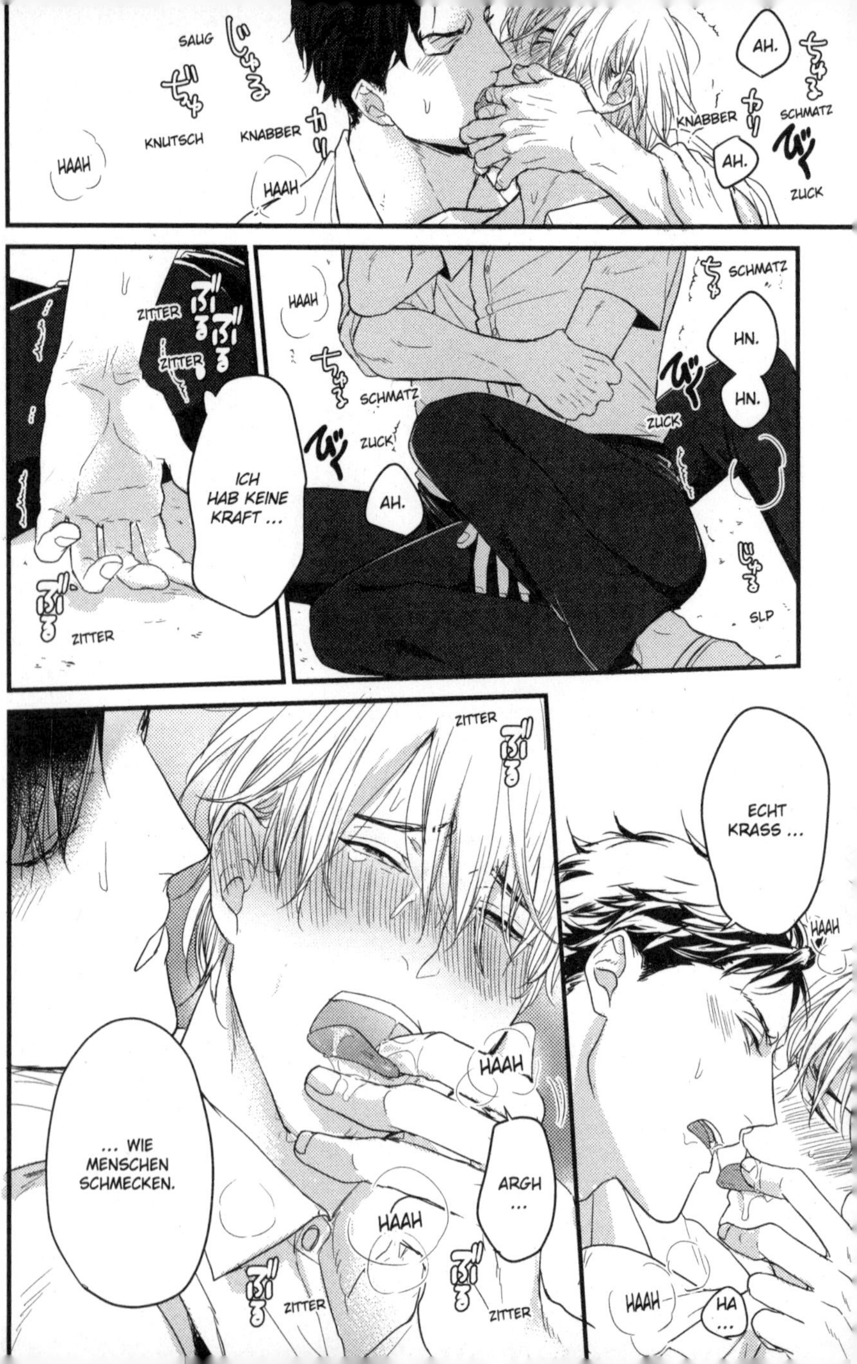

AH.
SCHMATZ
KNABBER
AH.
ZUCK
SAUG
KNUTSCH
KNABBER
HAAH
HAAH

SCHMATZ
HN.
HN.
ZUCK
SLP
HAAH
SCHMATZ
ZUCK
AH.

ICH HAB KEINE KRAFT …
ZITTER
ZITTER
ZITTER

ZITTER
ECHT KRASS …
HAAH
… WIE MENSCHEN SCHMECKEN.
HAAH
ARGH …
HAAH
ZITTER
ZITTER
HAAH
HA …

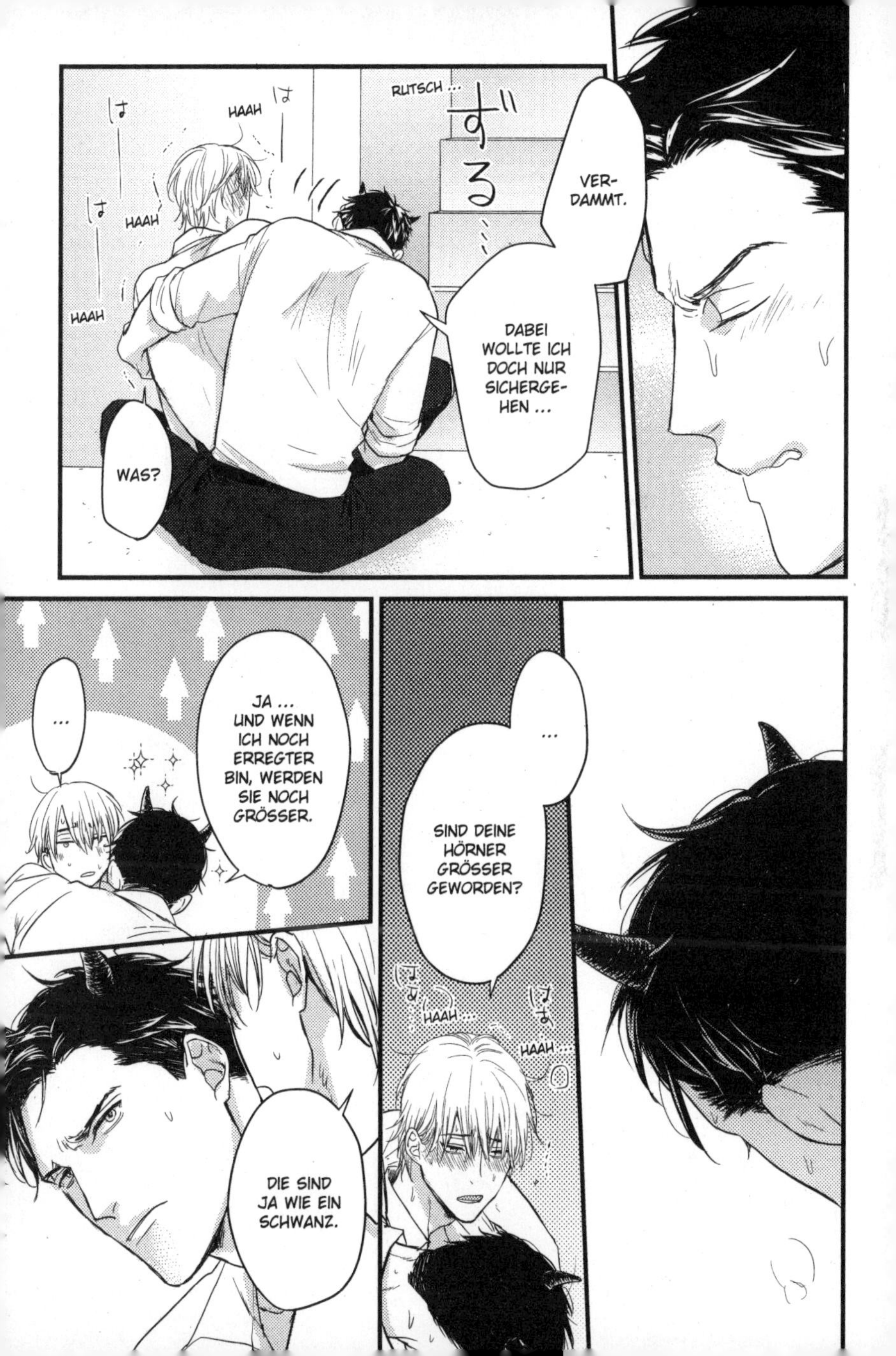

VERDAMMT.

RUTSCH …

ずる

DABEI WOLLTE ICH DOCH NUR SICHERGEHEN …

HAAH

HAAH

HAAH

WAS?

…

SIND DEINE HÖRNER GRÖSSER GEWORDEN?

HAAH …

HAAH …

JA … UND WENN ICH NOCH ERREGTER BIN, WERDEN SIE NOCH GRÖSSER.

…

DIE SIND JA WIE EIN SCHWANZ.

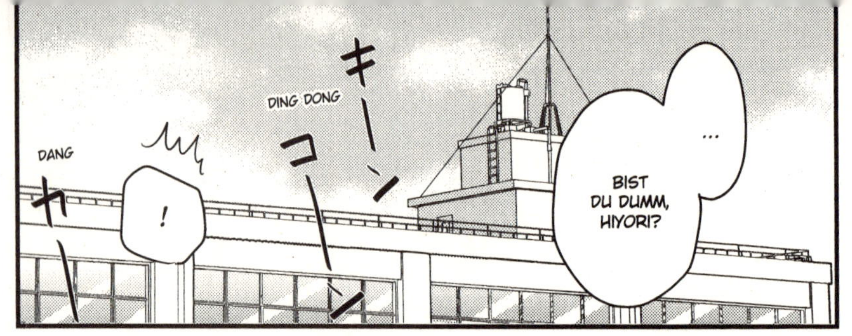

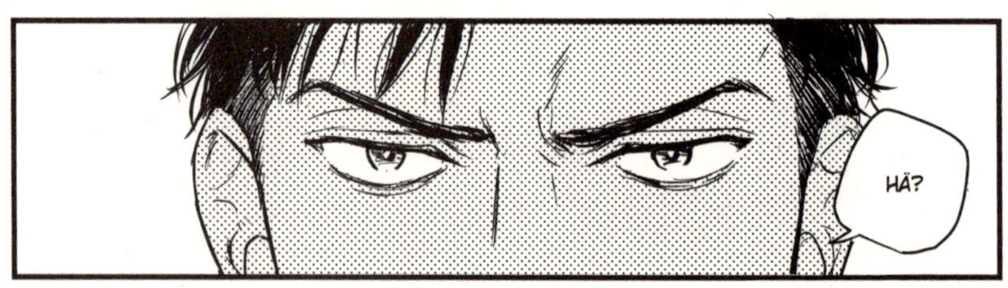

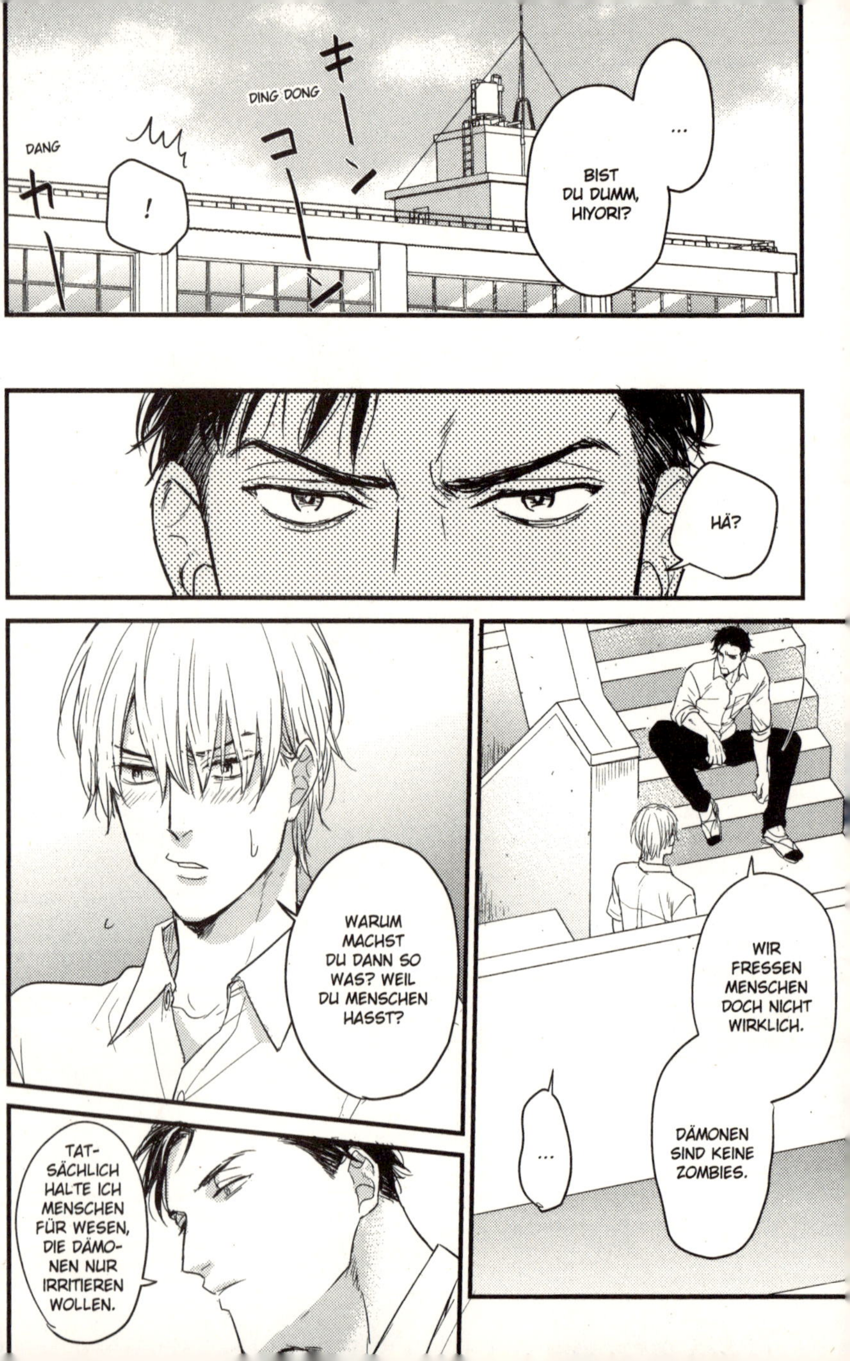

WIR FRESSEN MENSCHEN DOCH NICHT WIRKLICH.
DÄMONEN SIND KEINE ZOMBIES.
…
WARUM MACHST DU DANN SO WAS? WEIL DU MENSCHEN HASST?
TAT-SÄCHLICH HALTE ICH MENSCHEN FÜR WESEN, DIE DÄMO-NEN NUR IRRITIEREN WOLLEN.

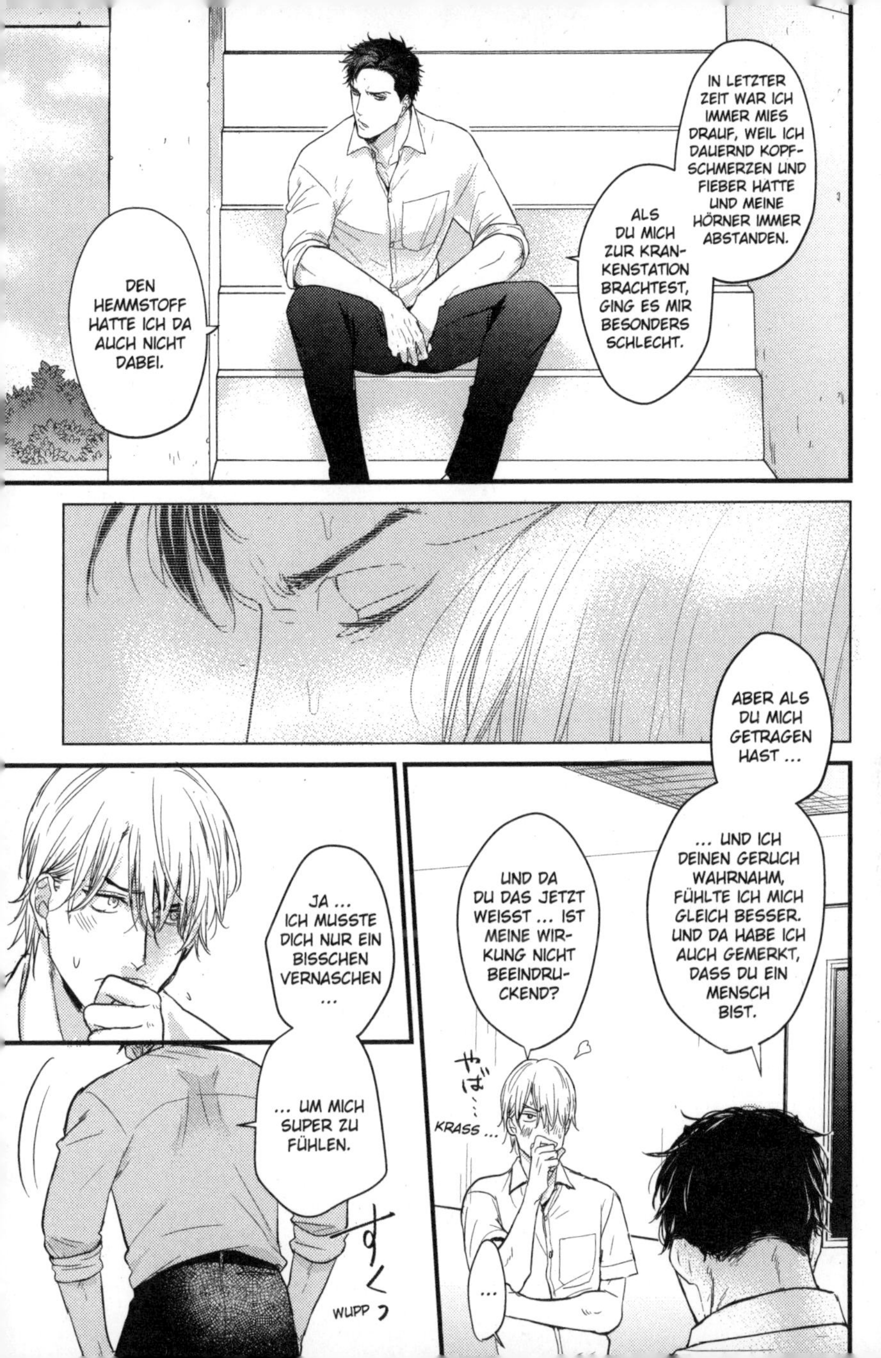
IN LETZTER ZEIT WAR ICH IMMER MIES DRAUF, WEIL ICH DAUERND KOPF-SCHMERZEN UND FIEBER HATTE UND MEINE HÖRNER IMMER ABSTANDEN.
ALS DU MICH ZUR KRAN-KENSTATION BRACHTEST, GING ES MIR BESONDERS SCHLECHT.
DEN HEMMSTOFF HATTE ICH DA AUCH NICHT DABEI.
ABER ALS DU MICH GETRAGEN HAST ...
... UND ICH DEINEN GERUCH WAHRNAHM, FÜHLTE ICH MICH GLEICH BESSER. UND DA HABE ICH AUCH GEMERKT, DASS DU EIN MENSCH BIST.
UND DA DU DAS JETZT WEISST ... IST MEINE WIR-KUNG NICHT BEEINDRU-CKEND?
やば…
KRASS ...
...
JA ... ICH MUSSTE DICH NUR EIN BISSCHEN VERNASCHEN ...
... UM MICH SUPER ZU FÜHLEN.
すく
WUPP

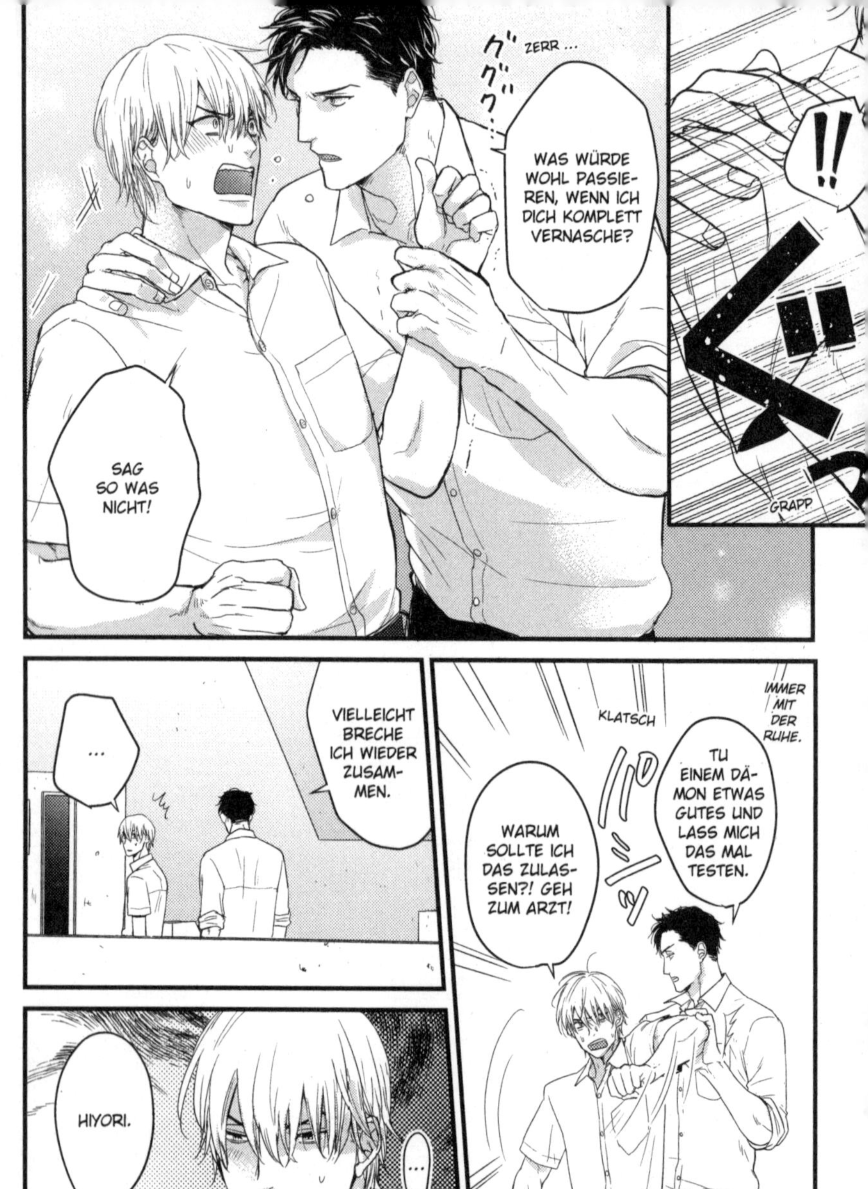
!!
GRAPP
ZERR ...
WAS WÜRDE WOHL PASSIEREN, WENN ICH DICH KOMPLETT VERNASCHE?
SAG SO WAS NICHT!
IMMER MIT DER RUHE.
TU EINEM DÄMON ETWAS GUTES UND LASS MICH DAS MAL TESTEN.
KLATSCH
WARUM SOLLTE ICH DAS ZULASSEN?! GEH ZUM ARZT!
VIELLEICHT BRECHE ICH WIEDER ZUSAMMEN.
...
HIYORI.
...

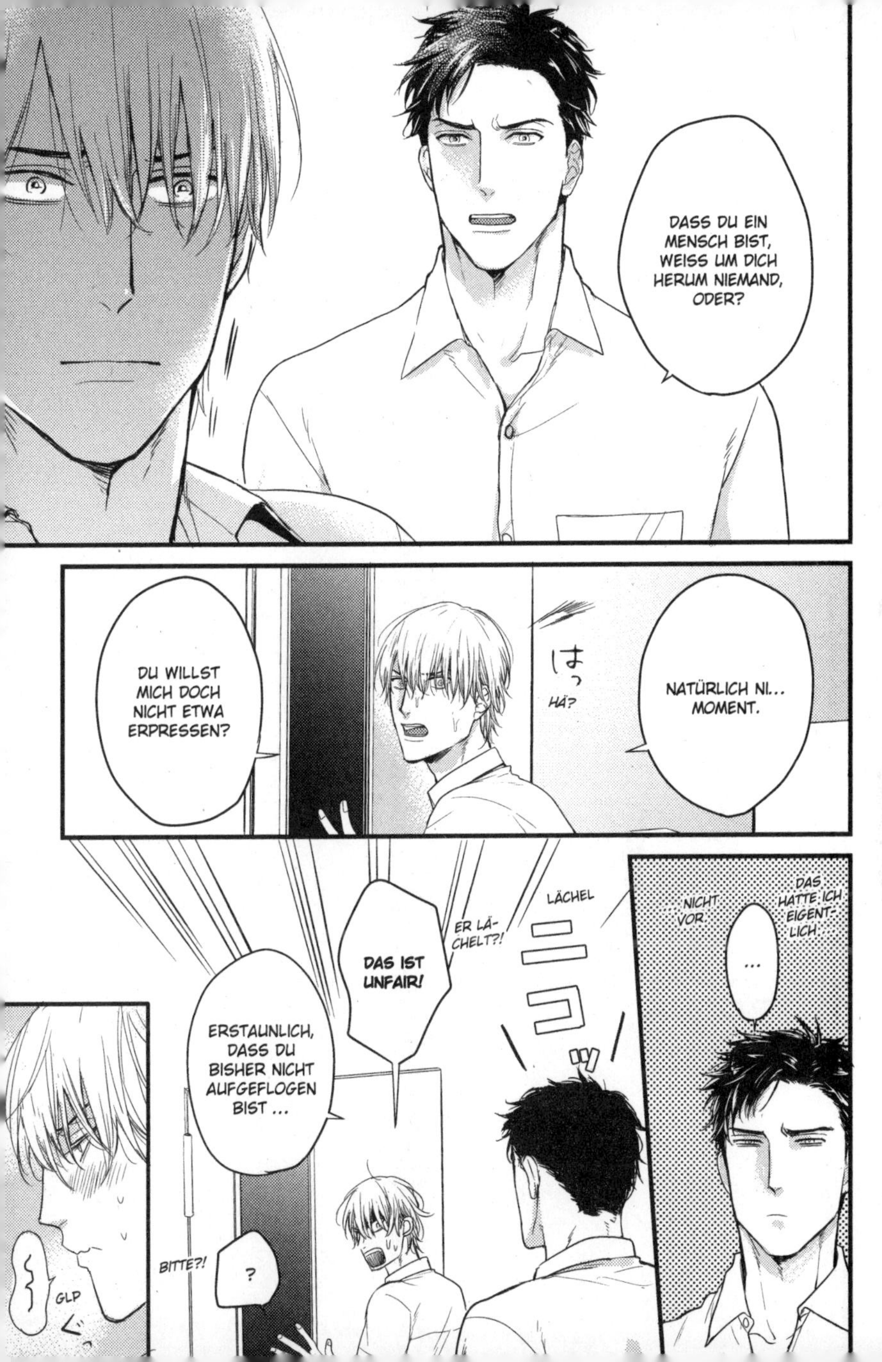
DASS DU EIN MENSCH BIST, WEISS UM DICH HERUM NIEMAND, ODER?
NATÜRLICH NI… MOMENT.
は
HÄ?
DU WILLST MICH DOCH NICHT ETWA ERPRESSEN?
DAS HATTE ICH EIGENTLICH NICHT VOR.
…
LÄCHEL
ER LÄCHELT?!
DAS IST UNFAIR!
ERSTAUNLICH, DASS DU BISHER NICHT AUFGEFLOGEN BIST …
?
BITTE?!
GLP

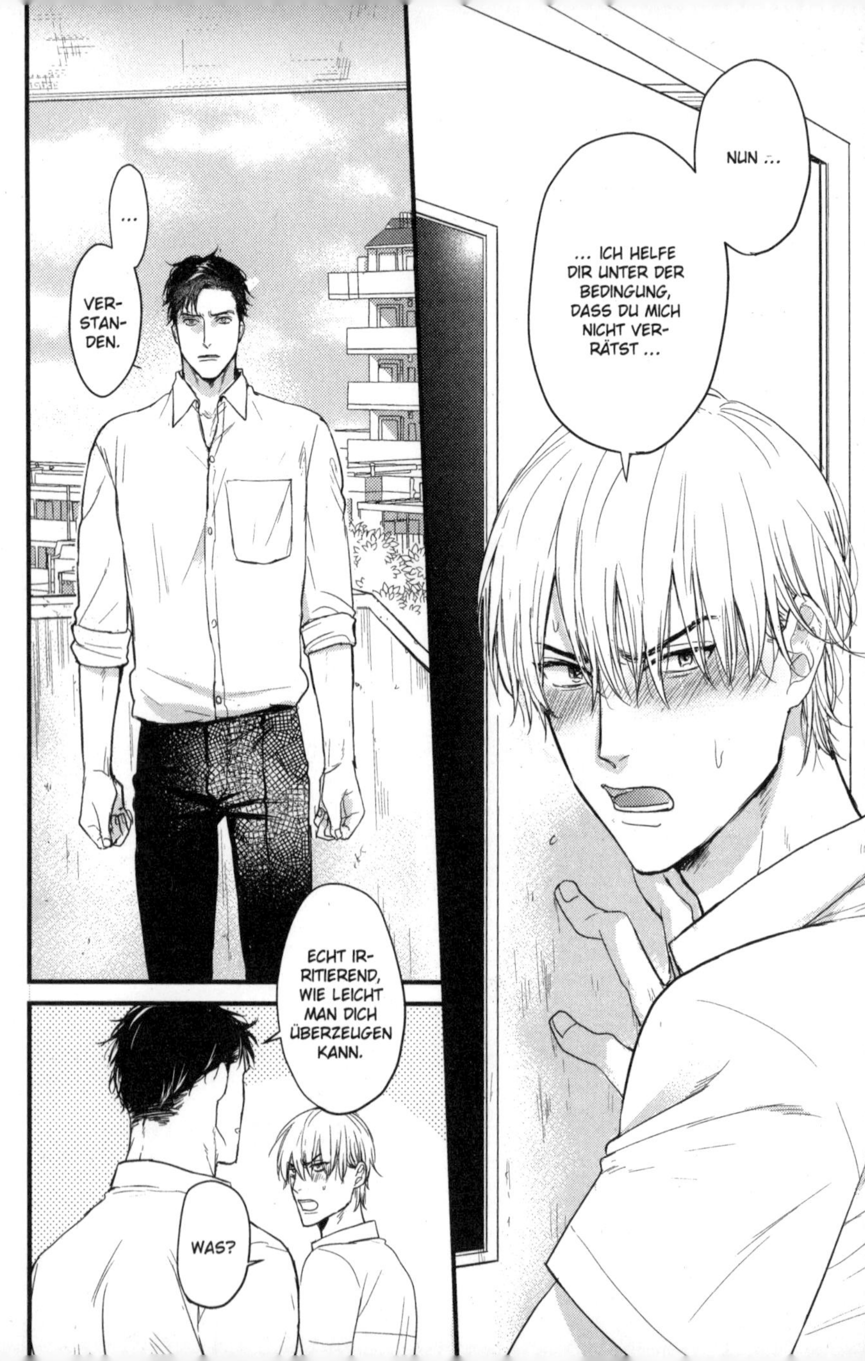
NUN ...
... ICH HELFE DIR UNTER DER BEDINGUNG, DASS DU MICH NICHT VERRÄTST ...
...
VERSTANDEN.
ECHT IRRITIEREND, WIE LEICHT MAN DICH ÜBERZEUGEN KANN.
WAS?

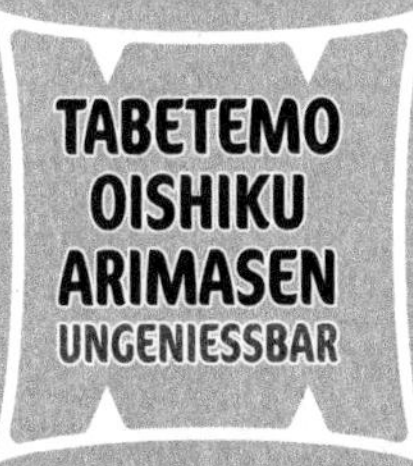
TABETEMO
OISHIKU
ARIMASEN
UNGENIESSBAR

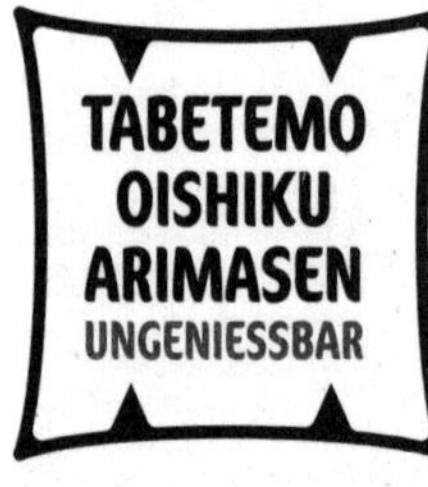
TABETEMO
OISHIKU
ARIMASEN
UNGENIESSBAR

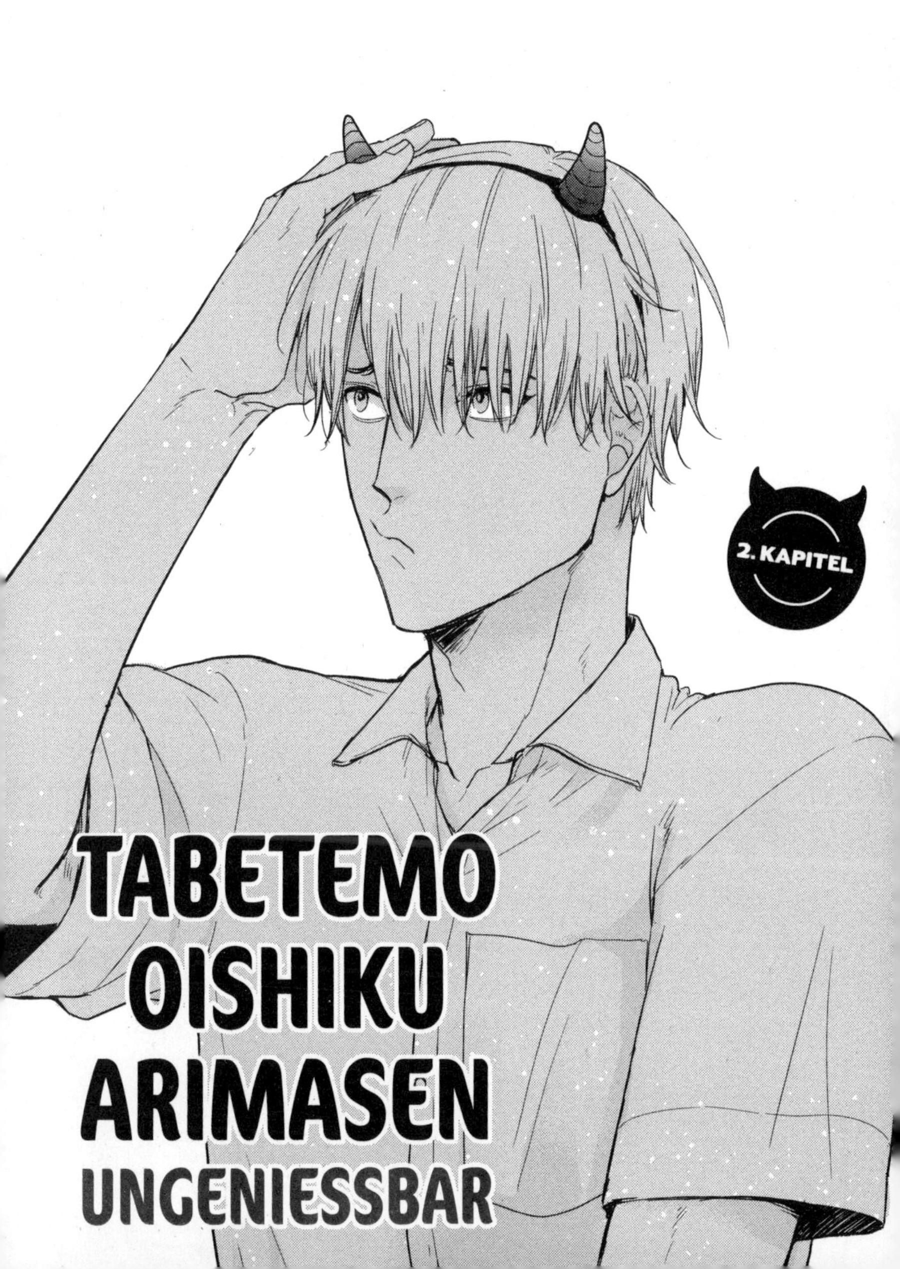
2. KAPITEL
TABETEMO
OISHIKU
ARIMASEN
UNGENIESSBAR

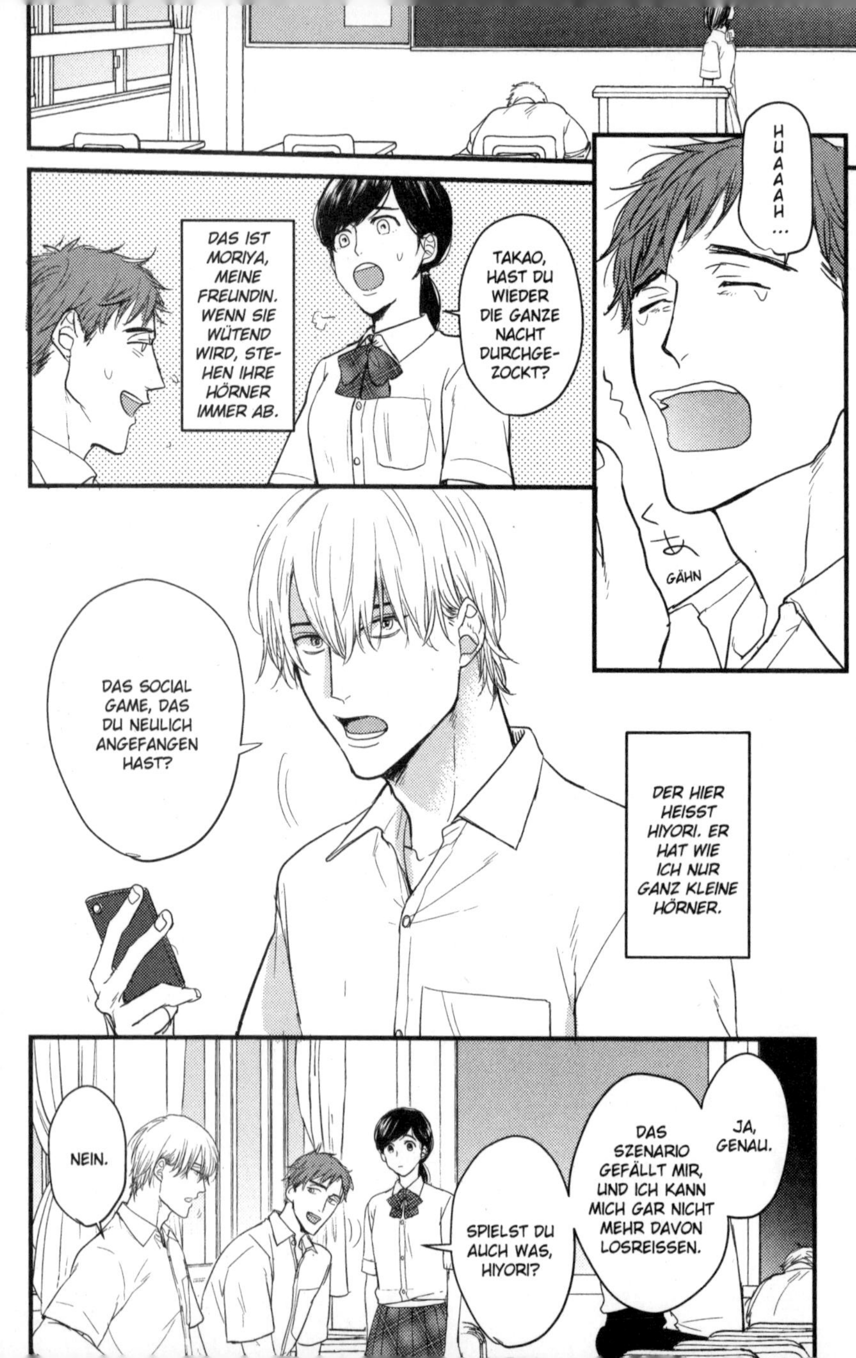
HUAAAH …
GÄHN
TAKAO, HAST DU WIEDER DIE GANZE NACHT DURCHGE-ZOCKT?
DAS IST MORIYA, MEINE FREUNDIN. WENN SIE WÜTEND WIRD, STE-HEN IHRE HÖRNER IMMER AB.
DER HIER HEISST HIYORI. ER HAT WIE ICH NUR GANZ KLEINE HÖRNER.
DAS SOCIAL GAME, DAS DU NEULICH ANGEFANGEN HAST?
JA, GENAU.
DAS SZENARIO GEFÄLLT MIR, UND ICH KANN MICH GAR NICHT MEHR DAVON LOSREISSEN.
SPIELST DU AUCH WAS, HIYORI?
NEIN.

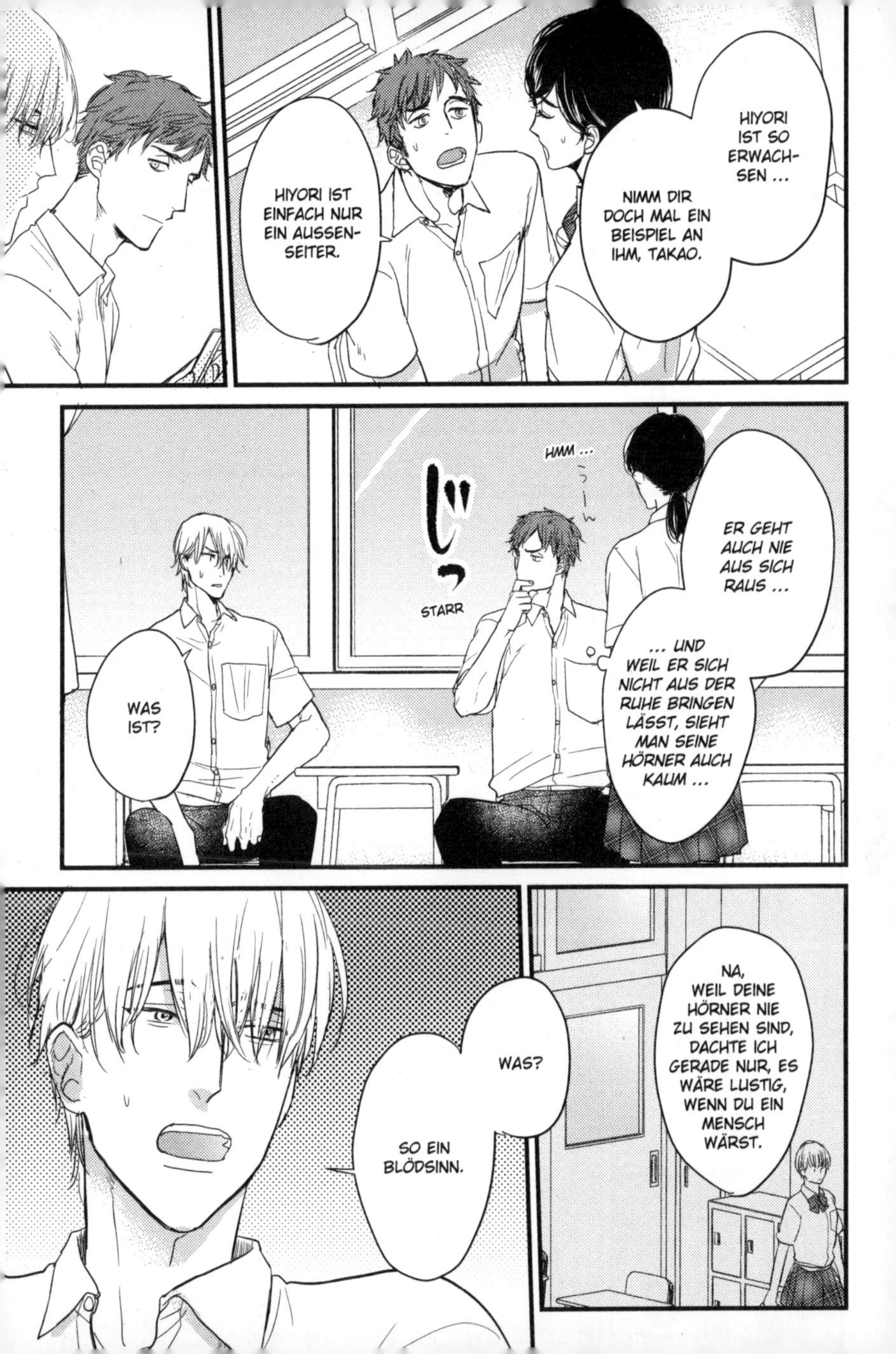

HIYORI IST SO ERWACHSEN …
NIMM DIR DOCH MAL EIN BEISPIEL AN IHM, TAKAO.
HIYORI IST EINFACH NUR EIN AUSSENSEITER.

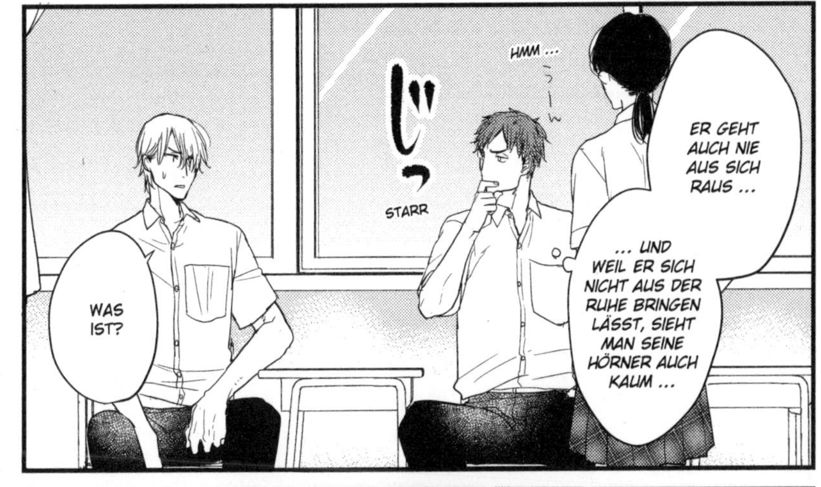

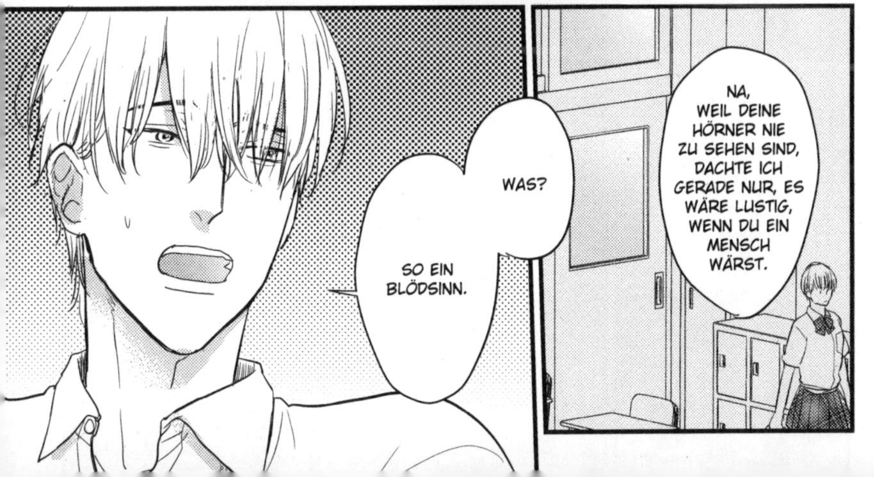

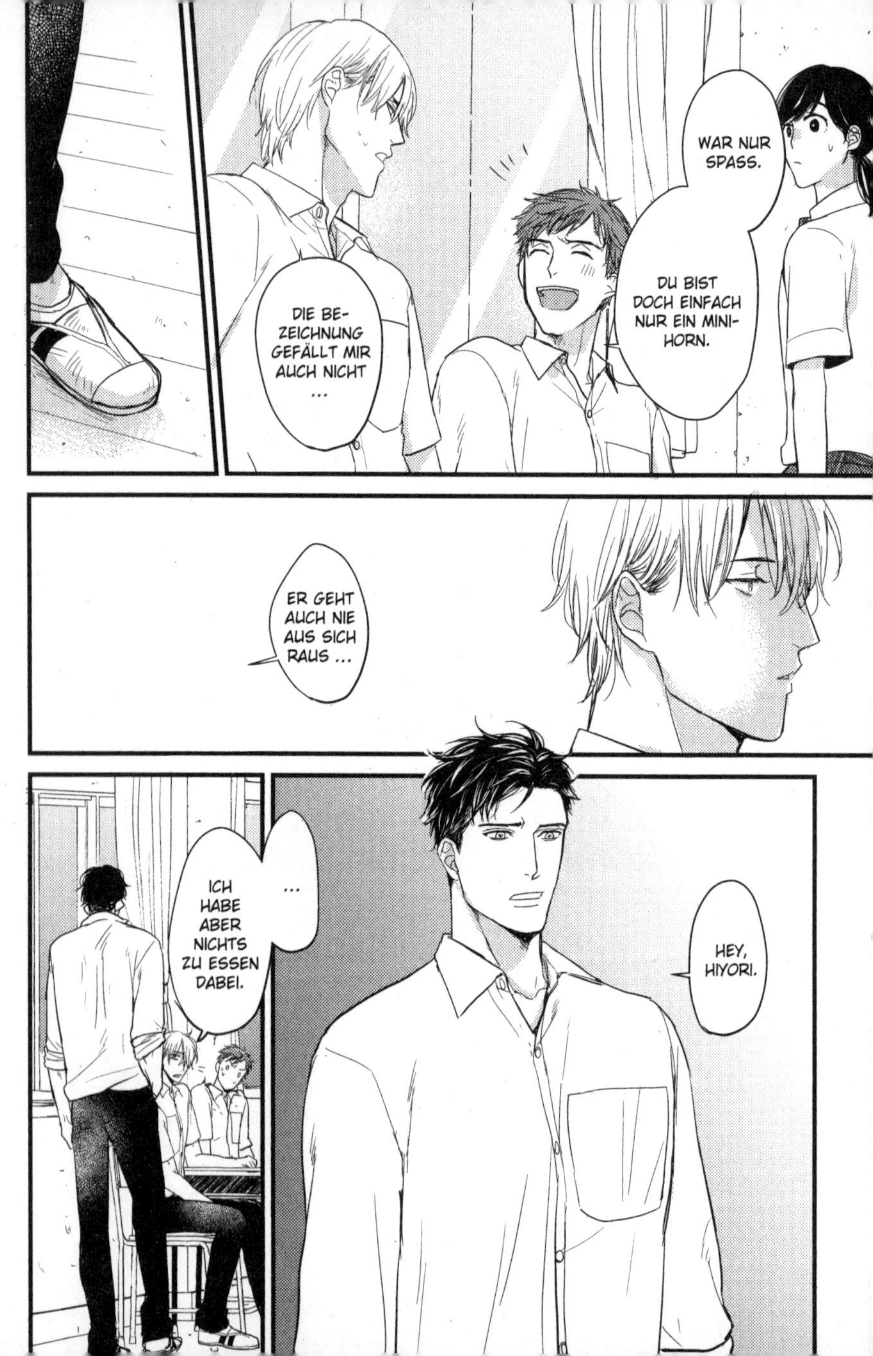
WAR NUR SPASS.
DU BIST DOCH EINFACH NUR EIN MINI-HORN.
DIE BE-ZEICHNUNG GEFÄLLT MIR AUCH NICHT …
ER GEHT AUCH NIE AUS SICH RAUS …
HEY, HIYORI.
…
ICH HABE ABER NICHTS ZU ESSEN DABEI.

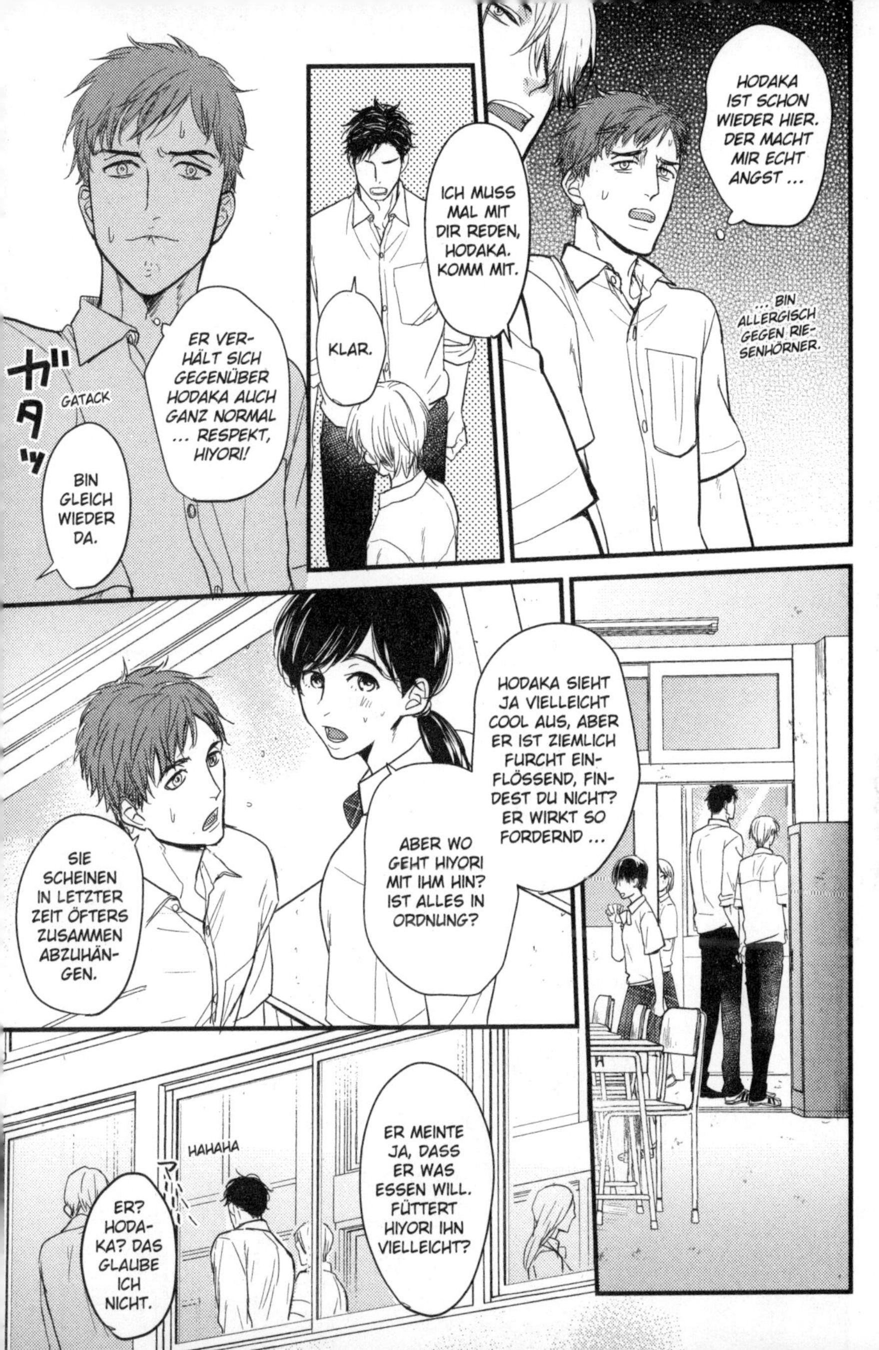
HODAKA IST SCHON WIEDER HIER. DER MACHT MIR ECHT ANGST …
… BIN ALLERGISCH GEGEN RIESENHÖRNER.
ICH MUSS MAL MIT DIR REDEN, HODAKA. KOMM MIT.
KLAR.
ER VERHÄLT SICH GEGENÜBER HODAKA AUCH GANZ NORMAL … RESPEKT, HIYORI!
GATACK
BIN GLEICH WIEDER DA.
HODAKA SIEHT JA VIELLEICHT COOL AUS, ABER ER IST ZIEMLICH FURCHT EINFLÖSSEND, FINDEST DU NICHT? ER WIRKT SO FORDERND …
ABER WO GEHT HIYORI MIT IHM HIN? IST ALLES IN ORDNUNG?
SIE SCHEINEN IN LETZTER ZEIT ÖFTERS ZUSAMMEN ABZUHÄNGEN.
ER MEINTE JA, DASS ER WAS ESSEN WILL. FÜTTERT HIYORI IHN VIELLEICHT?
HAHAHA
ER? HODAKA? DAS GLAUBE ICH NICHT.

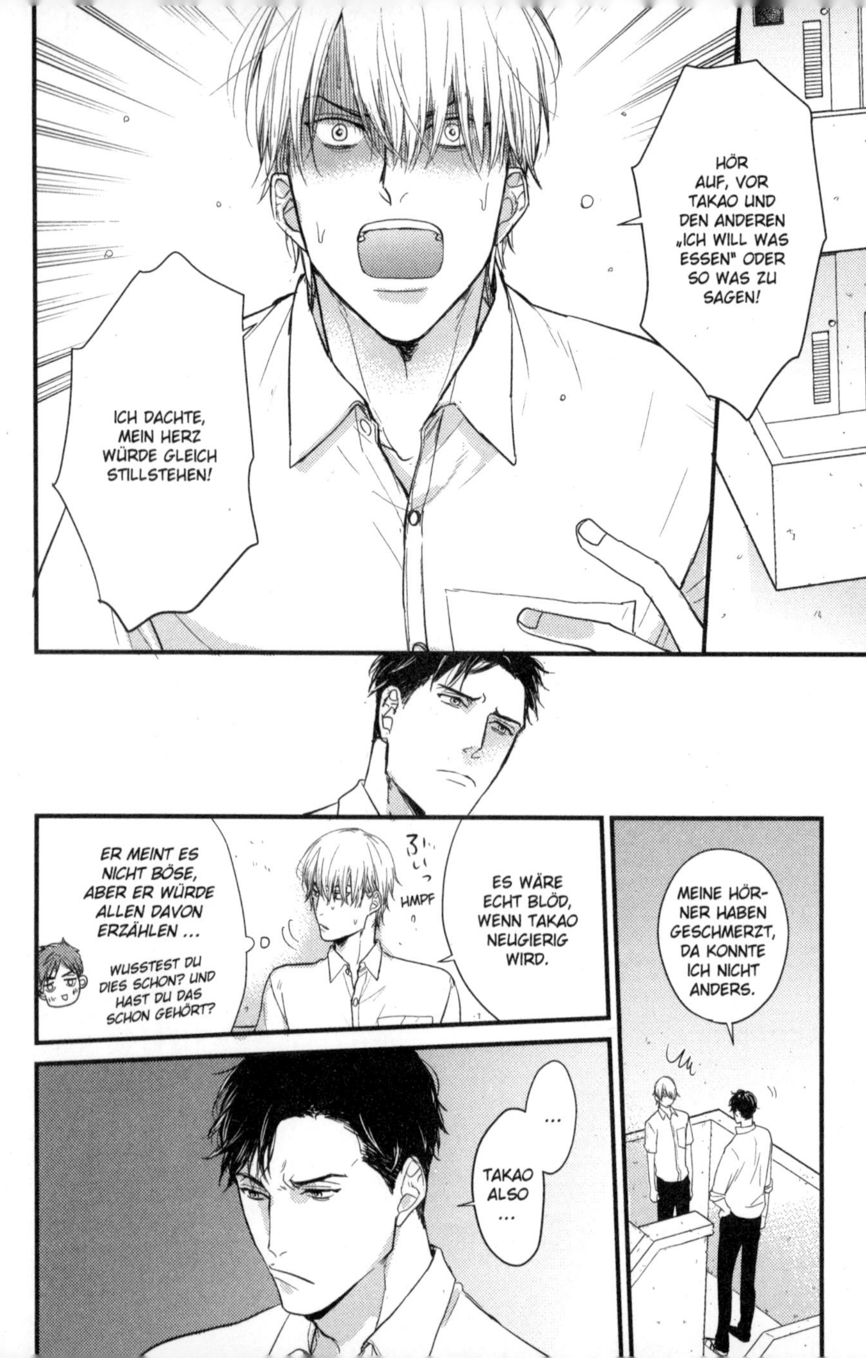
HÖR AUF, VOR TAKAO UND DEN ANDEREN „ICH WILL WAS ESSEN" ODER SO WAS ZU SAGEN!
ICH DACHTE, MEIN HERZ WÜRDE GLEICH STILLSTEHEN!
MEINE HÖR-NER HABEN GESCHMERZT, DA KONNTE ICH NICHT ANDERS.
ES WÄRE ECHT BLÖD, WENN TAKAO NEUGIERIG WIRD.
HMPF
ER MEINT ES NICHT BÖSE, ABER ER WÜRDE ALLEN DAVON ERZÄHLEN …
WUSSTEST DU DIES SCHON? UND HAST DU DAS SCHON GEHÖRT?
…
TAKAO ALSO …

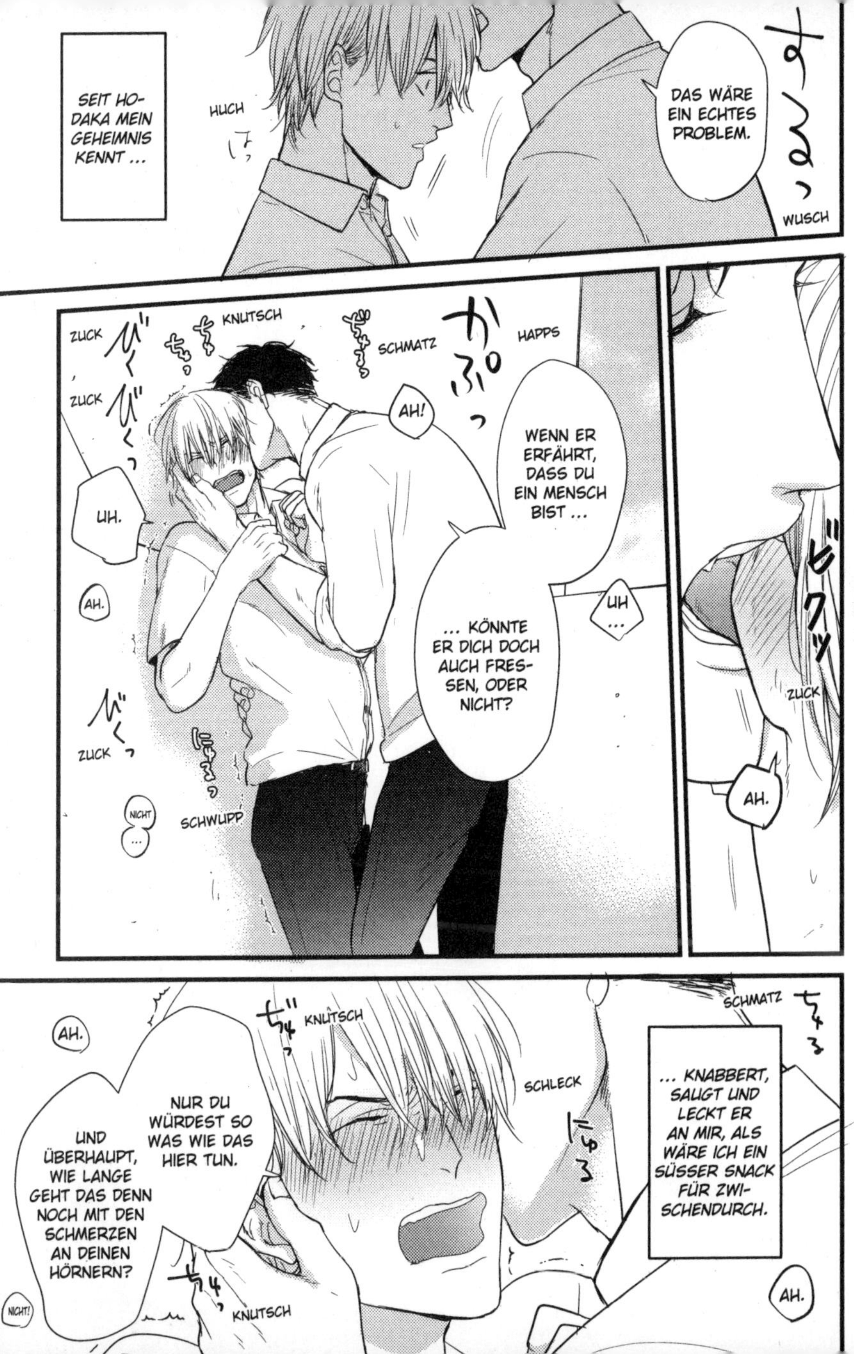WUSCH
DAS WÄRE EIN ECHTES PROBLEM.
HUCH
SEIT HODAKA MEIN GEHEIMNIS KENNT …
ZUCK
HAPPS
SCHMATZ
AH!
KNUTSCH
ZUCK
ZUCK
WENN ER ERFÄHRT, DASS DU EIN MENSCH BIST …
… KÖNNTE ER DICH DOCH AUCH FRESSEN, ODER NICHT?
UH …
UH.
AH.
ZUCK
SCHWUPP
NICHT …
AH.
SCHMATZ
… KNABBERT, SAUGT UND LECKT ER AN MIR, ALS WÄRE ICH EIN SÜSSER SNACK FÜR ZWISCHENDURCH.
SCHLECK
KNUTSCH
NUR DU WÜRDEST SO WAS WIE DAS HIER TUN.
UND ÜBERHAUPT, WIE LANGE GEHT DAS DENN NOCH MIT DEN SCHMERZEN AN DEINEN HÖRNERN?
AH.
AH.
KNUTSCH
NICHT!

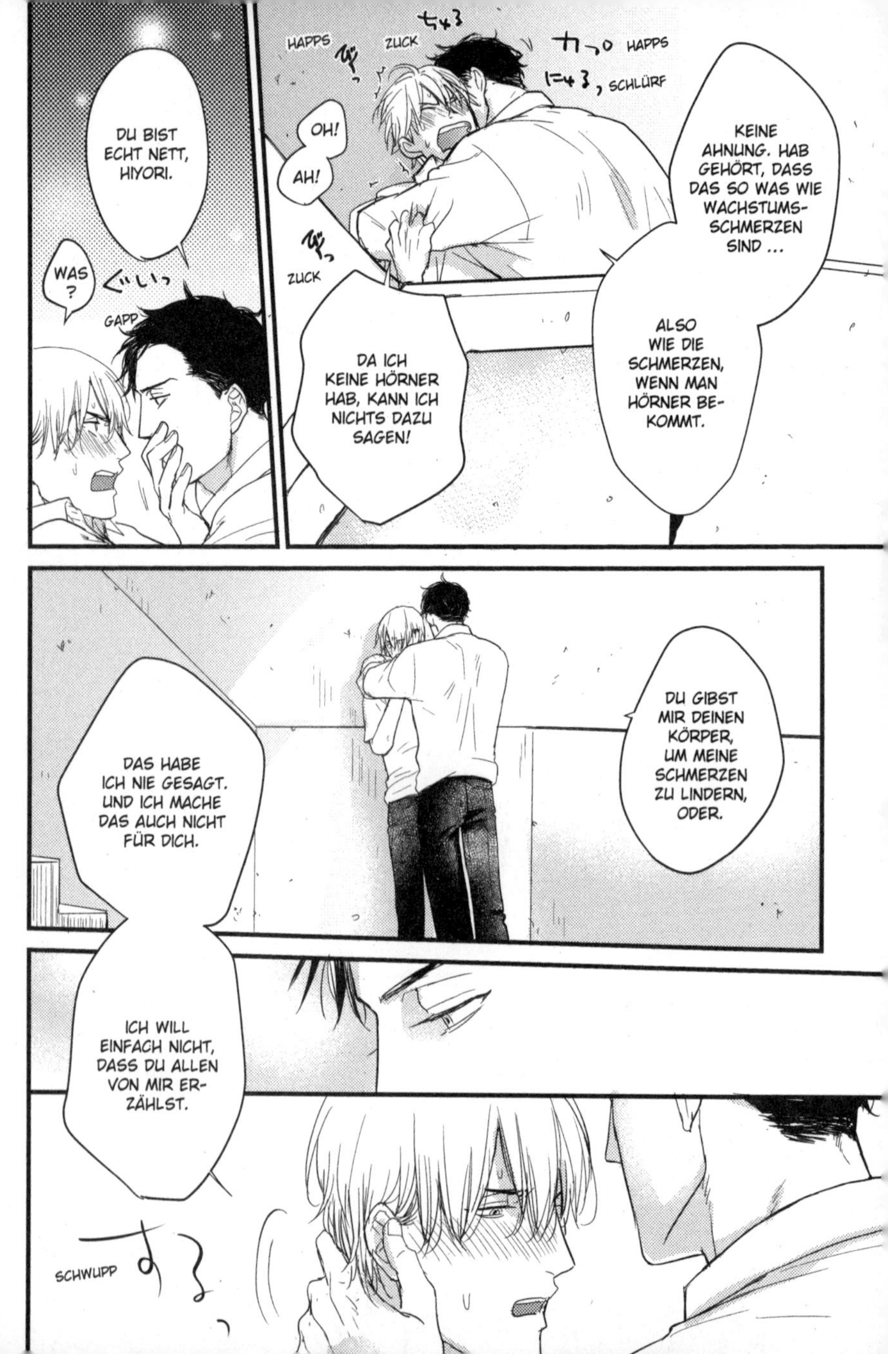
KEINE AHNUNG. HAB GEHÖRT, DASS DAS SO WAS WIE WACHSTUMS-SCHMERZEN SIND …
ALSO WIE DIE SCHMERZEN, WENN MAN HÖRNER BE-KOMMT.
HAPPS
SCHLÜRF
ZUCK
HAPPS
OH!
AH!
ZUCK
DA ICH KEINE HÖRNER HAB, KANN ICH NICHTS DAZU SAGEN!
DU BIST ECHT NETT, HIYORI.
WAS?
GAPP
DU GIBST MIR DEINEN KÖRPER, UM MEINE SCHMERZEN ZU LINDERN, ODER.
DAS HABE ICH NIE GESAGT. UND ICH MACHE DAS AUCH NICHT FÜR DICH.
ICH WILL EINFACH NICHT, DASS DU ALLEN VON MIR ER-ZÄHLST.
SCHWUPP

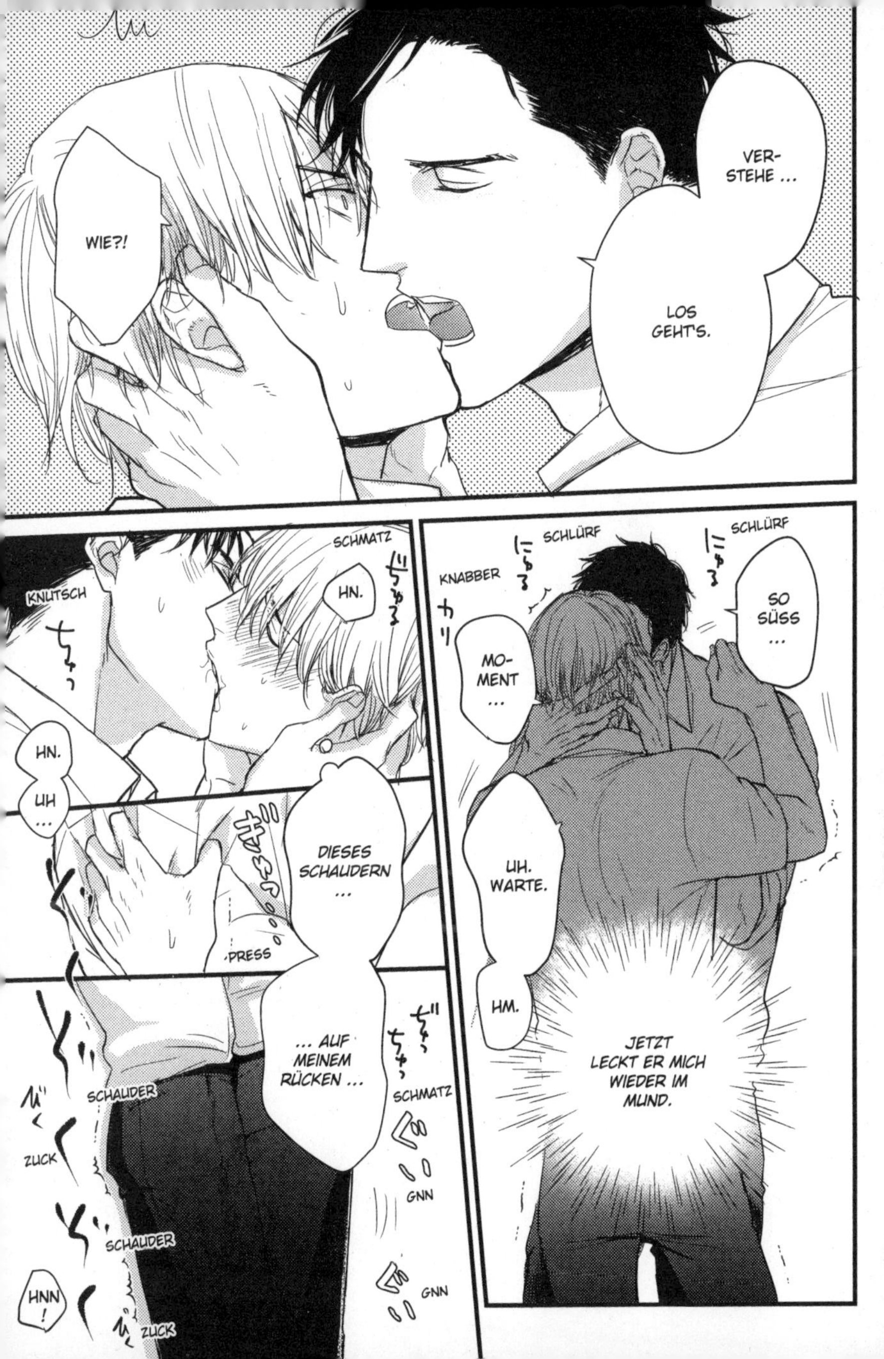
VER-
STEHE ...
LOS
GEHT'S.
WIE?!
SCHLÜRF
SO
SÜSS
...
SCHLÜRF
KNABBER
MO-
MENT
...
UH.
WARTE.
HM.
JETZT
LECKT ER MICH
WIEDER IM
MUND.
SCHMATZ
HN.
KNUTSCH
HN.
UH
...
DIESES
SCHAUDERN
...
PRESS
... AUF
MEINEM
RÜCKEN ...
SCHMATZ
GNN
GNN
SCHAUDER
ZUCK
SCHAUDER
HNN
!
ZUCK

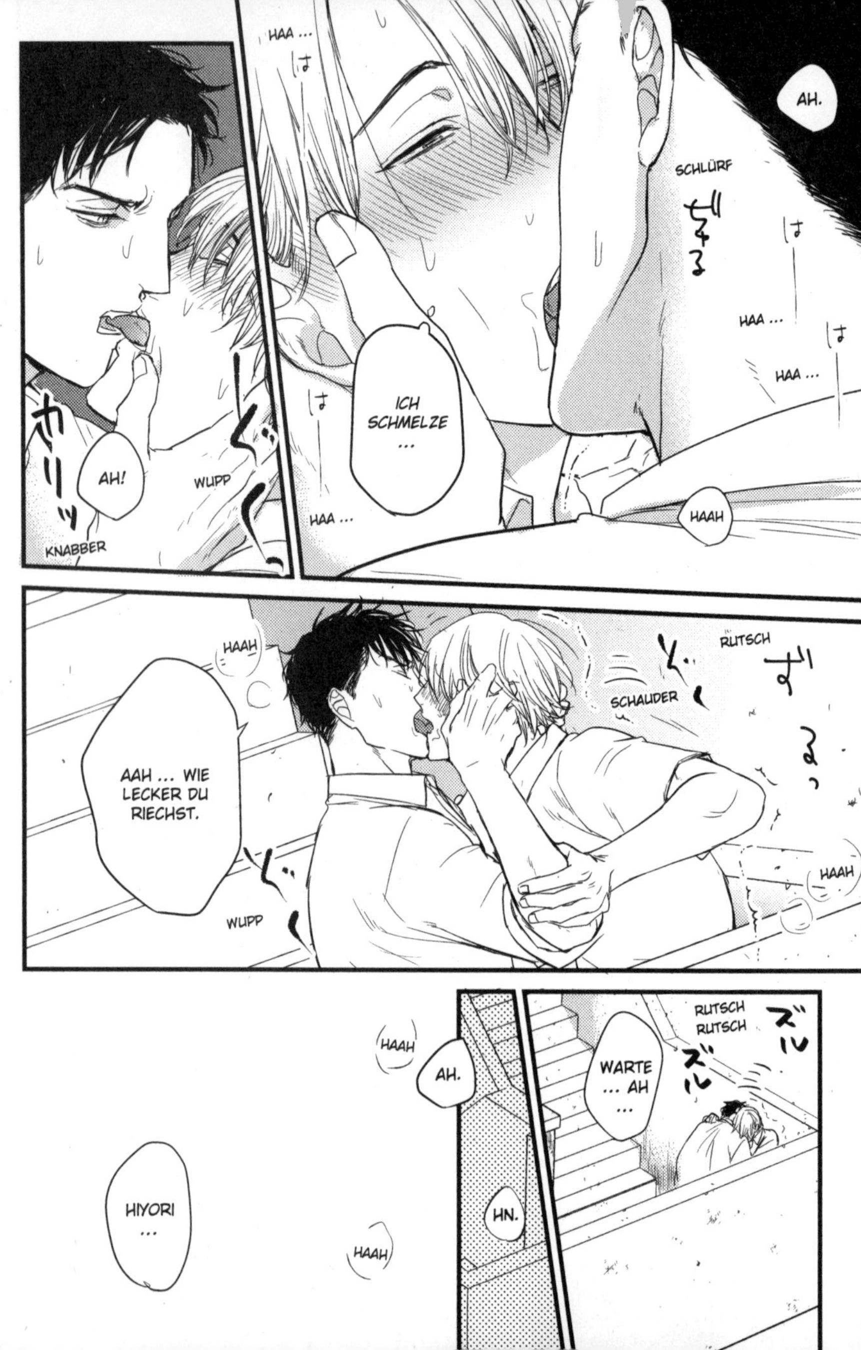

AH.
SCHLÜRF
すする
は
HAA …
は
HAA …
HAAH
HAA …
は
ICH SCHMELZE …
は
HAA …
AH!
WUPP
ぐっ
KNABBER
カリッ
RUTSCH
ずるっ
SCHAUDER
ぞくっ
HAAH
AAH … WIE LECKER DU RIECHST.
HAAH
WUPP
ぐっ
RUTSCH RUTSCH
ズルズル
WARTE … AH …
HN.
AH.
HAAH
HIYORI …
HAAH

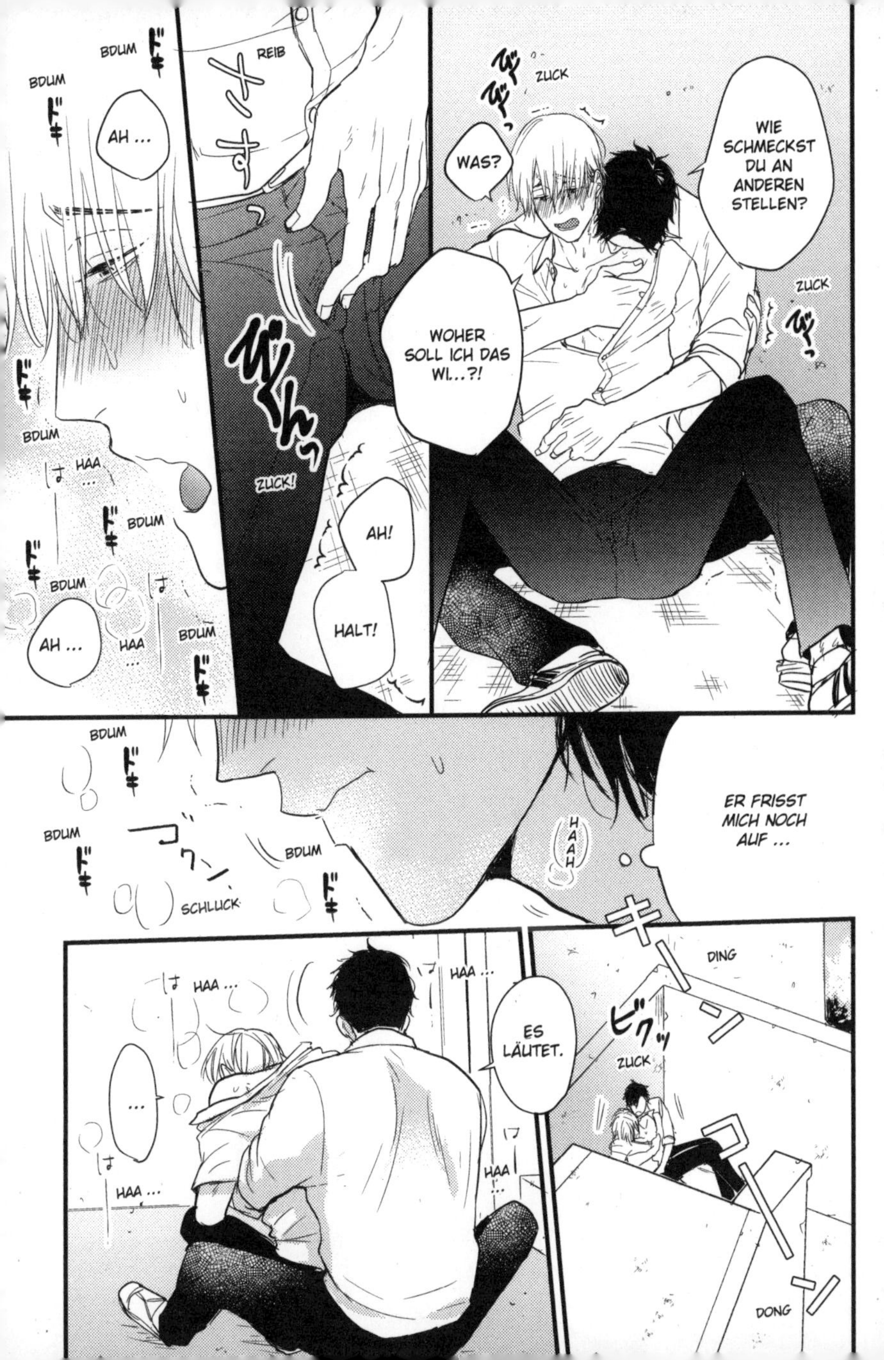
WIE SCHMECKST DU AN ANDEREN STELLEN?
ZUCK
WAS?
ZUCK
WOHER SOLL ICH DAS WI…?!
REIB
ZUCK!
AH!
HALT!
BDUM
BDUM
AH …
BDUM
HAA …
BDUM
BDUM
AH …
HAA …
BDUM
ER FRISST MICH NOCH AUF …
HAAH
BDUM
BDUM
SCHLUCK
BDUM
DING
ZUCK
DONG
ES LÄUTET.
HAA …
HAA …
…
HAA …
HAA …

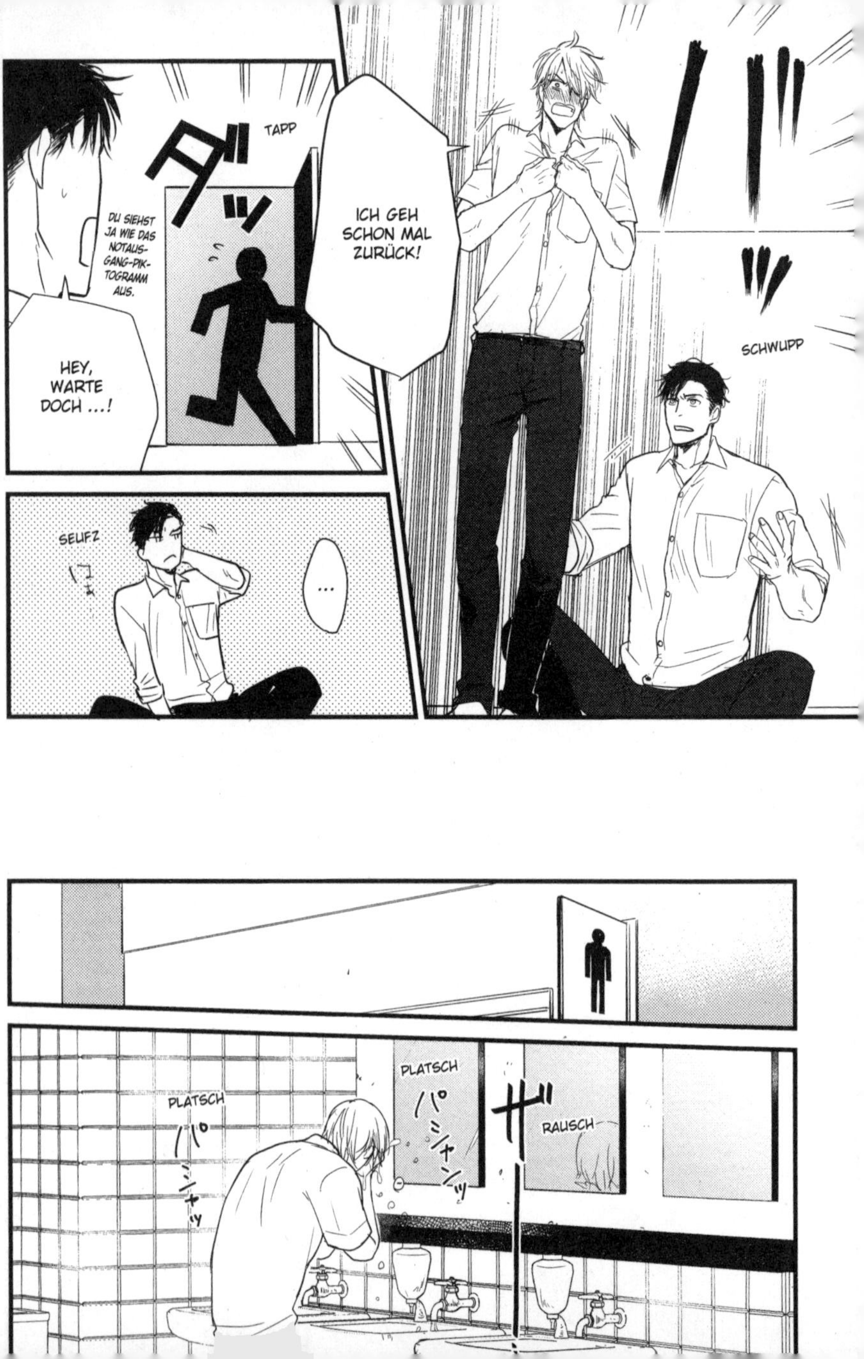

SCHWUPP

ICH GEH SCHON MAL ZURÜCK!

TAPP

DU SIEHST JA WIE DAS NOTAUSGANG-PIKTOGRAMM AUS.

HEY, WARTE DOCH ...!

...

SEUFZ

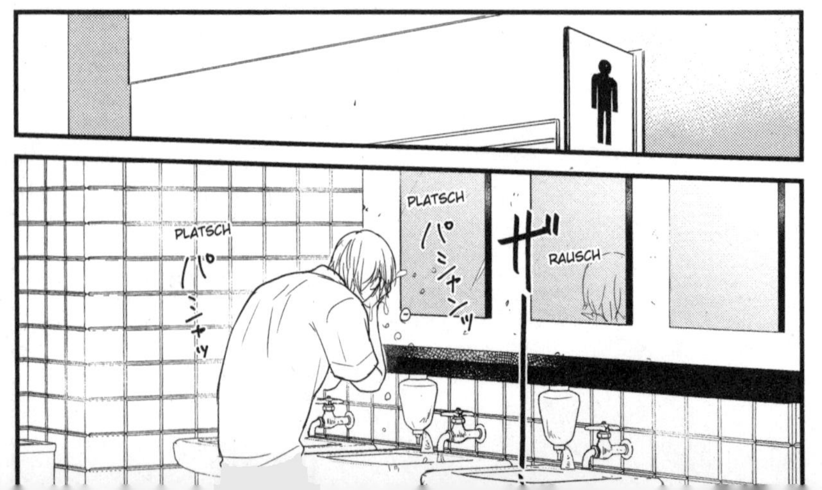

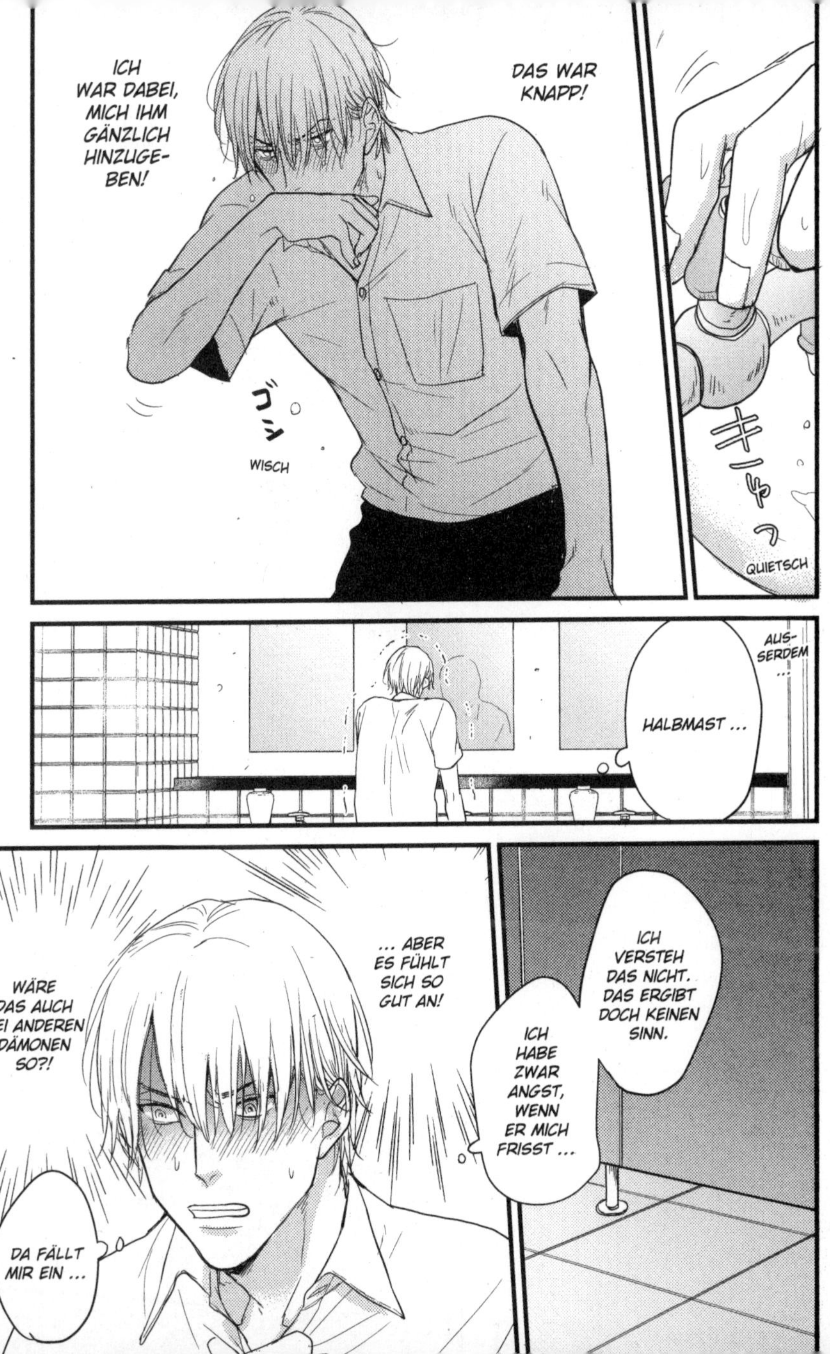
DAS WAR KNAPP!
ICH WAR DABEI, MICH IHM GÄNZLICH HINZUGEBEN!
QUIETSCH
WISCH
AUSSERDEM …
HALBMAST …
ICH VERSTEH DAS NICHT. DAS ERGIBT DOCH KEINEN SINN.
ICH HABE ZWAR ANGST, WENN ER MICH FRISST …
… ABER ES FÜHLT SICH SO GUT AN!
WÄRE DAS AUCH BEI ANDEREN DÄMONEN SO?!
DA FÄLLT MIR EIN …

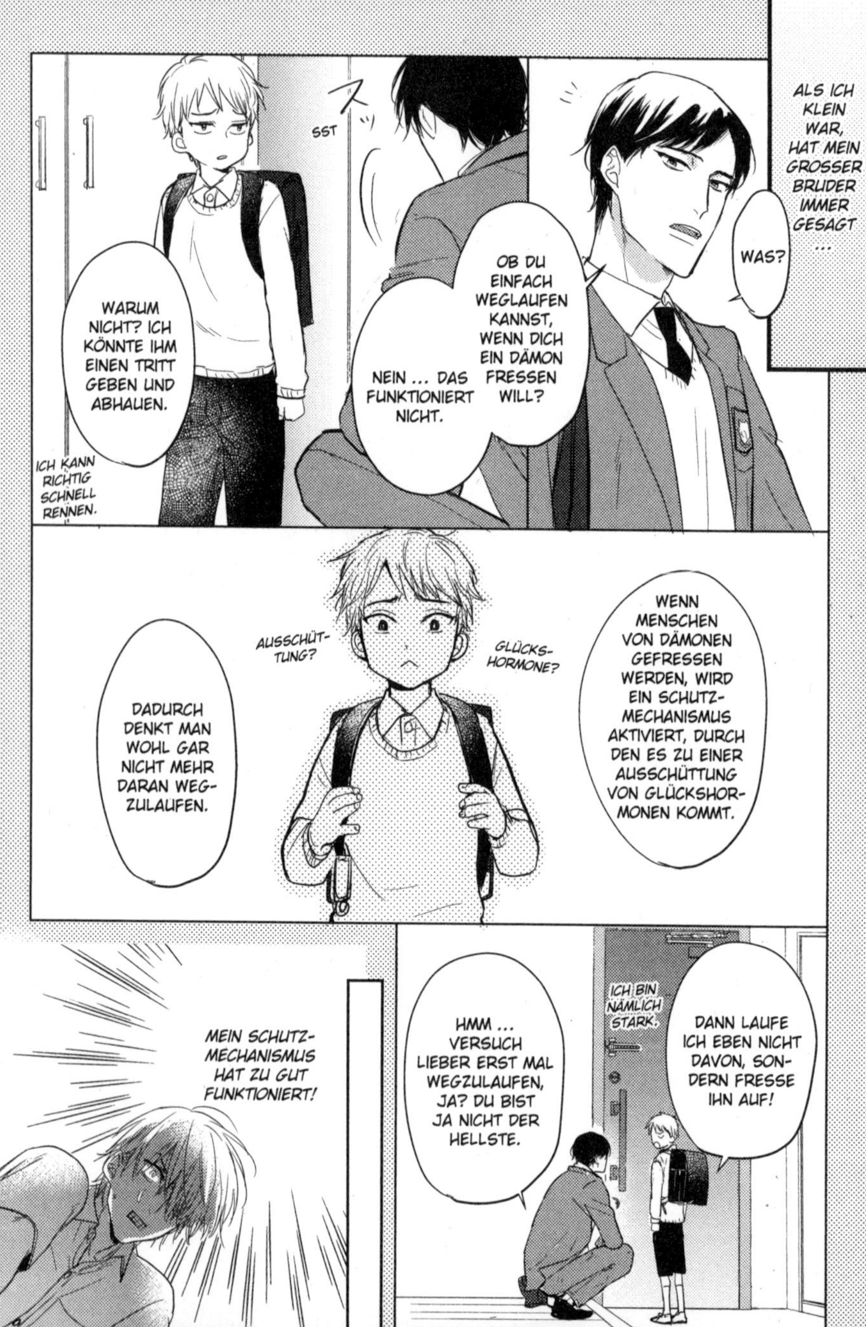
ALS ICH KLEIN WAR, HAT MEIN GROSSER BRUDER IMMER GESAGT ...
WAS?
SST
OB DU EINFACH WEGLAUFEN KANNST, WENN DICH EIN DÄMON FRESSEN WILL?
NEIN ... DAS FUNKTIONIERT NICHT.
WARUM NICHT? ICH KÖNNTE IHM EINEN TRITT GEBEN UND ABHAUEN.
ICH KANN RICHTIG SCHNELL RENNEN.
WENN MENSCHEN VON DÄMONEN GEFRESSEN WERDEN, WIRD EIN SCHUTZ-MECHANISMUS AKTIVIERT, DURCH DEN ES ZU EINER AUSSCHÜTTUNG VON GLÜCKSHOR-MONEN KOMMT.
GLÜCKS-HORMONE?
AUSSCHÜT-TUNG?
DADURCH DENKT MAN WOHL GAR NICHT MEHR DARAN WEG-ZULAUFEN.
DANN LAUFE ICH EBEN NICHT DAVON, SON-DERN FRESSE IHN AUF!
ICH BIN NÄMLICH STARK.
HMM ... VERSUCH LIEBER ERST MAL WEGZULAUFEN, JA? DU BIST JA NICHT DER HELLSTE.
MEIN SCHUTZ-MECHANISMUS HAT ZU GUT FUNKTIONIERT!

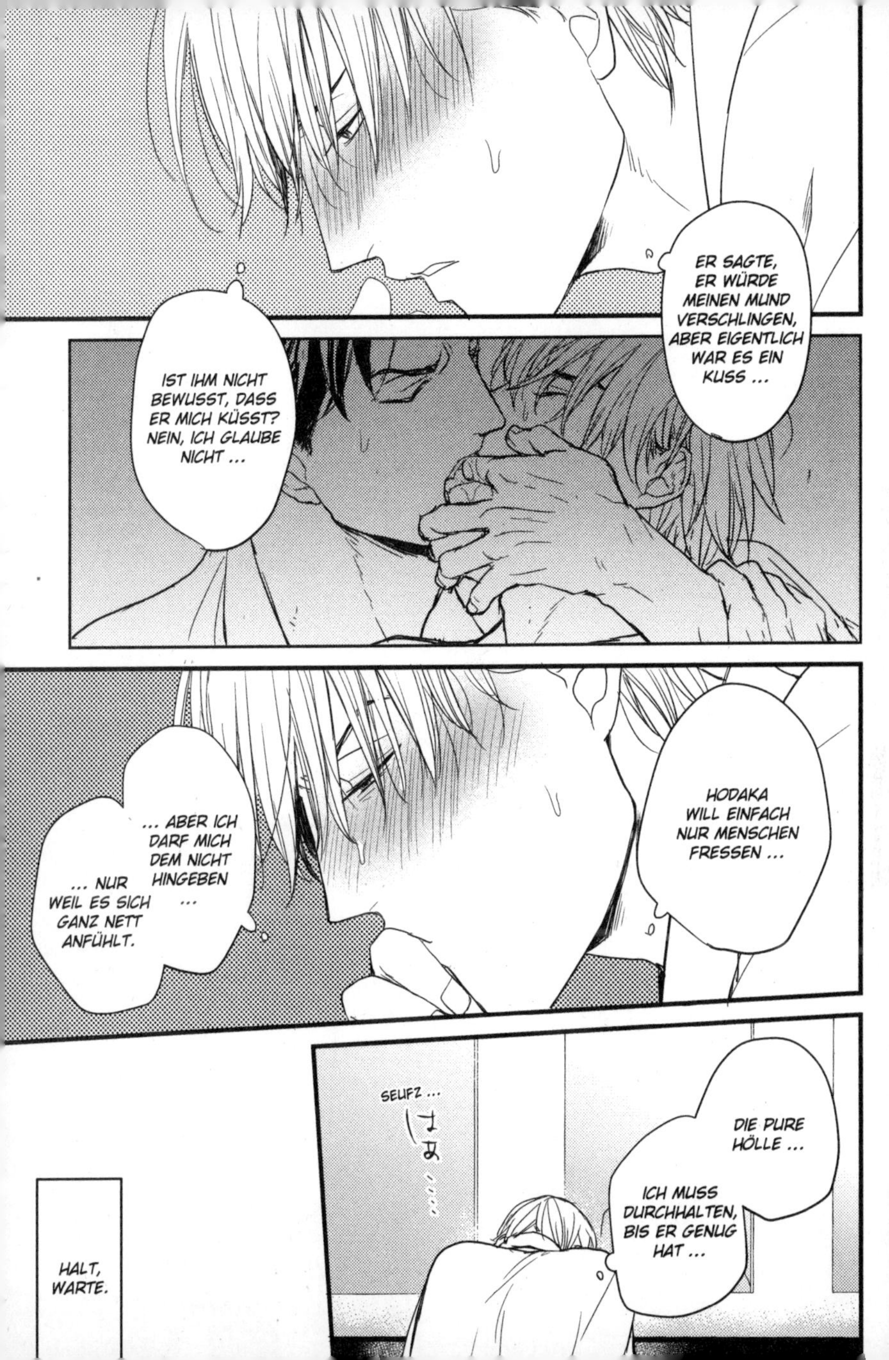
ER SAGTE, ER WÜRDE MEINEN MUND VERSCHLINGEN, ABER EIGENTLICH WAR ES EIN KUSS ...
IST IHM NICHT BEWUSST, DASS ER MICH KÜSST? NEIN, ICH GLAUBE NICHT ...
HODAKA WILL EINFACH NUR MENSCHEN FRESSEN ...
... ABER ICH DARF MICH DEM NICHT HINGEBEN ...
... NUR WEIL ES SICH GANZ NETT ANFÜHLT.
SEUFZ ...
DIE PURE HÖLLE ...
ICH MUSS DURCHHALTEN, BIS ER GENUG HAT ...
HALT, WARTE.

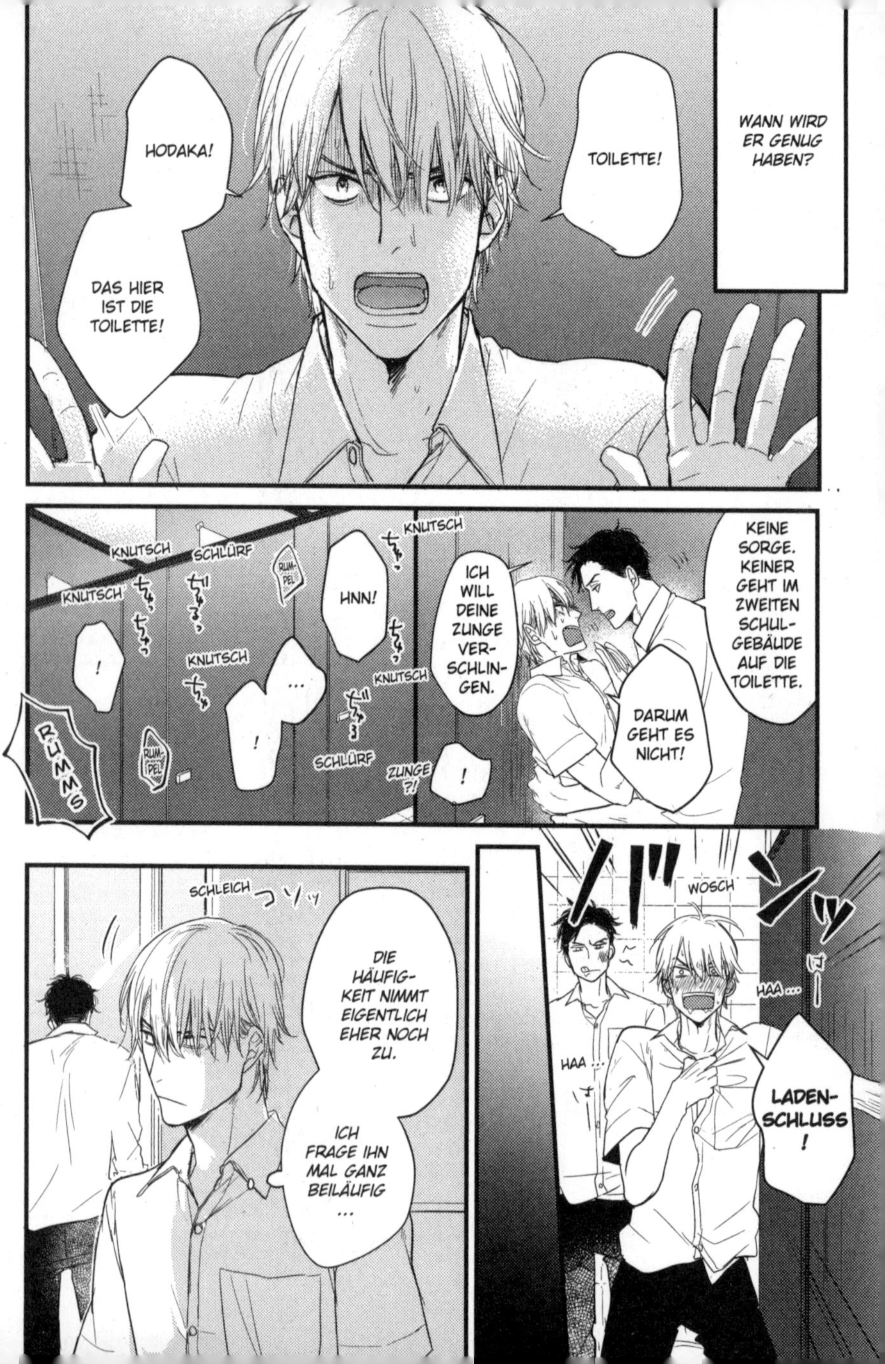

WANN WIRD ER GENUG HABEN?

TOILETTE!

HODAKA!

DAS HIER IST DIE TOILETTE!

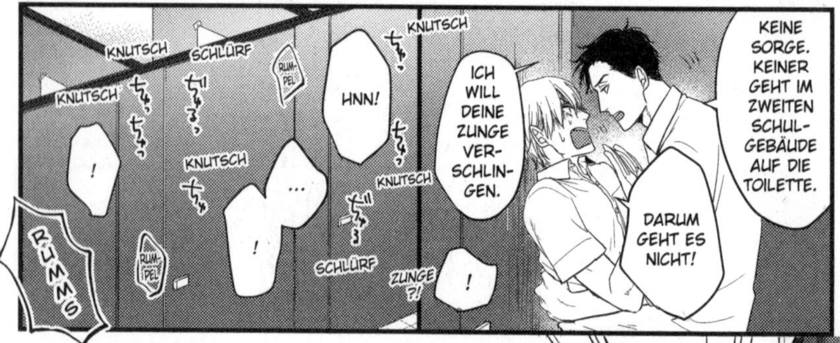

WOSCH

LADEN-SCHLUSS !

HAA ...

HAA ...

SCHLEICH

DIE HÄUFIGKEIT NIMMT EIGENTLICH EHER NOCH ZU.

ICH FRAGE IHN MAL GANZ BEILÄUFIG ...

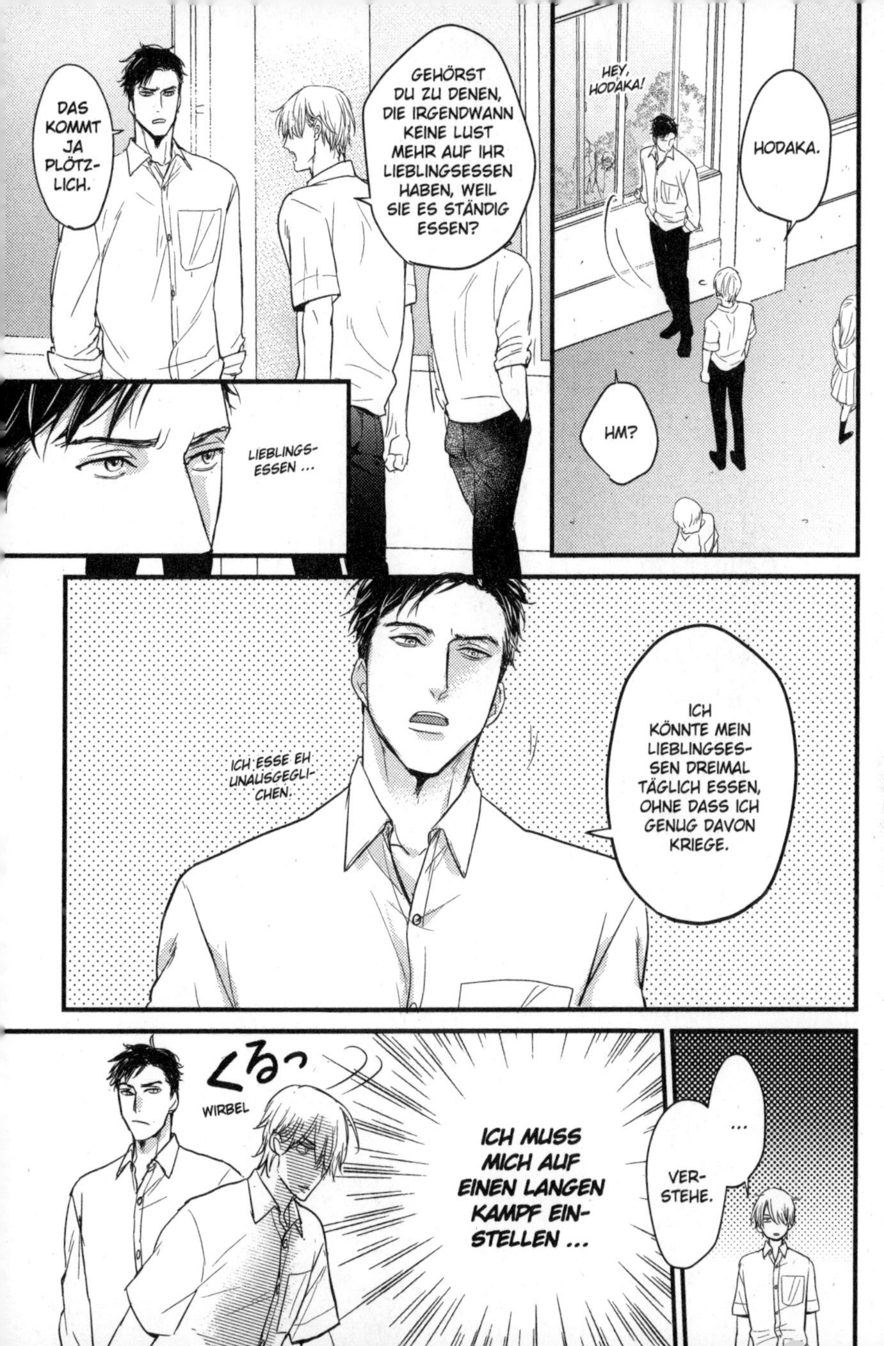

HEY, HODAKA!
HODAKA.
HM?
GEHÖRST DU ZU DENEN, DIE IRGENDWANN KEINE LUST MEHR AUF IHR LIEBLINGSESSEN HABEN, WEIL SIE ES STÄNDIG ESSEN?
DAS KOMMT JA PLÖTZLICH.
LIEBLINGS-ESSEN ...
ICH KÖNNTE MEIN LIEBLINGSES-SEN DREIMAL TÄGLICH ESSEN, OHNE DASS ICH GENUG DAVON KRIEGE.
ICH ESSE EH UNAUSGEGLI-CHEN.
... VER-STEHE.
ICH MUSS MICH AUF EINEN LANGEN KAMPF EIN-STELLEN ...
くるっ
WIRBEL

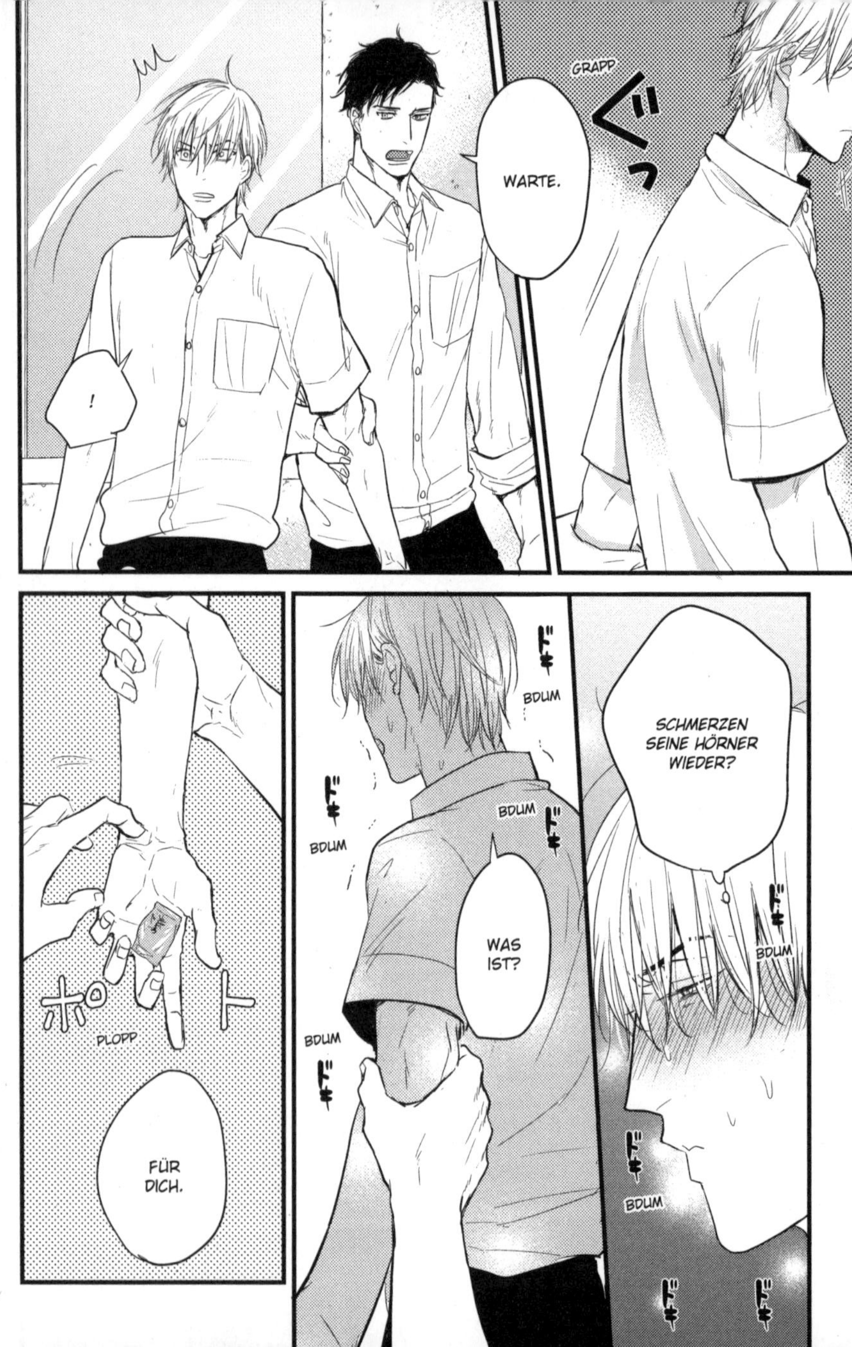
GRAPP
ぐっ
WARTE.
!
SCHMERZEN SEINE HÖRNER WIEDER?
ドキ
BDUM
ドキ
BDUM
ドキ
BDUM
ドキ
BDUM
WAS IST?
ドキ
BDUM
ドキ
BDUM
ドキ
ドキ
PLOPP
FÜR DICH.

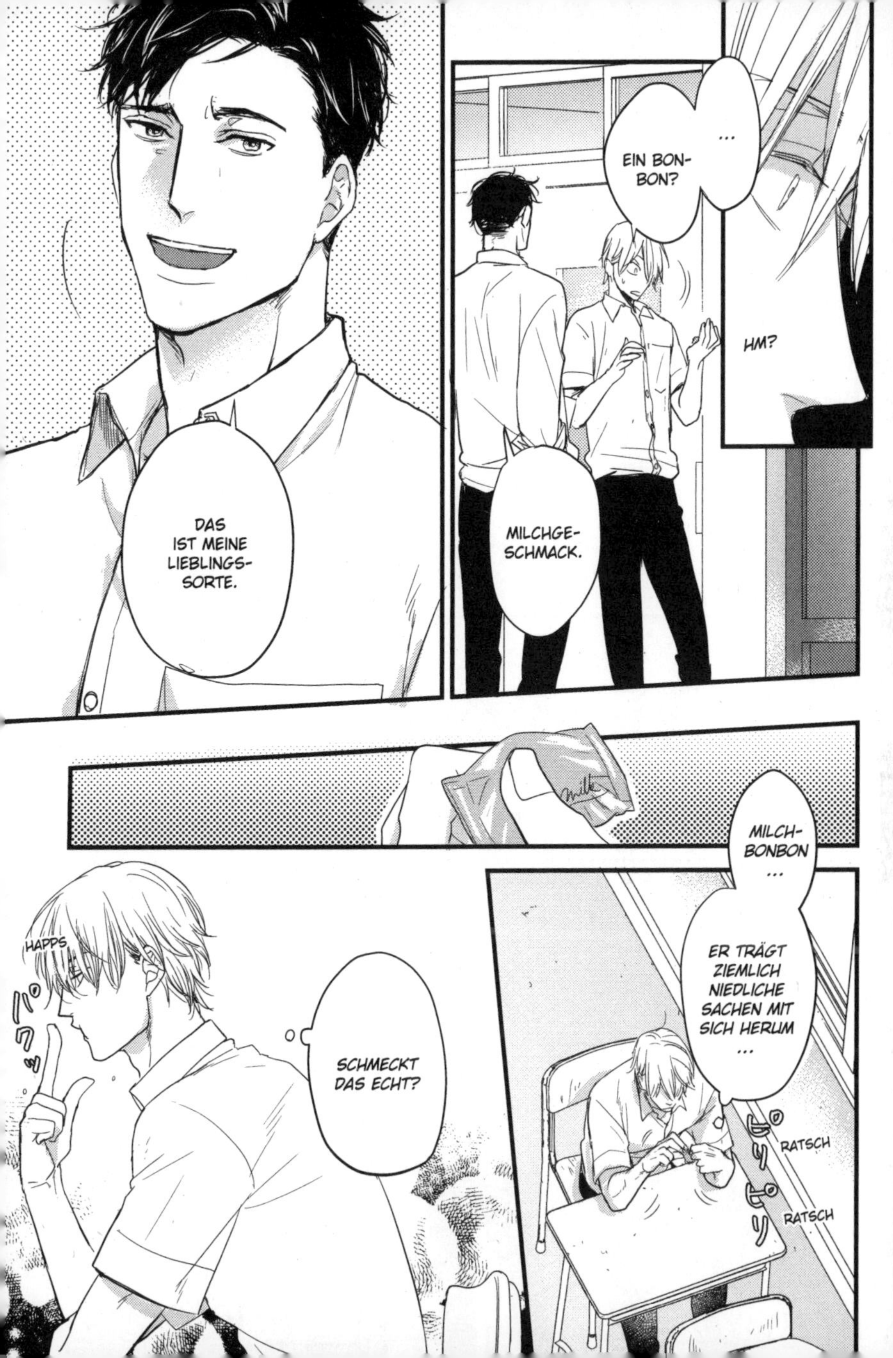
HM?
… EIN BONBON?
MILCHGESCHMACK.
DAS IST MEINE LIEBLINGSSORTE.
milk
MILCHBONBON …
ER TRÄGT ZIEMLICH NIEDLICHE SACHEN MIT SICH HERUM …
RATSCH
RATSCH
SCHMECKT DAS ECHT?
HAPPS

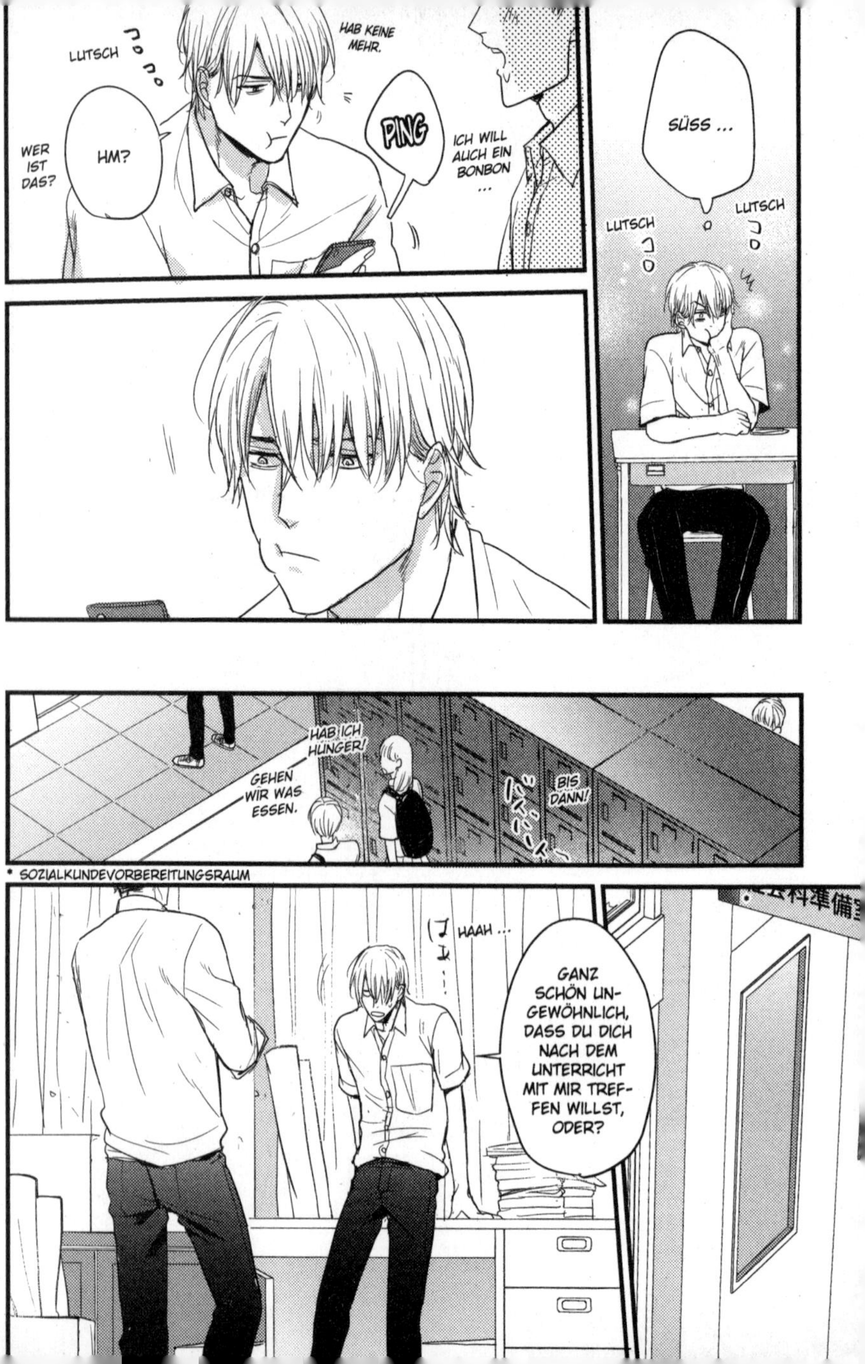

SÜSS ...
LUTSCH
LUTSCH
ICH WILL AUCH EIN BONBON ...
PING
HAB KEINE MEHR.
LUTSCH
HM?
WER IST DAS?
BIS DANN!
HAB ICH HUNGER!
GEHEN WIR WAS ESSEN.

* SOZIALKUNDEVORBEREITUNGSRAUM

GANZ SCHÖN UNGEWÖHNLICH, DASS DU DICH NACH DEM UNTERRICHT MIT MIR TREFFEN WILLST, ODER?
HAAH ...

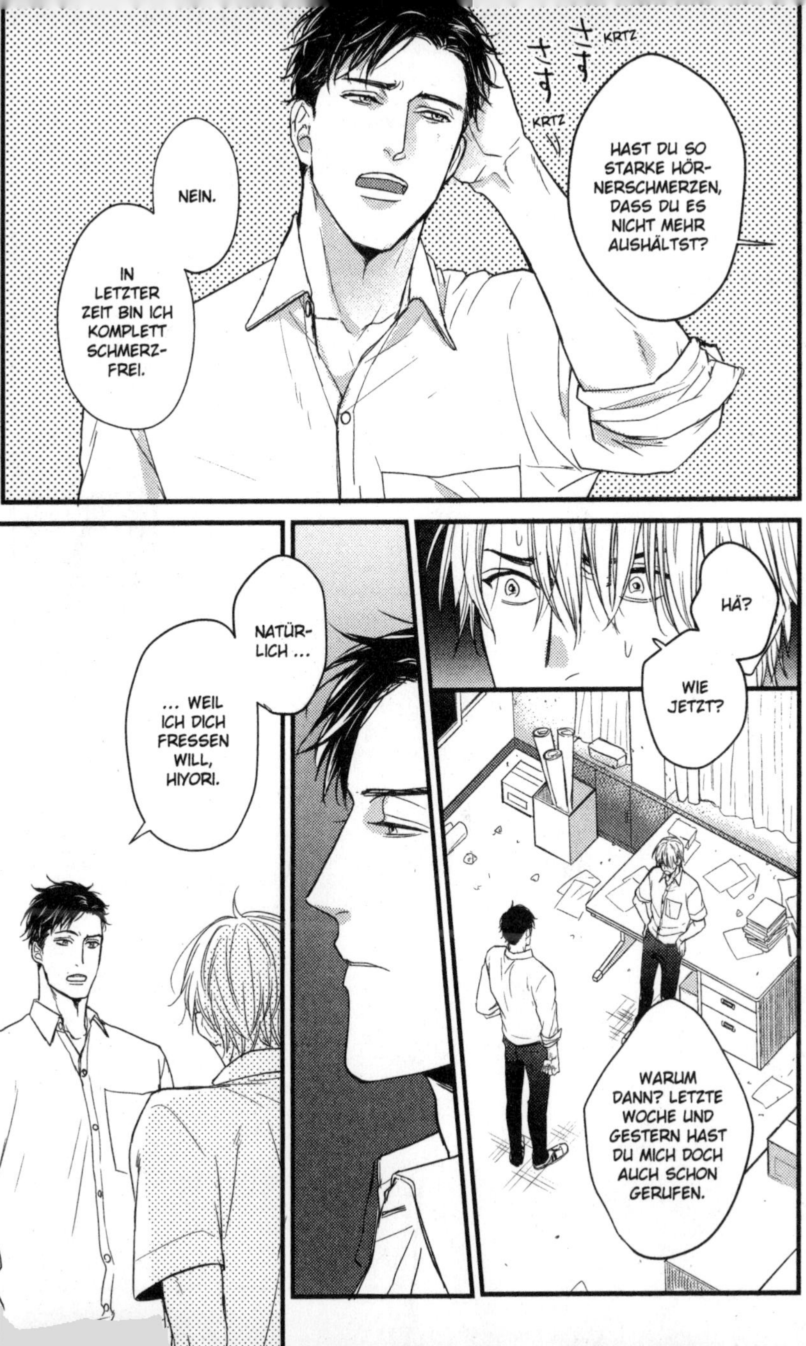

さす KRTZ
さす KRTZ

HAST DU SO STARKE HÖRNERSCHMERZEN, DASS DU ES NICHT MEHR AUSHÄLTST?

NEIN.

IN LETZTER ZEIT BIN ICH KOMPLETT SCHMERZFREI.

HÄ?

WIE JETZT?

WARUM DANN? LETZTE WOCHE UND GESTERN HAST DU MICH DOCH AUCH SCHON GERUFEN.

NATÜRLICH ...

... WEIL ICH DICH FRESSEN WILL, HIYORI.

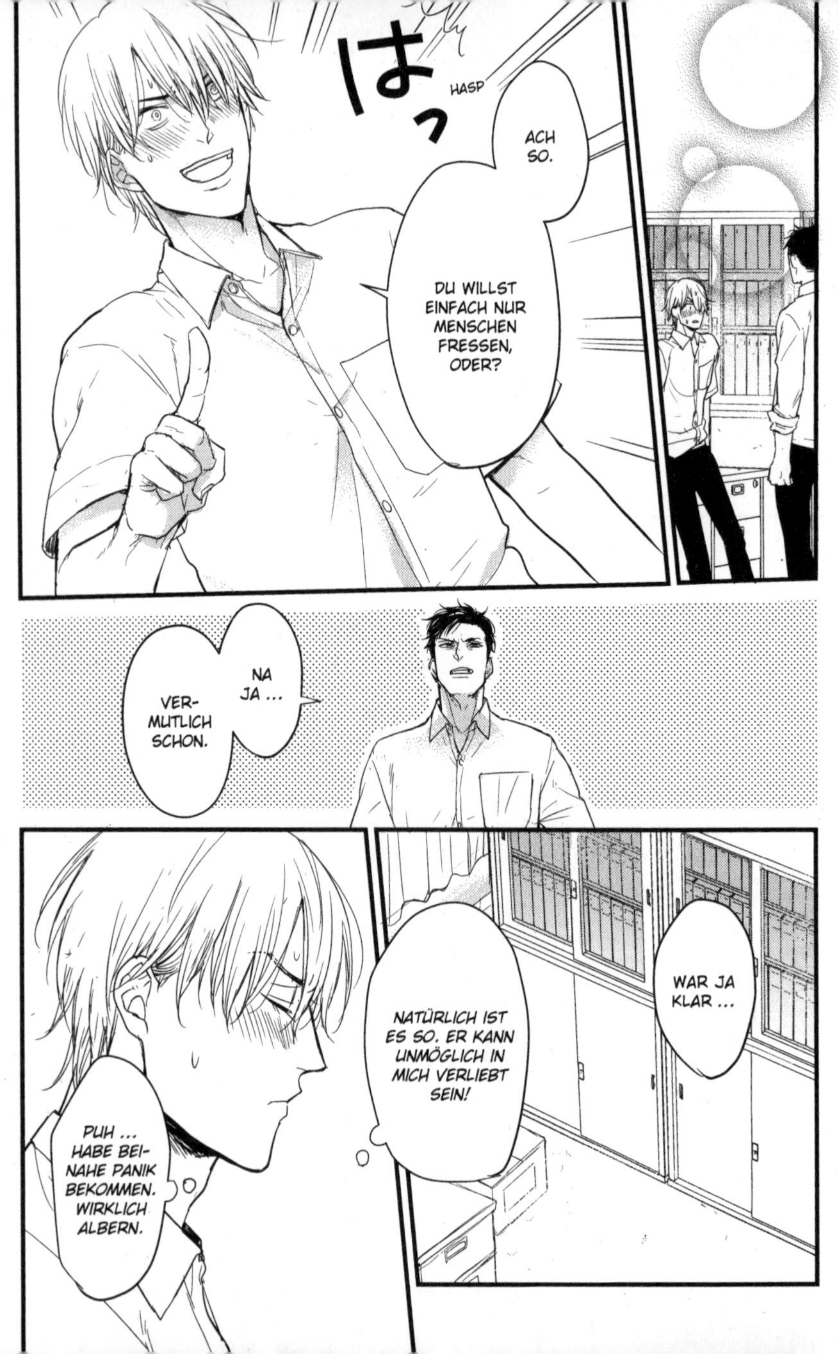
はっ
HASP
ACH SO.
DU WILLST EINFACH NUR MENSCHEN FRESSEN, ODER?
NA JA ...
VER-MUTLICH SCHON.
WAR JA KLAR ...
NATÜRLICH IST ES SO. ER KANN UNMÖGLICH IN MICH VERLIEBT SEIN!
PUH ... HABE BEI-NAHE PANIK BEKOMMEN. WIRKLICH ALBERN.

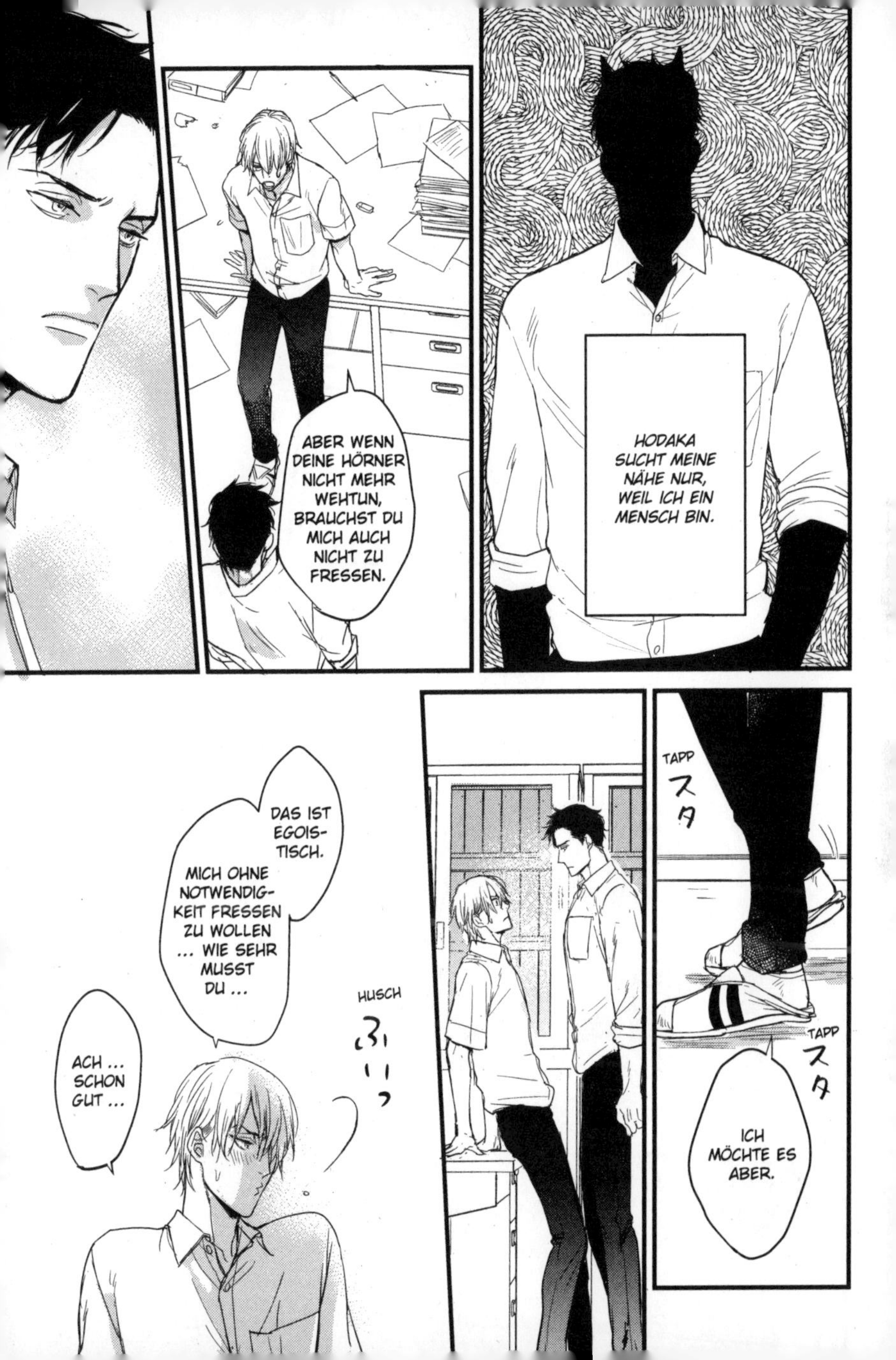

HODAKA SUCHT MEINE NÄHE NUR, WEIL ICH EIN MENSCH BIN.

ABER WENN DEINE HÖRNER NICHT MEHR WEHTUN, BRAUCHST DU MICH AUCH NICHT ZU FRESSEN.

TAPP スタ

TAPP スタ

ICH MÖCHTE ES ABER.

DAS IST EGOISTISCH.

MICH OHNE NOTWENDIGKEIT FRESSEN ZU WOLLEN ... WIE SEHR MUSST DU ...

HUSCH ふいっ

ACH ... SCHON GUT ...

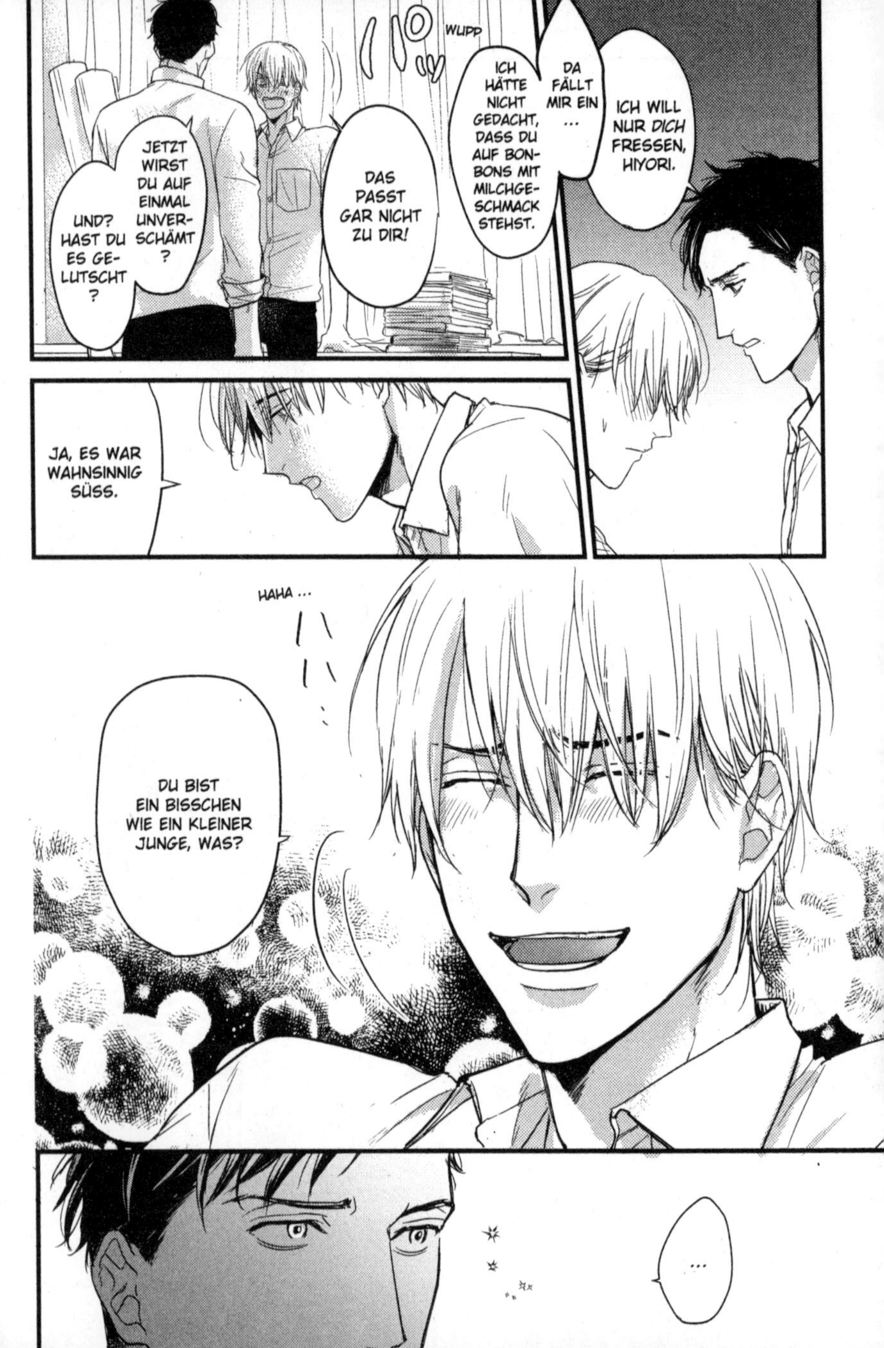
ICH WILL NUR DICH FRESSEN, HIYORI.
DA FÄLLT MIR EIN …
ICH HÄTTE NICHT GEDACHT, DASS DU AUF BONBONS MIT MILCHGESCHMACK STEHST.
WUPP
DAS PASST GAR NICHT ZU DIR!
JETZT WIRST DU AUF EINMAL UNVERSCHÄMT?
UND? HAST DU ES GELUTSCHT?
JA, ES WAR WAHNSINNIG SÜSS.
HAHA …
DU BIST EIN BISSCHEN WIE EIN KLEINER JUNGE, WAS?
…

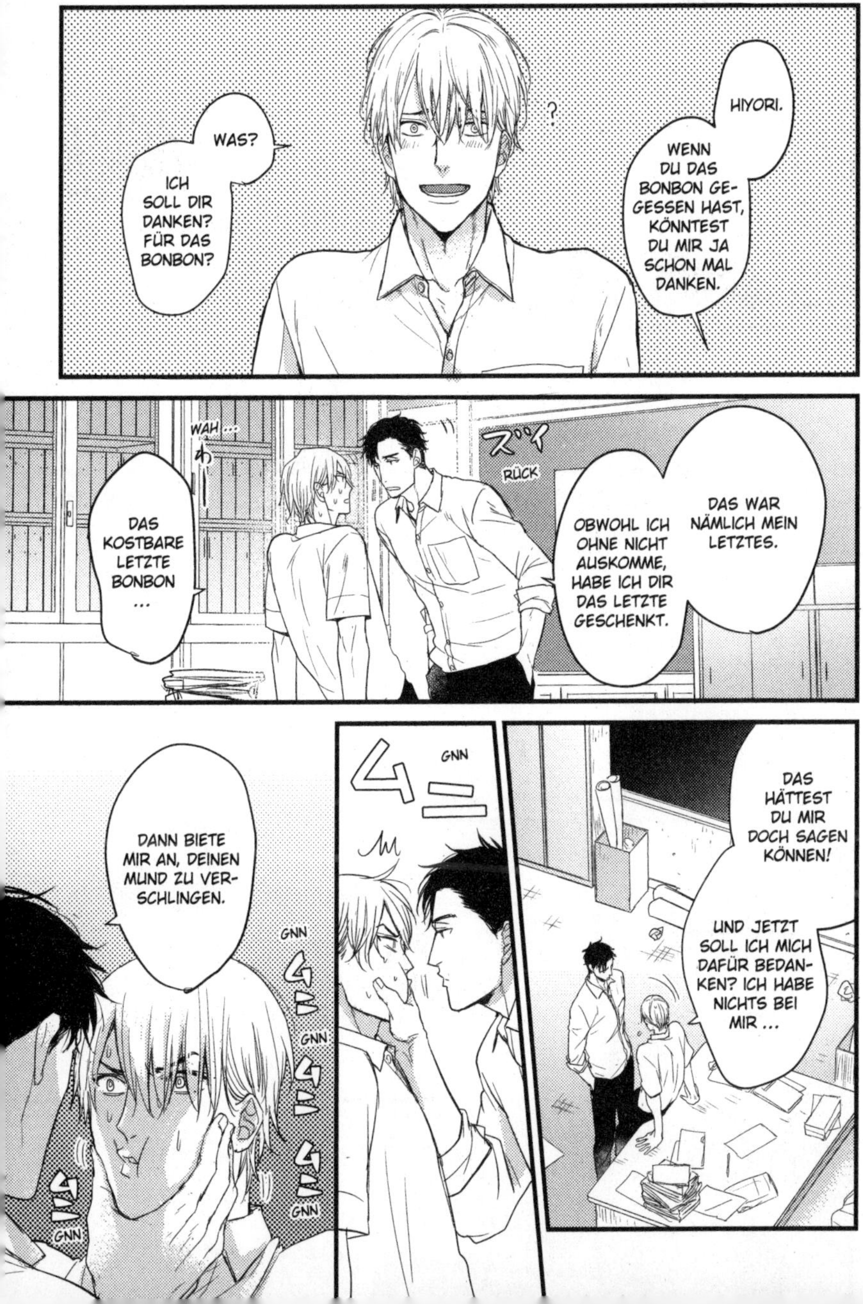

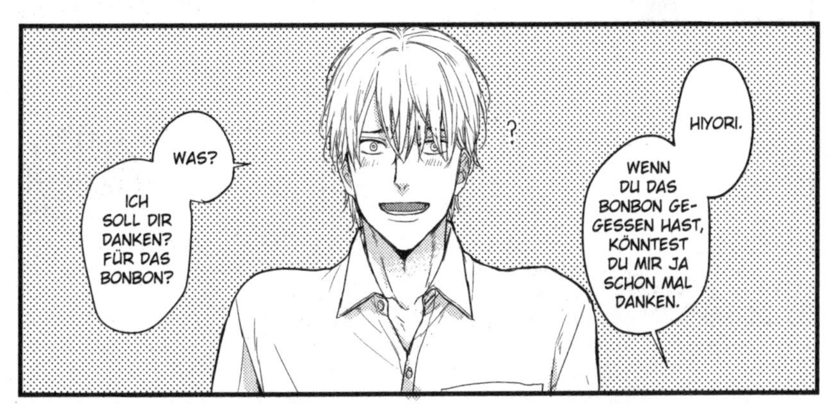

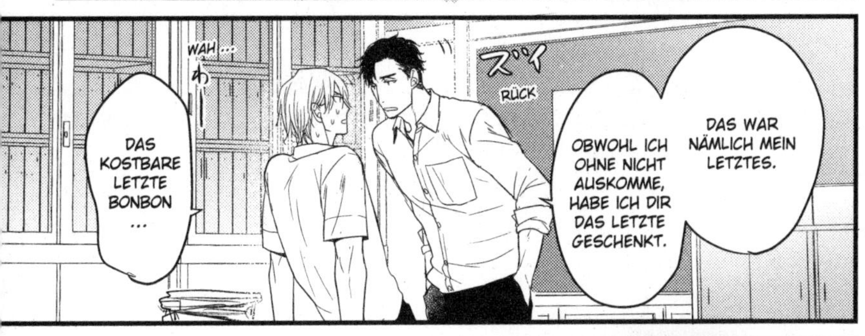

DAS HÄTTEST DU MIR DOCH SAGEN KÖNNEN!

UND JETZT SOLL ICH MICH DAFÜR BEDANKEN? ICH HABE NICHTS BEI MIR …

GNN

DANN BIETE MIR AN, DEINEN MUND ZU VERSCHLINGEN.

GNN

GNN

GNN

GNN

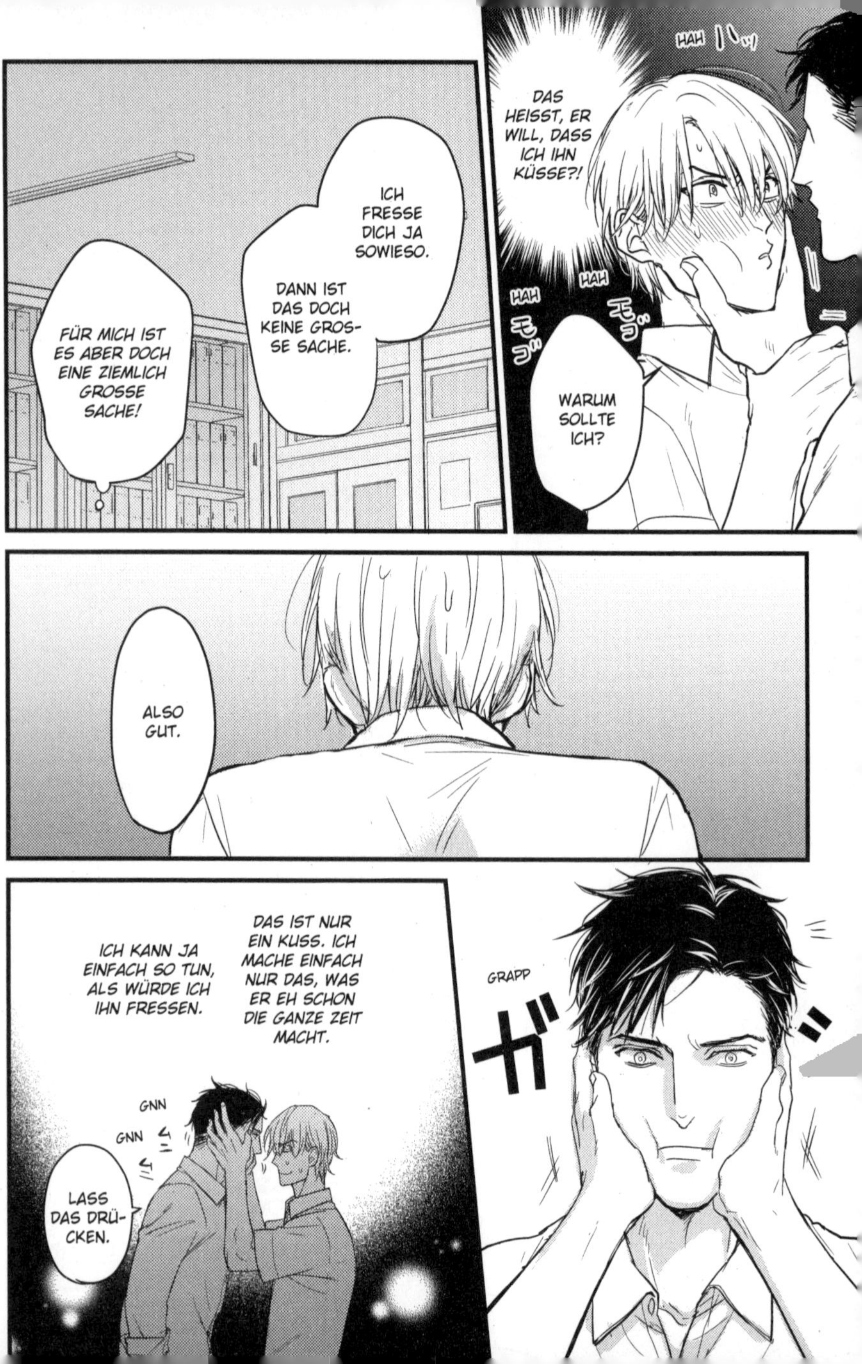

HAH

DAS HEISST, ER WILL, DASS ICH IHN KÜSSE?!

HAH

HAH

WARUM SOLLTE ICH?

ICH FRESSE DICH JA SOWIESO.

DANN IST DAS DOCH KEINE GROS-SE SACHE.

FÜR MICH IST ES ABER DOCH EINE ZIEMLICH GROSSE SACHE!

ALSO GUT.

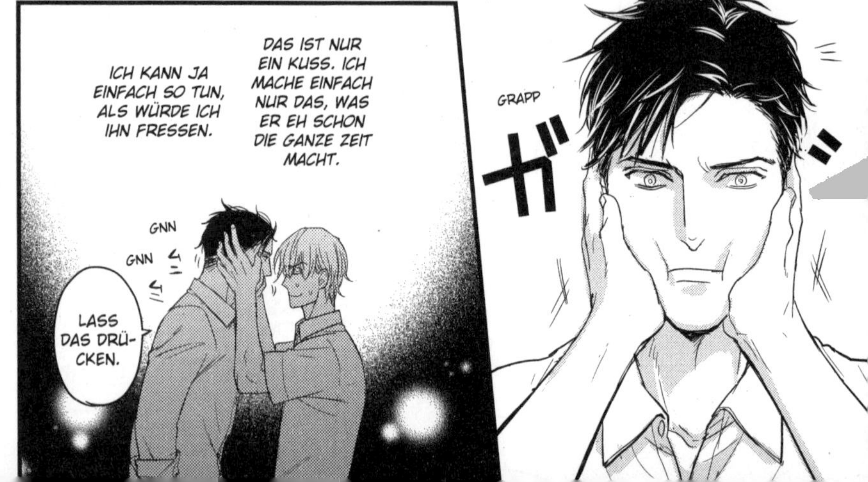

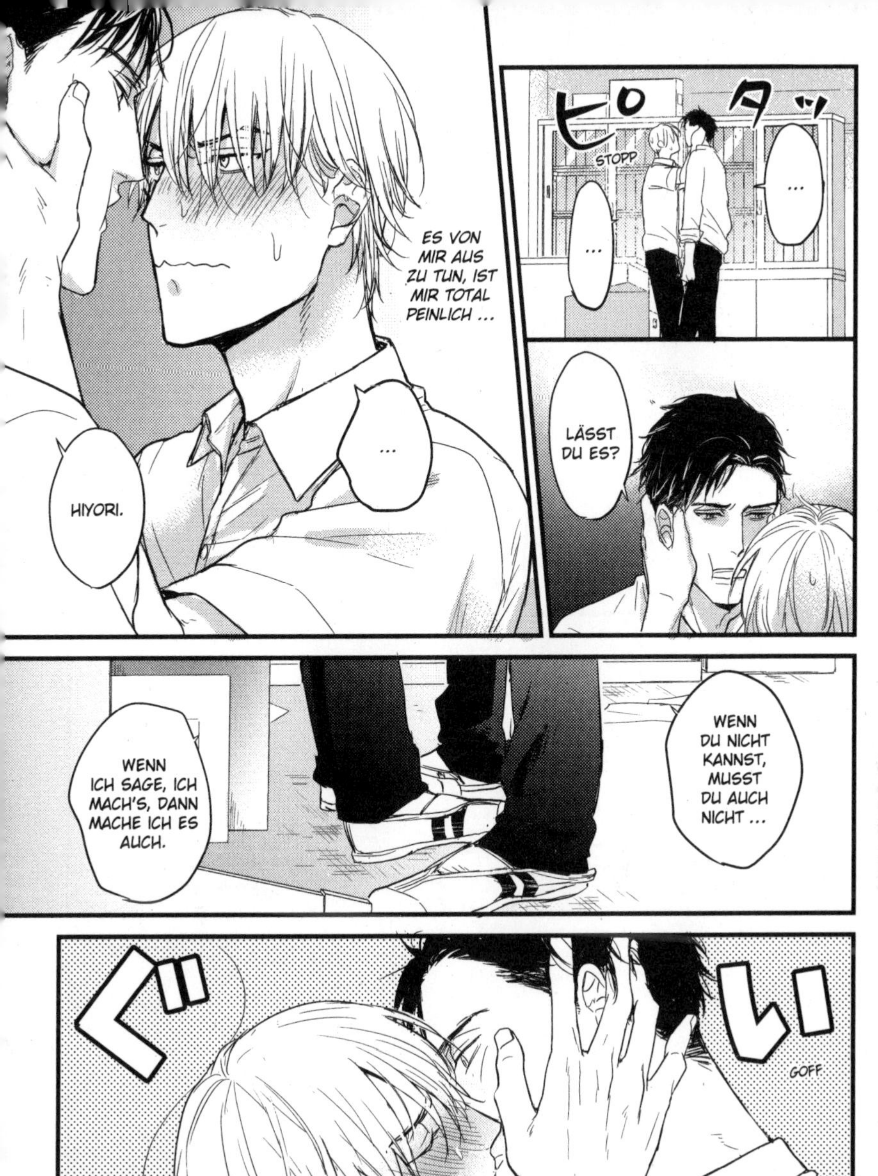

ピタッ
STOPP
...
...
LÄSST DU ES?
ES VON MIR AUS ZU TUN, IST MIR TOTAL PEINLICH ...
...
HIYORI.
WENN DU NICHT KANNST, MUSST DU AUCH NICHT ...
WENN ICH SAGE, ICH MACH'S, DANN MACHE ICH ES AUCH.
ぐい
GOFF

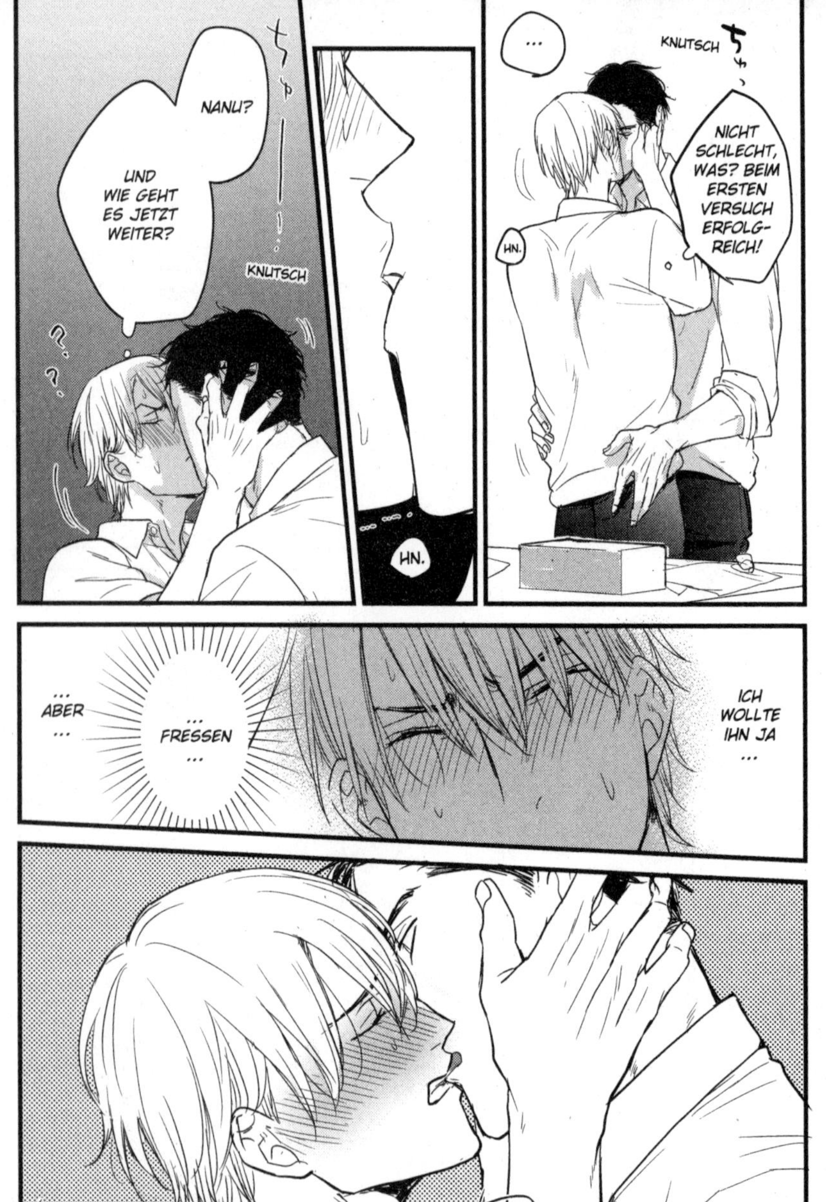
...
KNUTSCH
NICHT SCHLECHT, WAS? BEIM ERSTEN VERSUCH ERFOLG-REICH!
HN.
HN.
NANU?
UND WIE GEHT ES JETZT WEITER?
KNUTSCH
ICH WOLLTE IHN JA ...
... FRESSEN ...
... ABER ...
KNABBER

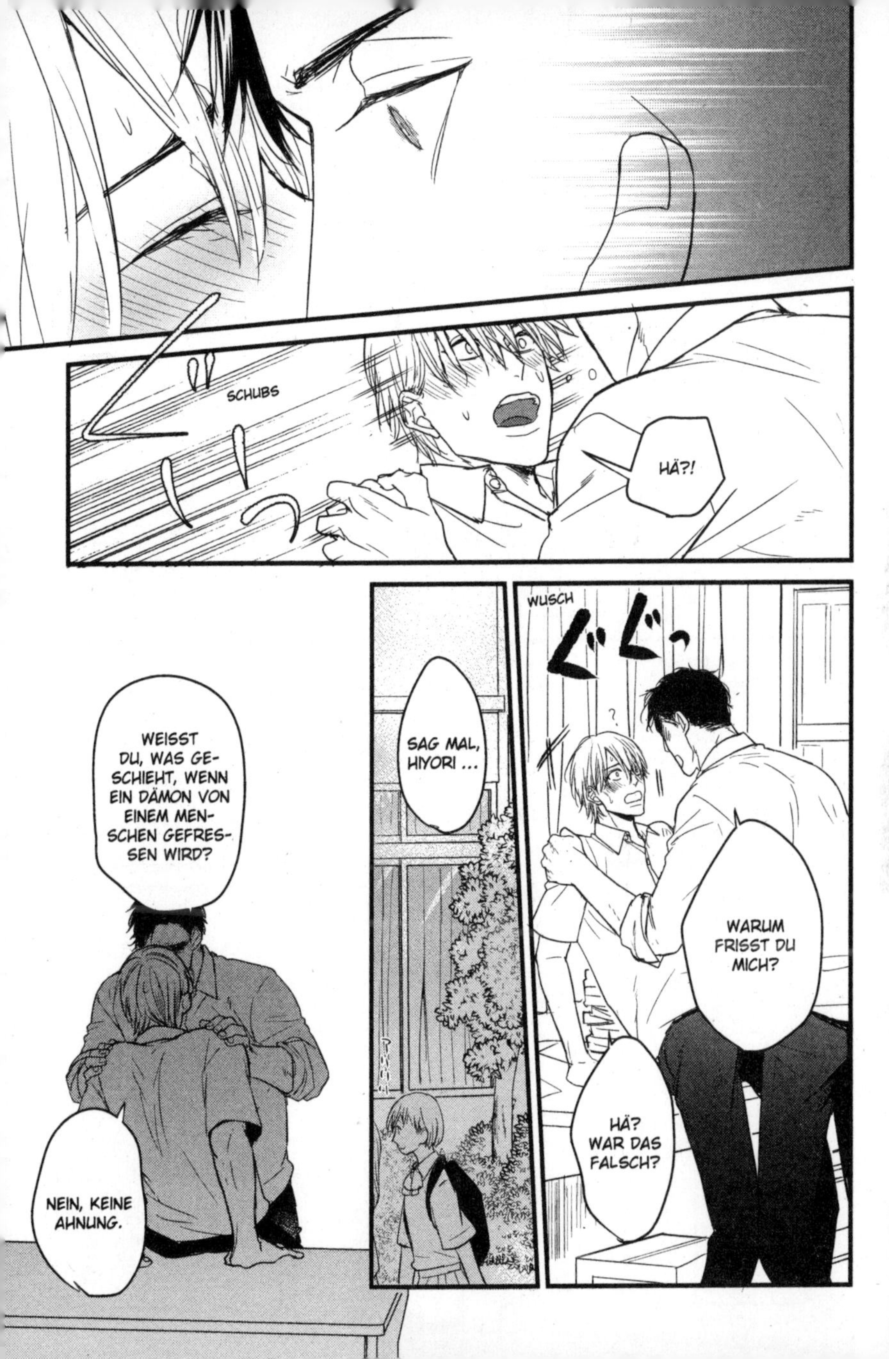
SCHUBS
HÄ?!
WUSCH
WARUM FRISST DU MICH?
HÄ? WAR DAS FALSCH?
SAG MAL, HIYORI ...
WEISST DU, WAS GESCHIEHT, WENN EIN DÄMON VON EINEM MENSCHEN GEFRESSEN WIRD?
NEIN, KEINE AHNUNG.

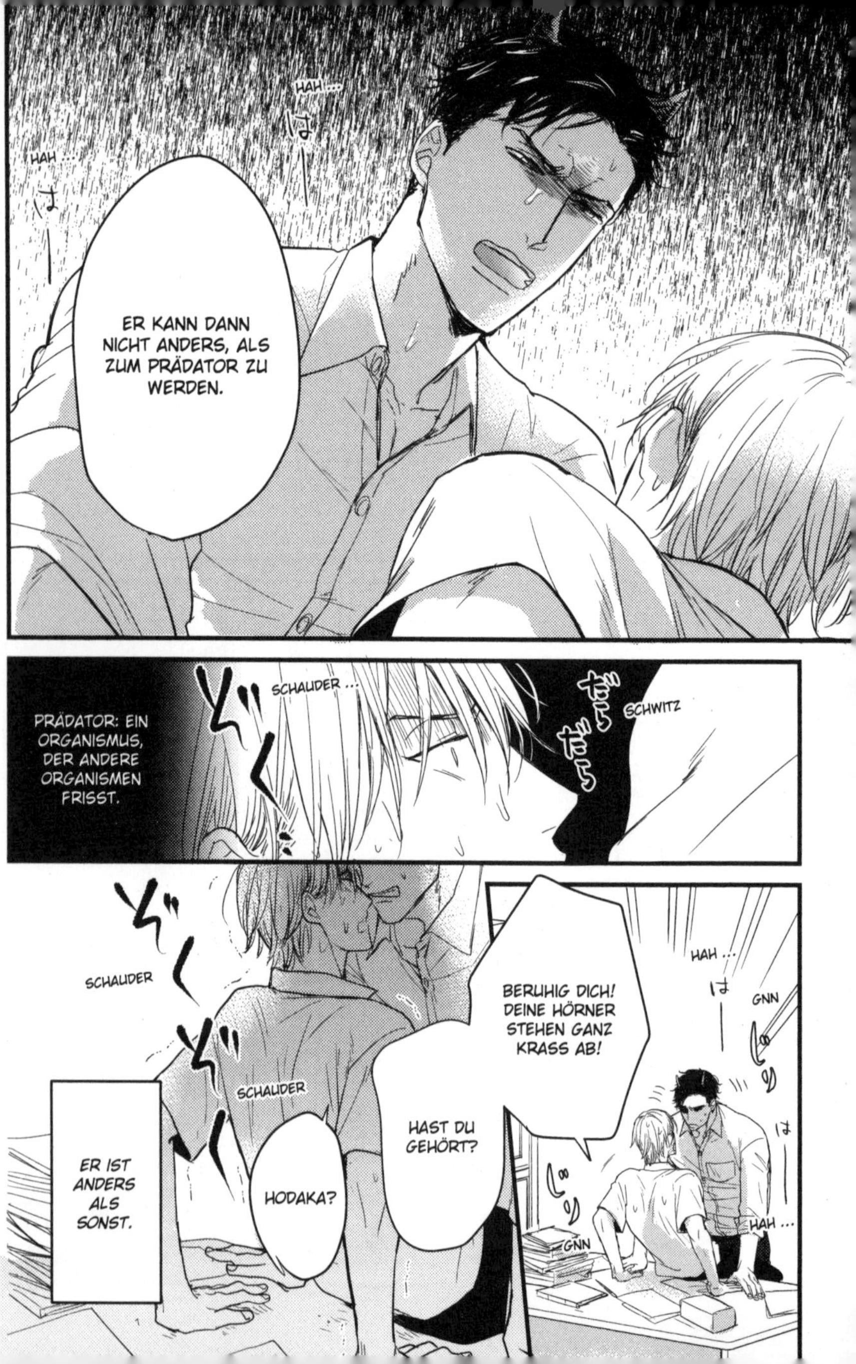

HAH ...
HAH ...
ER KANN DANN NICHT ANDERS, ALS ZUM PRÄDATOR ZU WERDEN.
SCHWITZ
SCHAUDER ...
PRÄDATOR: EIN ORGANISMUS, DER ANDERE ORGANISMEN FRISST.
HAH ...
GNN
BERUHIG DICH! DEINE HÖRNER STEHEN GANZ KRASS AB!
HAST DU GEHÖRT?
HAH ...
GNN
SCHAUDER
SCHAUDER
HODAKA?
ER IST ANDERS ALS SONST.

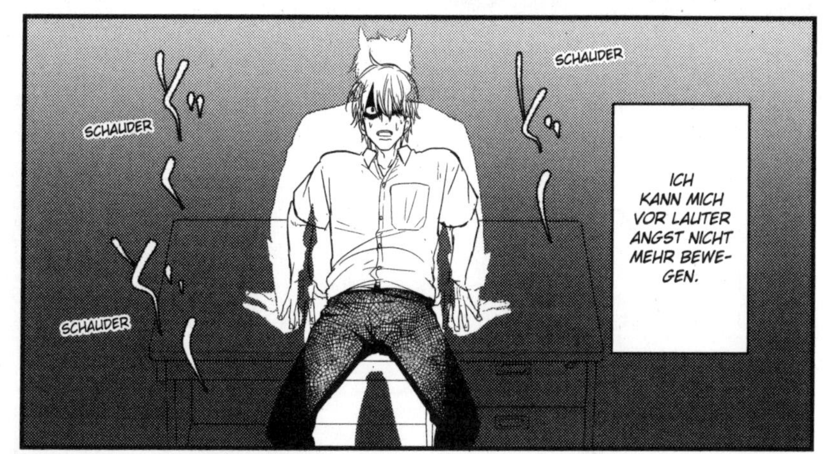
SCHAUDER
SCHAUDER
SCHAUDER
ICH KANN MICH VOR LAUTER ANGST NICHT MEHR BEWEGEN.

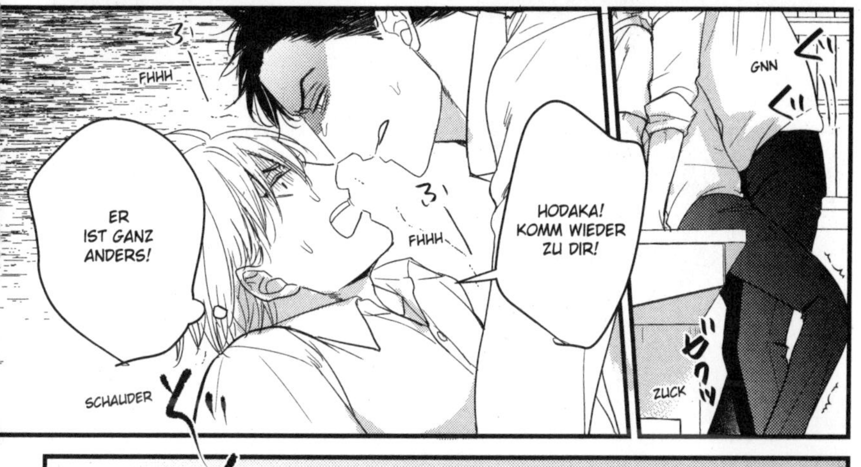
GNN
ZUCK
HODAKA! KOMM WIEDER ZU DIR!
FHHH
FHHH
ER IST GANZ ANDERS!
SCHAUDER

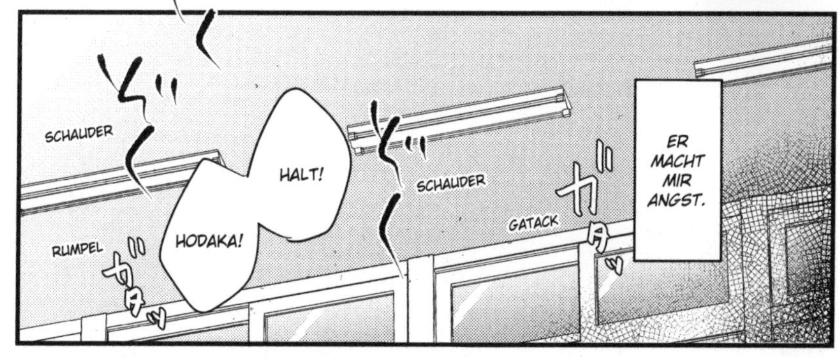
ER MACHT MIR ANGST.
GATACK
SCHAUDER
HALT!
HODAKA!
SCHAUDER
RUMPEL

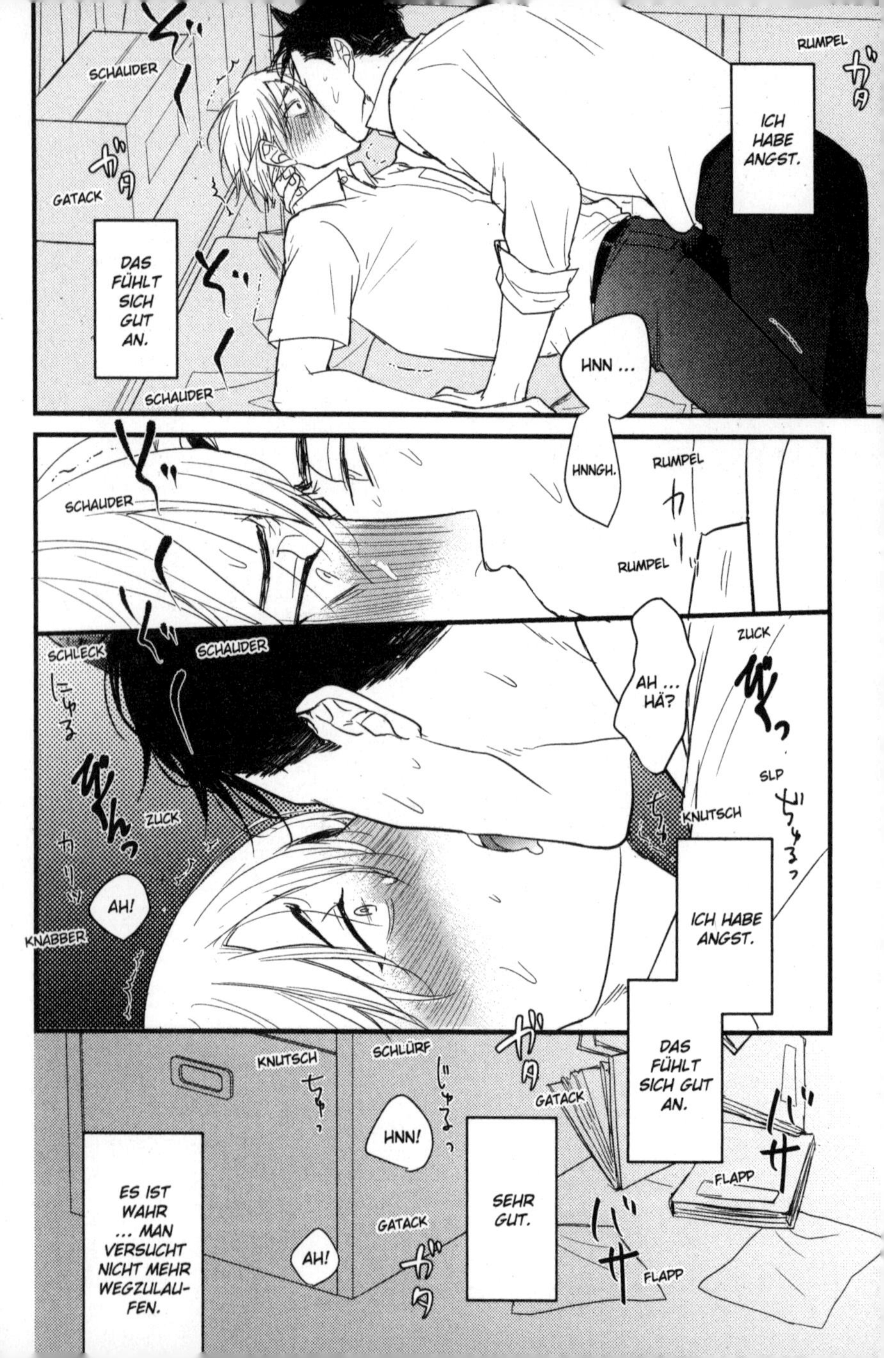
RUMPEL
ICH HABE ANGST.
SCHAUDER
GATACK
DAS FÜHLT SICH GUT AN.
SCHAUDER
HNN ...
HNNGH.
RUMPEL
RUMPEL
SCHAUDER
ZUCK
AH ... HÄ?
SCHAUDER
SCHLECK
SLP
KNUTSCH
ZUCK
ICH HABE ANGST.
AH!
KNABBER
DAS FÜHLT SICH GUT AN.
GATACK
SCHLÜRF
KNUTSCH
HNN!
FLAPP
SEHR GUT.
ES IST WAHR ... MAN VERSUCHT NICHT MEHR WEGZULAUFEN.
GATACK
AH!
FLAPP

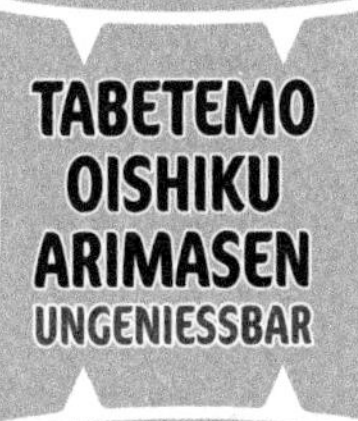
TABETEMO
OISHIKU
ARIMASEN
UNGENIESSBAR

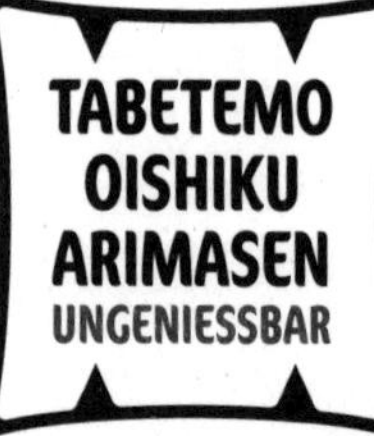
TABETEMO
OISHIKU
ARIMASEN
UNGENIESSBAR

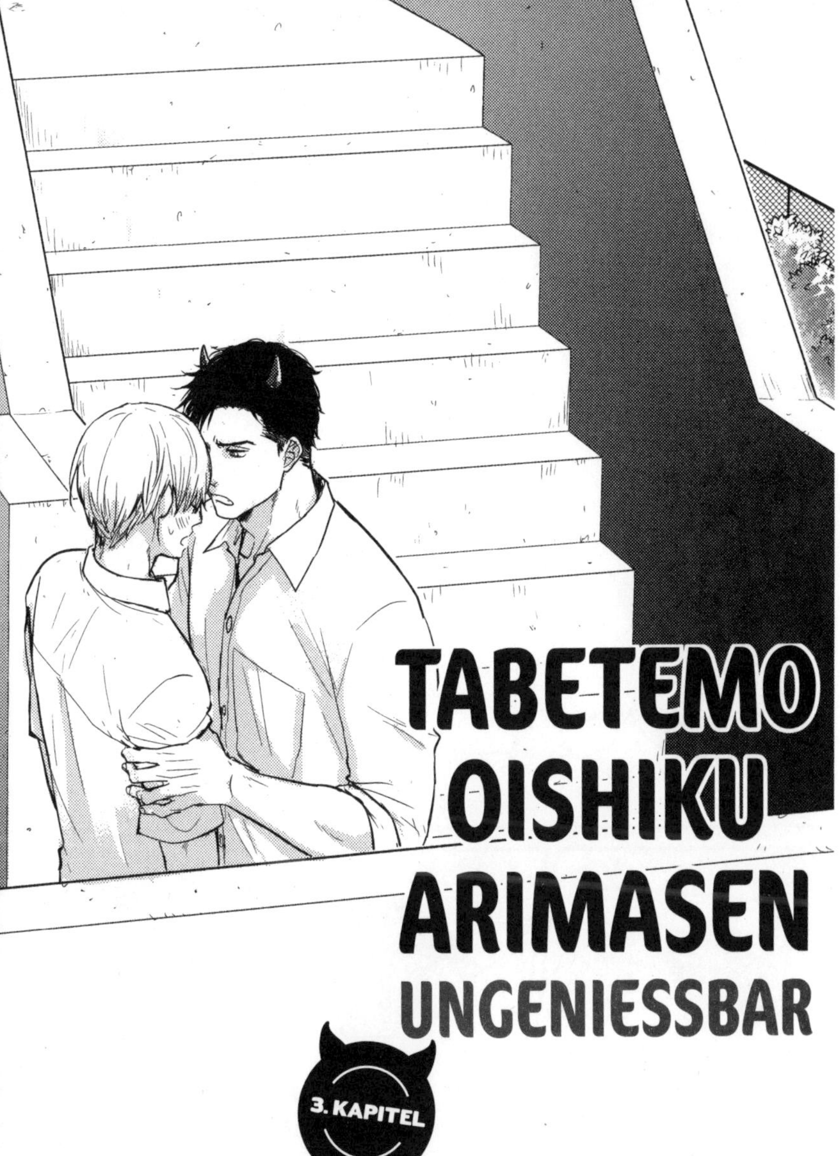

TABETEMO OISHIKU ARIMASEN

UNGENIESSBAR

3. KAPITEL

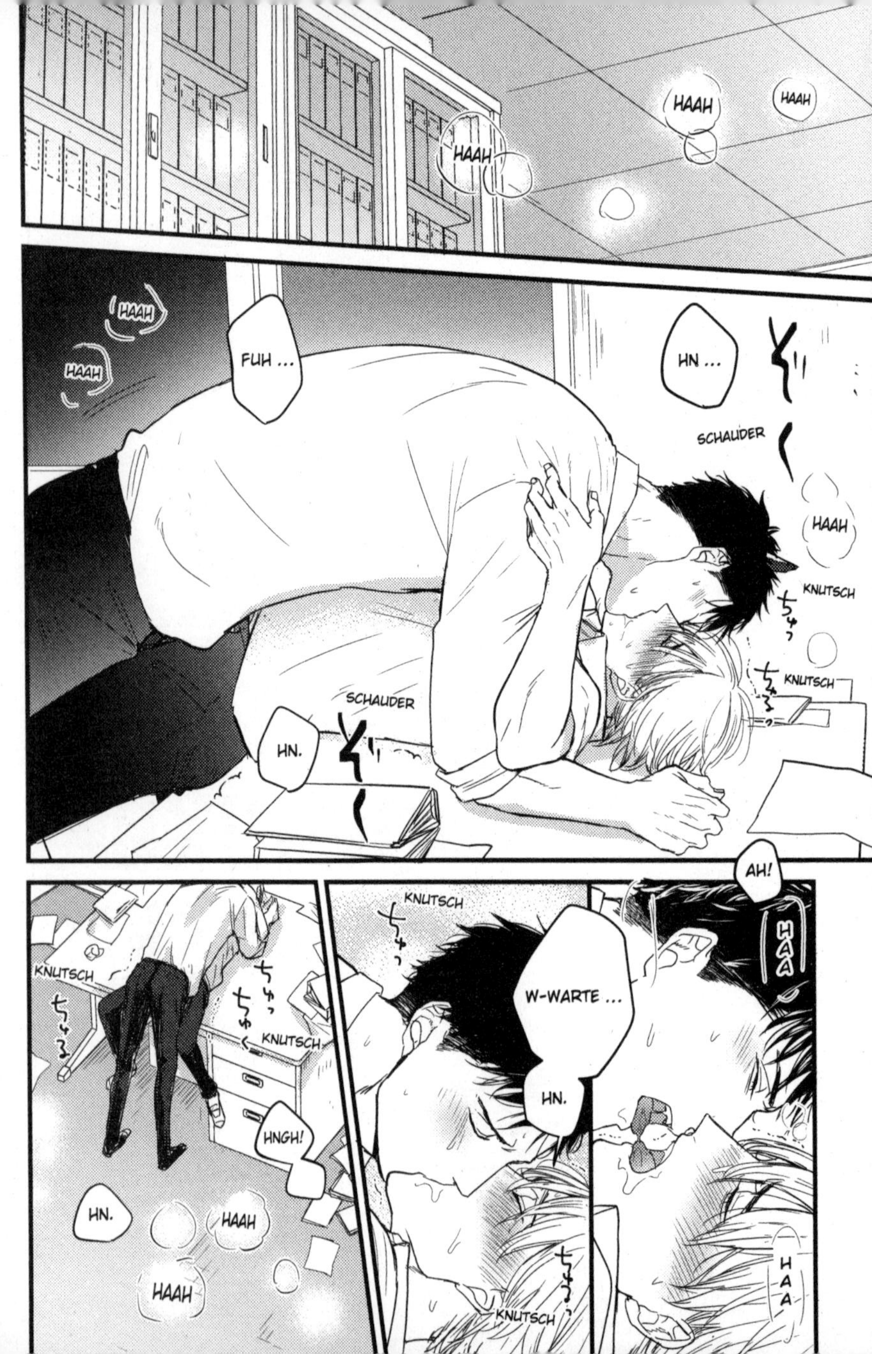
HAAH
HAAH
HAAH
HN ...
SCHAUDER
FUH ...
HAAH
HAAH
HAAH
KNUTSCH
KNUTSCH
SCHAUDER
HN.
AH!
HAA
W-WARTE ...
HN.
KNUTSCH
HAA
KNUTSCH
KNUTSCH
KNUTSCH
HNGH!
HN.
HAAH
HAAH

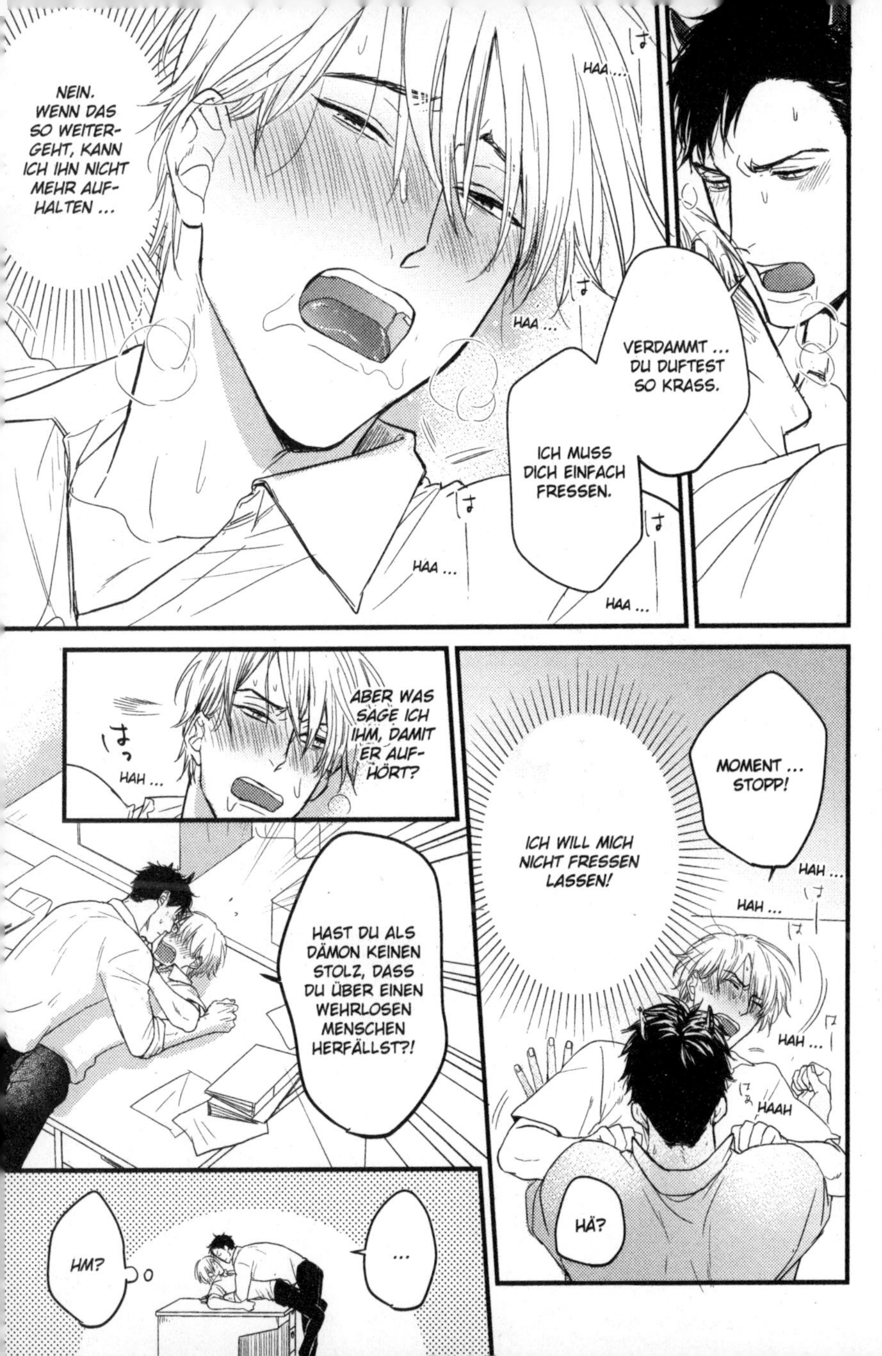
は
HAA …
VERDAMMT … DU DUFTEST SO KRASS.
ICH MUSS DICH EINFACH FRESSEN.
は
HAA …
は
HAA …
は
HAA …
NEIN. WENN DAS SO WEITERGEHT, KANN ICH IHN NICHT MEHR AUFHALTEN …
MOMENT … STOPP!
HAH …
HAH …
ICH WILL MICH NICHT FRESSEN LASSEN!
HAH …
HAAH
HÄ?
ABER WAS SAGE ICH IHM, DAMIT ER AUFHÖRT?
はっ
HAH …
HAST DU ALS DÄMON KEINEN STOLZ, DASS DU ÜBER EINEN WEHRLOSEN MENSCHEN HERFÄLLST?!
…
HM?

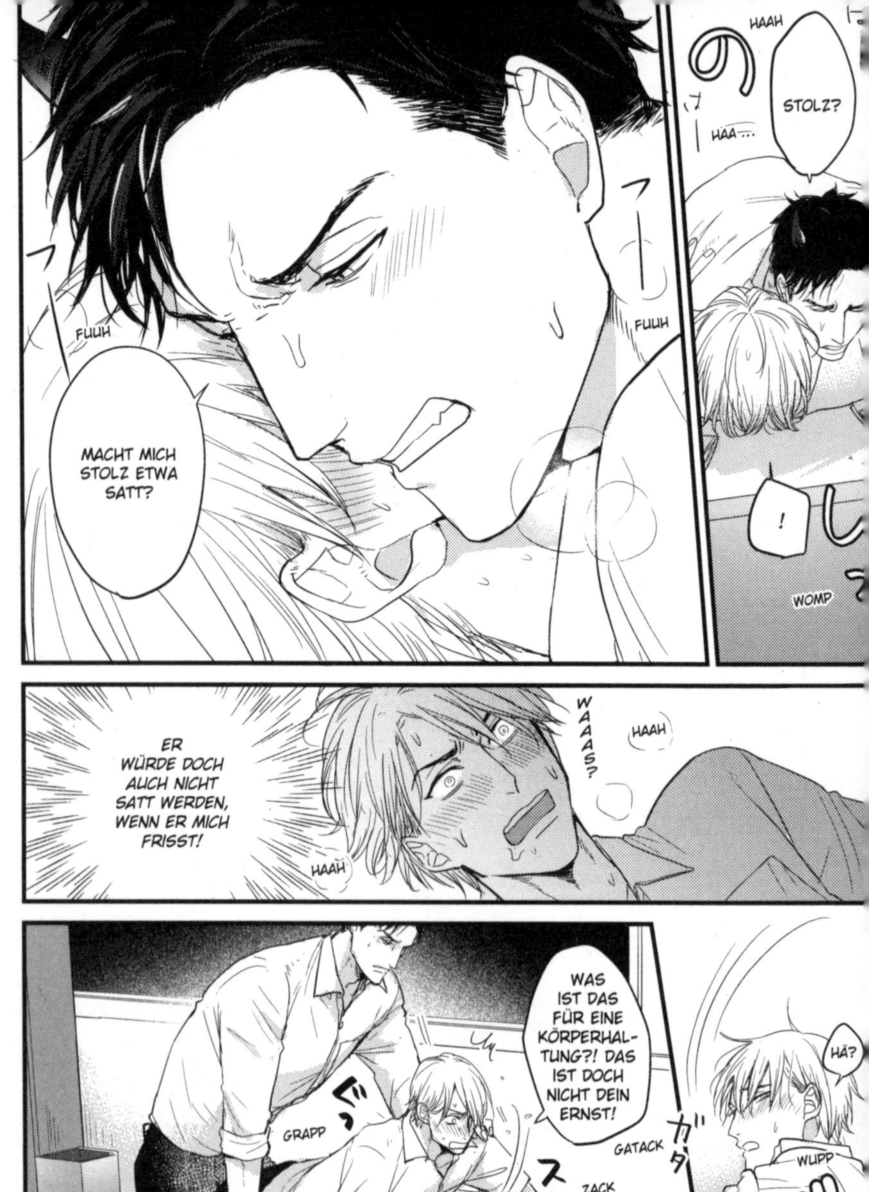

HAAH
STOLZ?
HAA...
!
WOMP
FUUH
FUUH
MACHT MICH STOLZ ETWA SATT?
WAAAS?
HAAH
ER WÜRDE DOCH AUCH NICHT SATT WERDEN, WENN ER MICH FRISST!
HAAH
HÄ?
WUPP
GATACK
WAS IST DAS FÜR EINE KÖRPERHAL-TUNG?! DAS IST DOCH NICHT DEIN ERNST!
ZACK
GRAPP

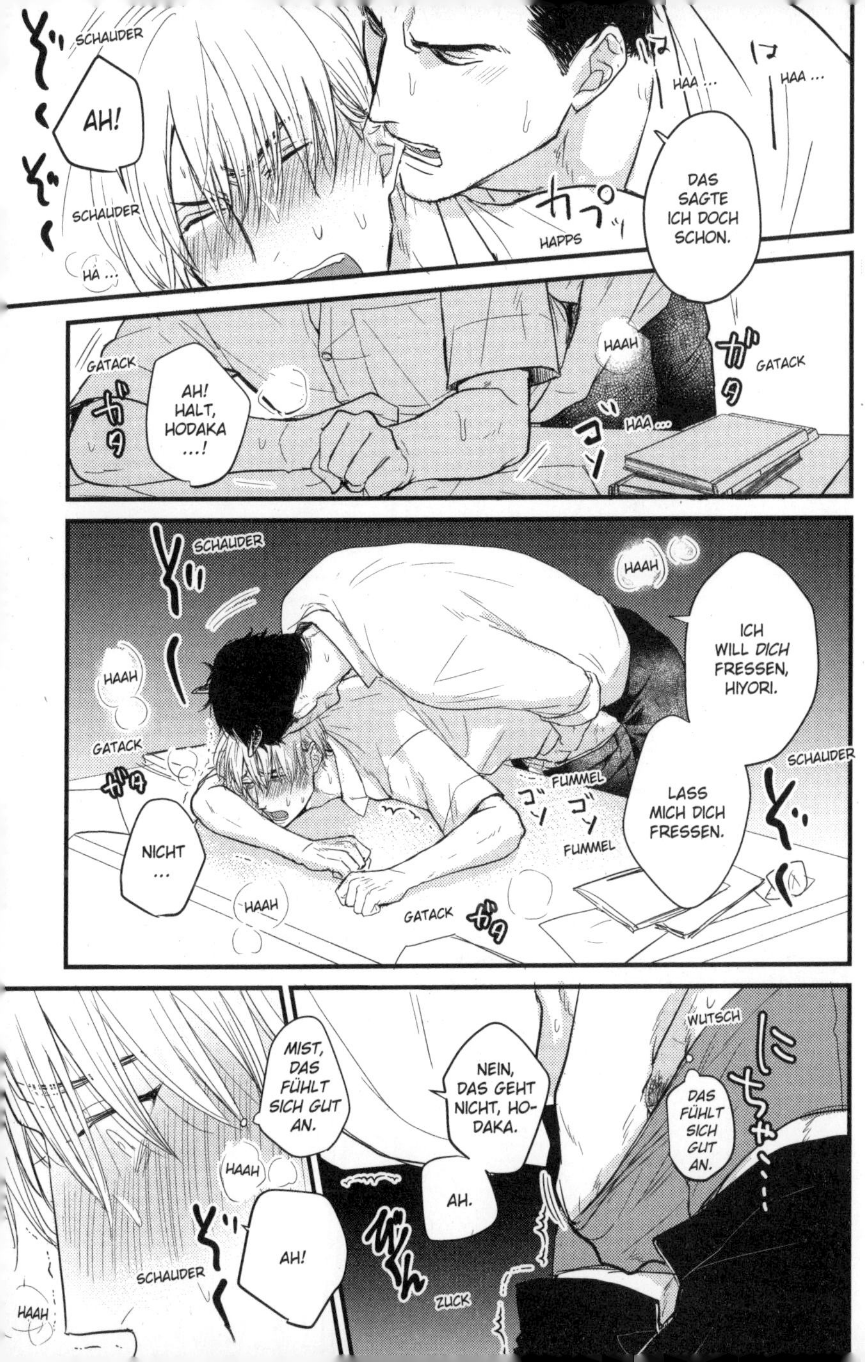

HAA …
HAA …
DAS SAGTE ICH DOCH SCHON.
HAPPS
SCHAUDER
AH!
SCHAUDER
HA …

GATACK
HAAH
HAA …
AH! HALT, HODAKA …!
GATACK

HAAH
ICH WILL DICH FRESSEN, HIYORI.
SCHAUDER
LASS MICH DICH FRESSEN.
FUMMEL
FUMMEL
SCHAUDER
HAAH
GATACK
NICHT …
HAAH
GATACK

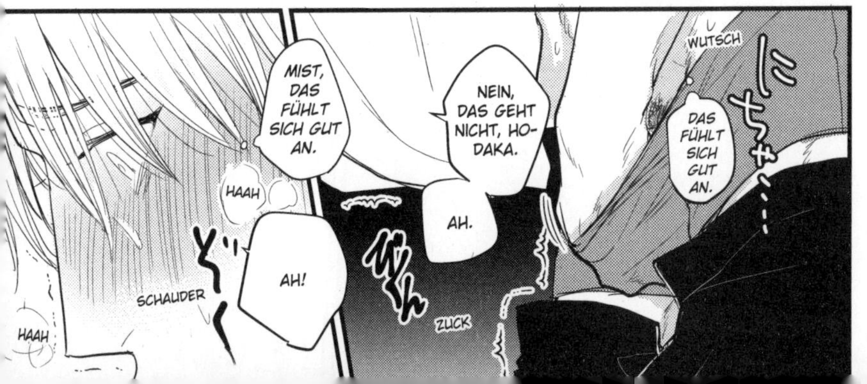

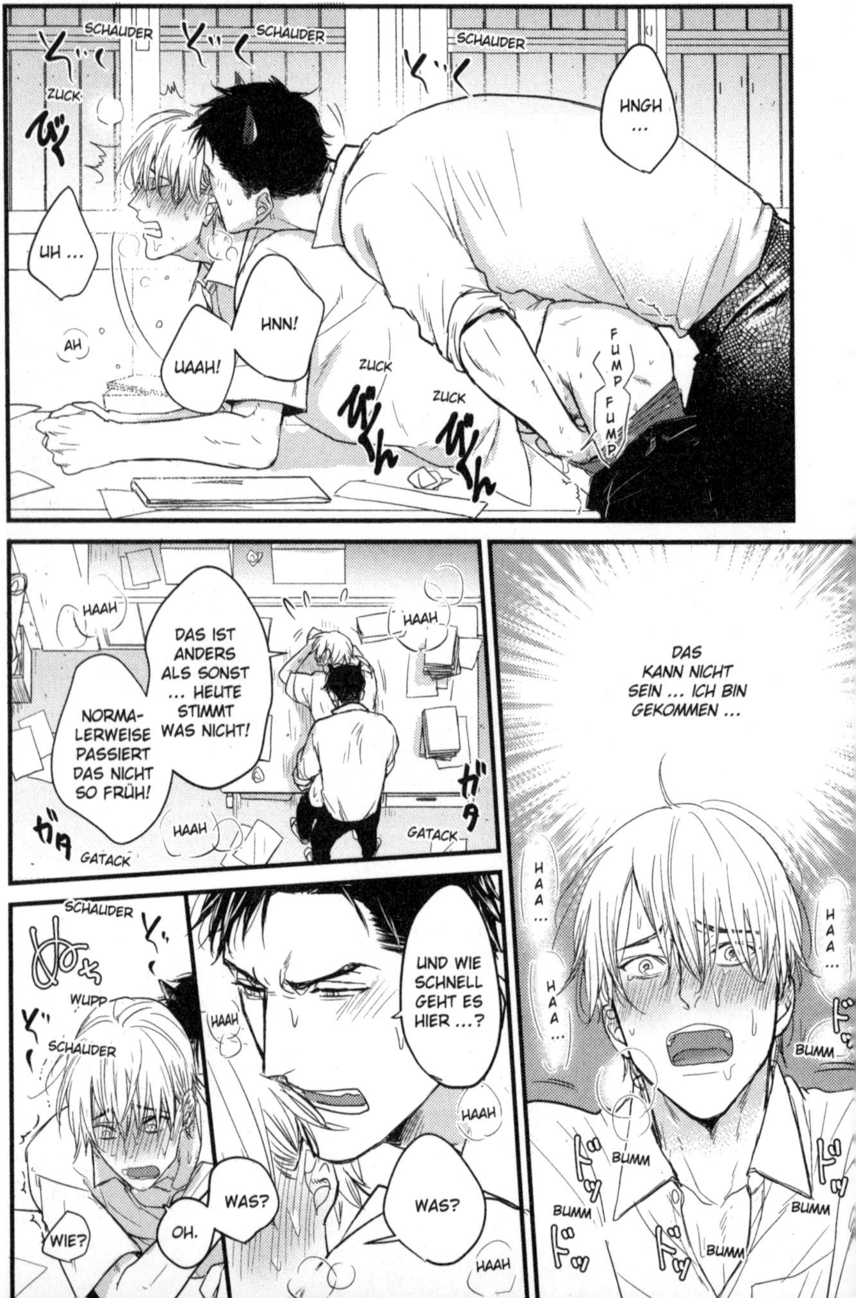

HNGH ...
SCHAUDER
SCHAUDER
SCHAUDER
ZUCK
UH ...
HNN!
UAAH!
AH
ZUCK
ZUCK
FUMP FUMP

DAS KANN NICHT SEIN ... ICH BIN GEKOMMEN ...
HAA ...
HAA ...
HAA ...
BUMM
BUMM
BUMM
BUMM
BUMM

DAS IST ANDERS ALS SONST ... HEUTE STIMMT WAS NICHT!
NORMALERWEISE PASSIERT DAS NICHT SO FRÜH!
HAAH
HAAH
HAAH
GATACK
GATACK

UND WIE SCHNELL GEHT ES HIER ...?
HAAH
HAAH
WAS?
HAAH
SCHAUDER
WUPP
SCHAUDER
WAS?
OH.
WIE?

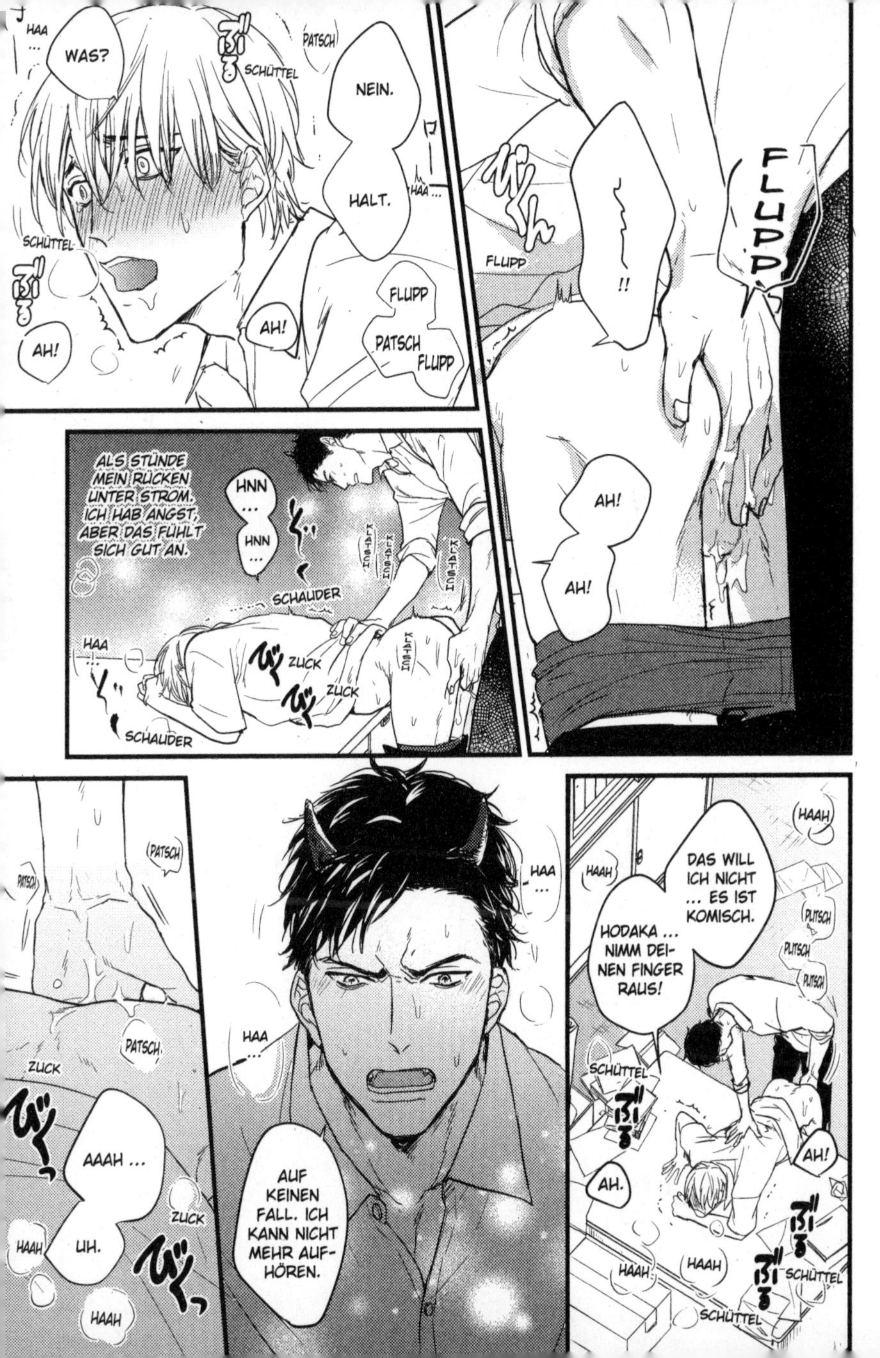
FLUPP
!!
FLUPP
AH!
AH!
NEIN.
HALT.
HAA …
PATSCH
SCHÜTTEL
WAS?
HAA …
SCHÜTTEL
AH!
FLUPP
PATSCH
FLUPP
AH!
ALS STÜNDE MEIN RÜCKEN UNTER STROM. ICH HAB ANGST, ABER DAS FÜHLT SICH GUT AN.
HNN …
HNN …
SCHAUDER
KLATSCH
KLATSCH
KLATSCH
KLATSCH
HAA …
ZUCK
ZUCK
SCHAUDER
HAAH
HAAH
DAS WILL ICH NICHT … ES IST KOMISCH.
HODAKA … NIMM DEINEN FINGER RAUS!
PLITSCH
PLITSCH
PLITSCH
SCHÜTTEL
AH!
AH.
HAAH
HAAH
SCHÜTTEL
SCHÜTTEL
HAA …
HAA …
AUF KEINEN FALL. ICH KANN NICHT MEHR AUFHÖREN.
PATSCH
PATSCH
PATSCH
ZUCK
AAAH …
UH.
ZUCK
HAAH
HAAH

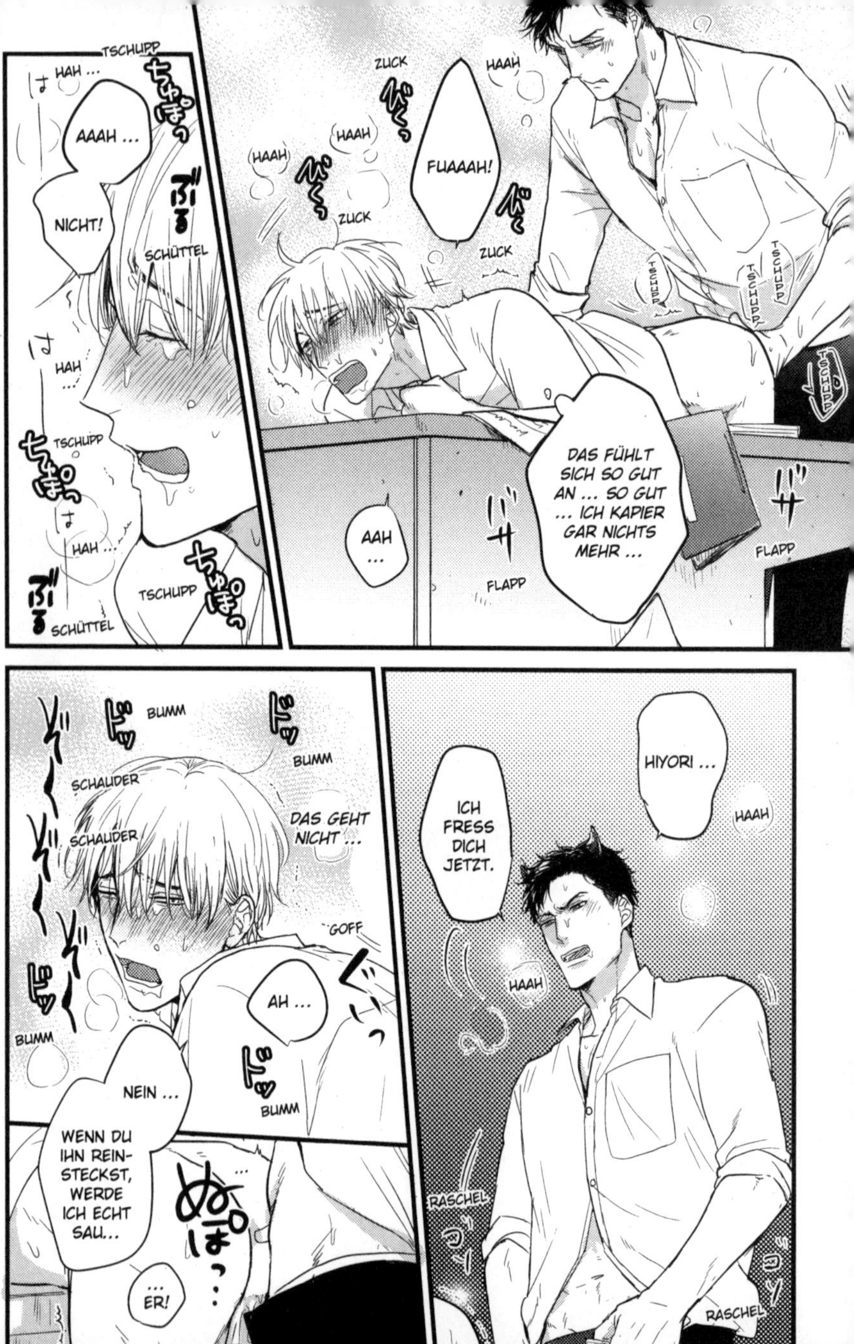

HAAH
ZUCK
FUAAAH!
HAAH
HAAH
ZUCK
ZUCK
TSCHUPP
TSCHUPP
TSCHUPP
TSCHUPP
DAS FÜHLT SICH SO GUT AN ... SO GUT ... ICH KAPIER GAR NICHTS MEHR ...
AAH ...
FLAPP
FLAPP

TSCHUPP
HAH ...
AAAH ...
NICHT!
SCHÜTTEL
HAH ...
TSCHUPP
HAH ...
TSCHUPP
SCHÜTTEL

HIYORI ...
ICH FRESS DICH JETZT.
HAAH
HAAH
RASCHEL
RASCHEL

BUMM
BUMM
SCHAUDER
SCHAUDER
DAS GEHT NICHT ...
GOFF
AH ...
BUMM
BUMM
NEIN ...
WENN DU IHN REIN-STECKST, WERDE ICH ECHT SAU...
...
... ER!

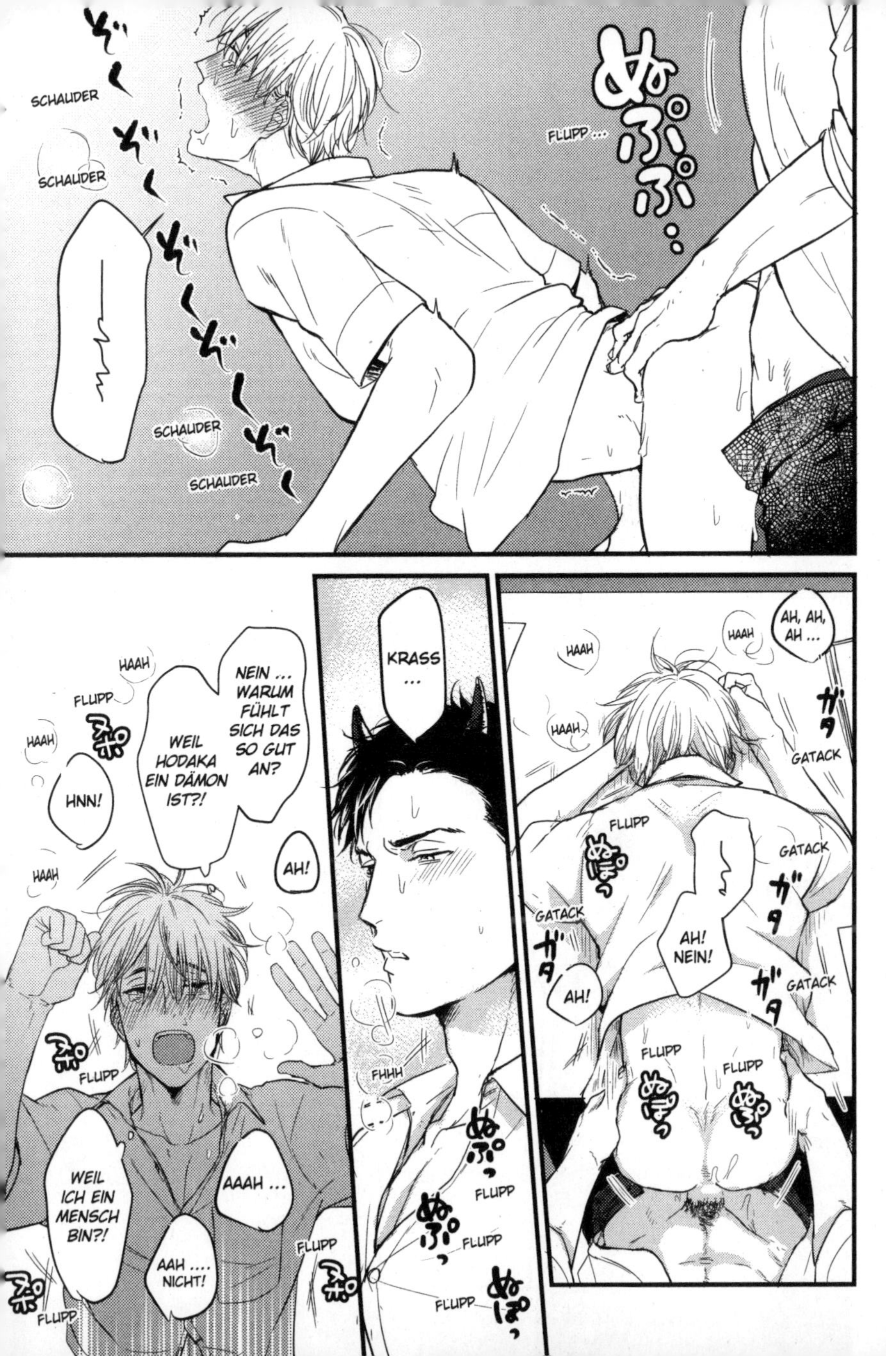

ぬぷぷ…
FLUPP …
ぞく
SCHAUDER
ぞく
SCHAUDER
—
ぞく
SCHAUDER
ぞく
SCHAUDER
AH, AH, AH …
HAAH
HAAH
HAAH
ガタ
GATACK
FLUPP
ぬぽっ
GATACK
ガタ
GATACK
ガタ
AH! NEIN!
ガタ
GATACK
AH!
FLUPP
ぬぽっ
FLUPP
ぬぽっ
KRASS …
FHHH
ぬぷっ
FLUPP
ぬぷっ
FLUPP
ぬぽっ
FLUPP
NEIN … WARUM FÜHLT SICH DAS SO GUT AN?
WEIL HODAKA EIN DÄMON IST?!
HAAH
FLUPP
ズポ
HAAH
HNN!
AH!
HAAH
ズポ
FLUPP
AAAH …
WEIL ICH EIN MENSCH BIN?!
AAH …. NICHT!
FLUPP
ズポ
ズポ
FLUPP

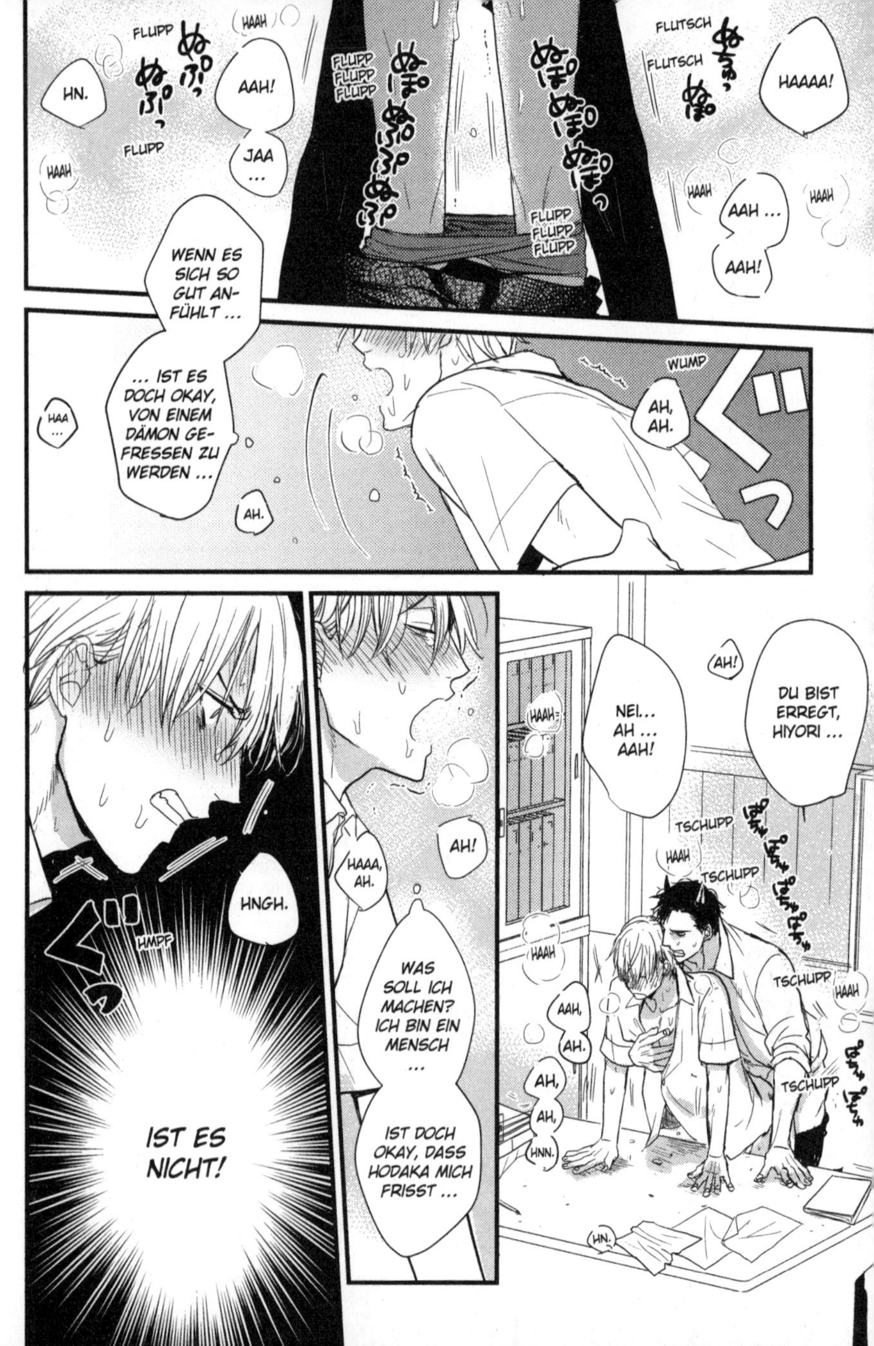

FLUTSCH
FLUTSCH
HAAAA!
HAAH
AAH ...
AAH!
HAAH
FLUPP FLUPP FLUPP
FLUPP FLUPP FLUPP
HAAH
AAH!
JAA ...
FLUPP
FLUPP
HN.
HAAH
WUMP
AH, AH.
WENN ES SICH SO GUT ANFÜHLT ...
... IST ES DOCH OKAY, VON EINEM DÄMON GEFRESSEN ZU WERDEN ...
AH.
HAA ...
DU BIST ERREGT, HIYORI ...
AH!
NEI... AH ... AAH!
HAAH
TSCHUPP
HAAH
TSCHUPP
HAAH
TSCHUPP
HAAH
TSCHUPP
AAH, AH.
AH, AH, HNN.
HN.
AH!
HAAA, AH.
WAS SOLL ICH MACHEN? ICH BIN EIN MENSCH ...
IST DOCH OKAY, DASS HODAKA MICH FRISST ...
HNGH.
HMPF
IST ES NICHT!

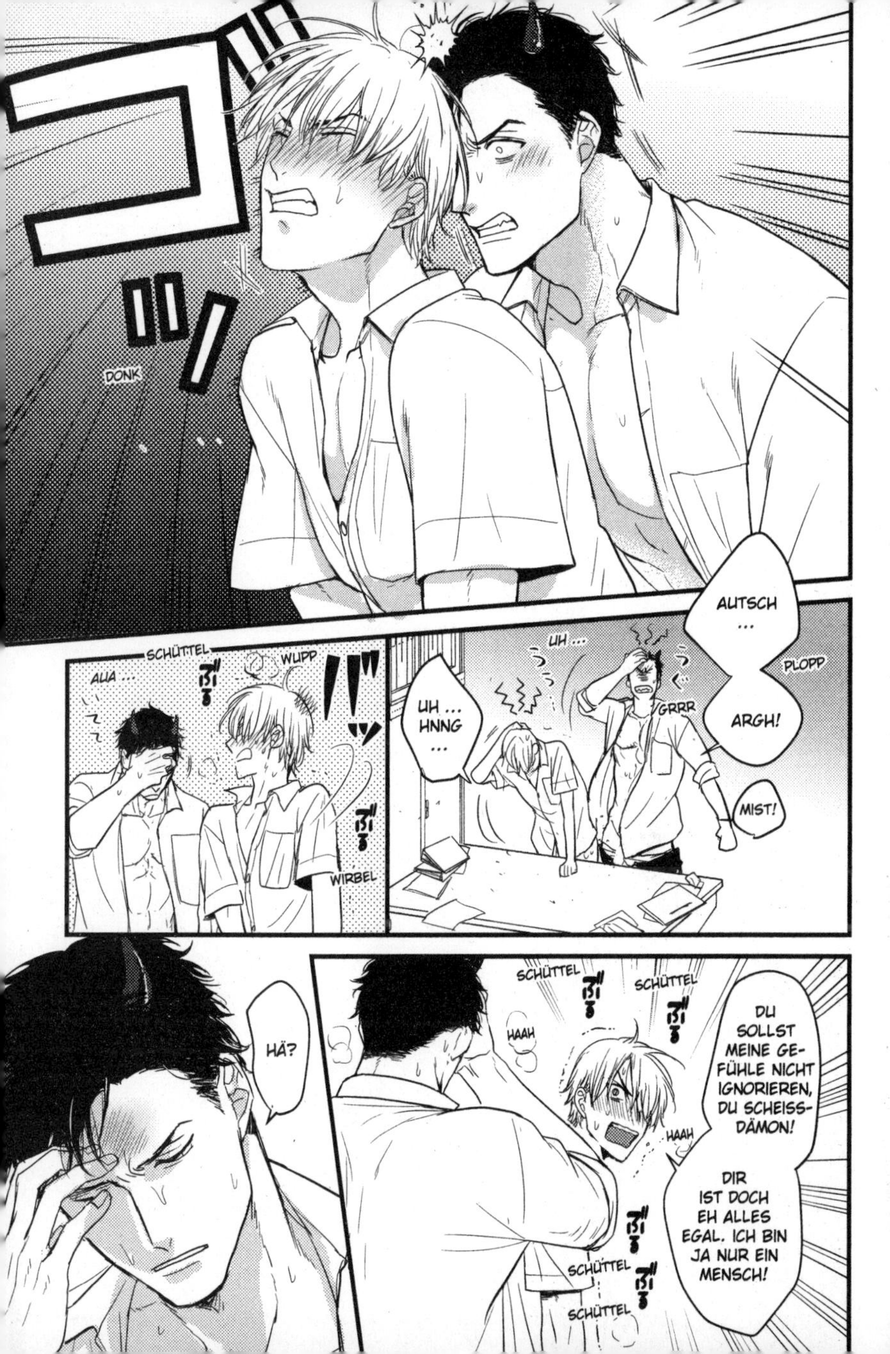

DONK
AUTSCH …
ARGH!
PLOPP
GRRR
MIST!
UH …
UH … HNNG …
WUPP
SCHÜTTEL
AUA …
WIRBEL
HÄ?
SCHÜTTEL
SCHÜTTEL
HAAH
DU SOLLST MEINE GE- FÜHLE NICHT IGNORIEREN, DU SCHEISS- DÄMON!
HAAH
DIR IST DOCH EH ALLES EGAL. ICH BIN JA NUR EIN MENSCH!
SCHÜTTEL
SCHÜTTEL

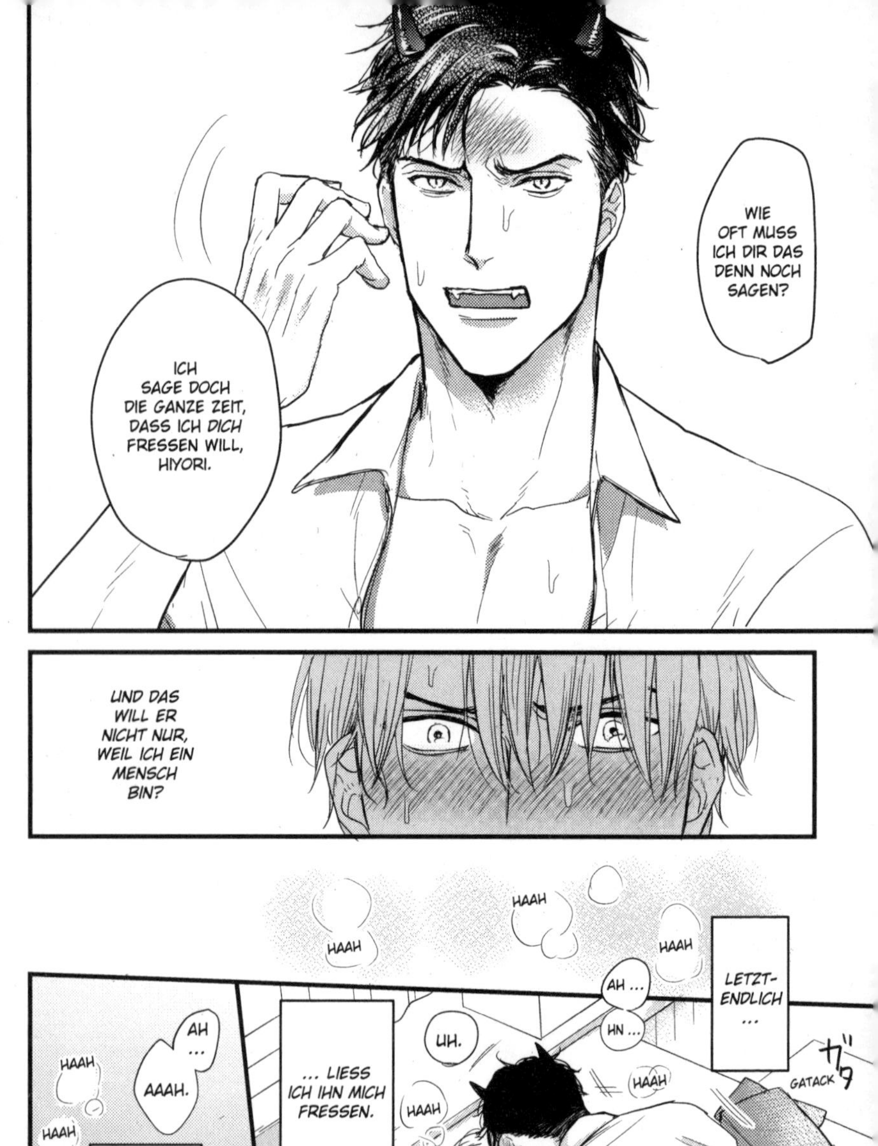
WIE OFT MUSS ICH DIR DAS DENN NOCH SAGEN?
ICH SAGE DOCH DIE GANZE ZEIT, DASS ICH DICH FRESSEN WILL, HIYORI.
UND DAS WILL ER NICHT NUR, WEIL ICH EIN MENSCH BIN?
HAAH
HAAH
HAAH
LETZT-ENDLICH …
AH …
HN …
UH.
… LIESS ICH IHN MICH FRESSEN.
GATACK
GATACK
HAAH
HAAH
AH … AAAH.
HAAH
HAAH
HNNN …
GATACK
HAAH
HAAH
ABER VIELLEICHT IST HODAKA …

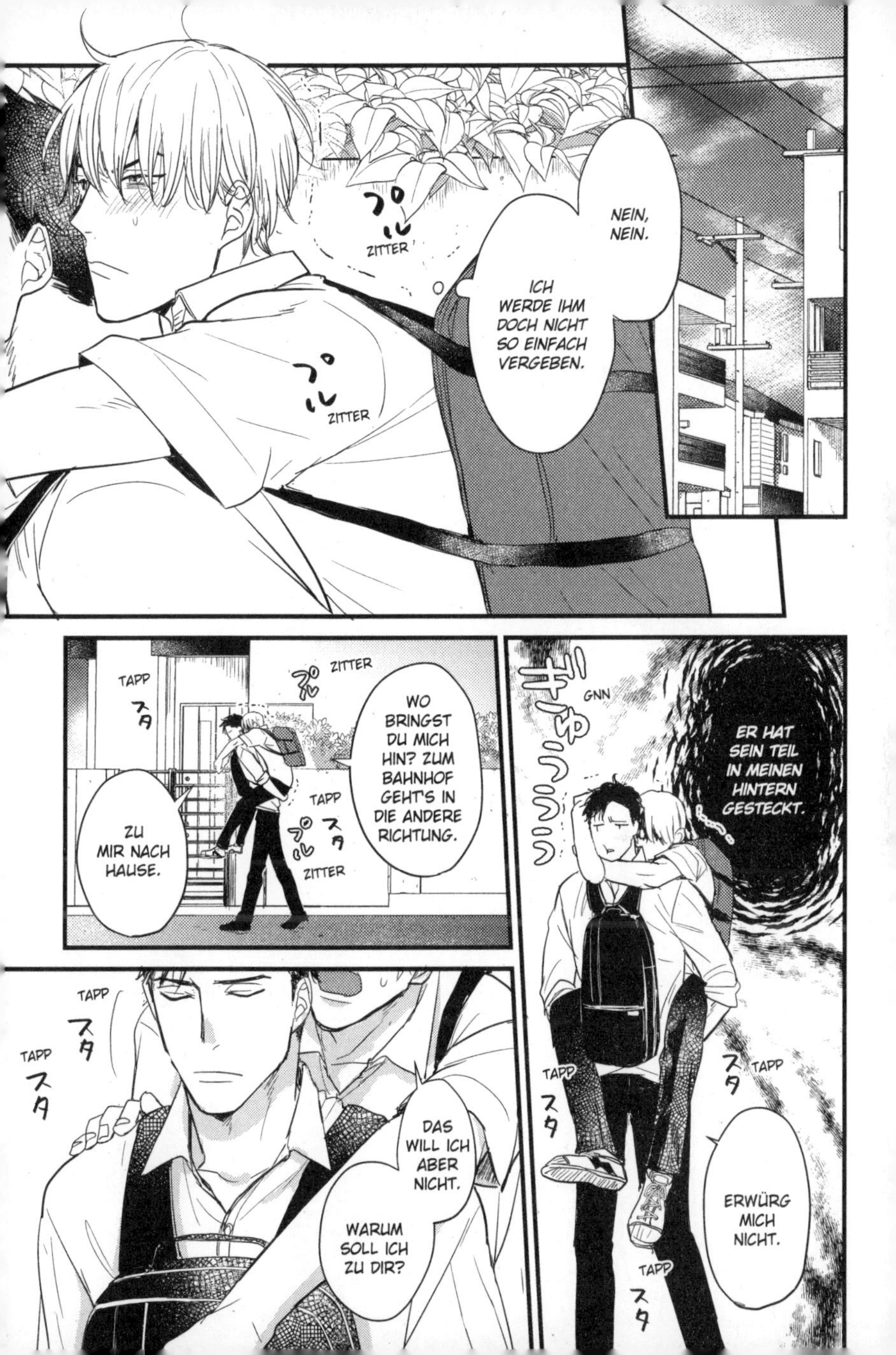

NEIN, NEIN.

ICH WERDE IHM DOCH NICHT SO EINFACH VERGEBEN.

プル ZITTER

プル ZITTER

ぎゅううう GNN

ER HAT SEIN TEIL IN MEINEN HINTERN GESTECKT.

プル ZITTER

スタ TAPP

WO BRINGST DU MICH HIN? ZUM BAHNHOF GEHT'S IN DIE ANDERE RICHTUNG.

ZU MIR NACH HAUSE.

スタ TAPP

プル ZITTER

スタ TAPP

スタ TAPP

ERWÜRG MICH NICHT.

スタ TAPP

スタ TAPP

スタ TAPP

DAS WILL ICH ABER NICHT.

WARUM SOLL ICH ZU DIR?

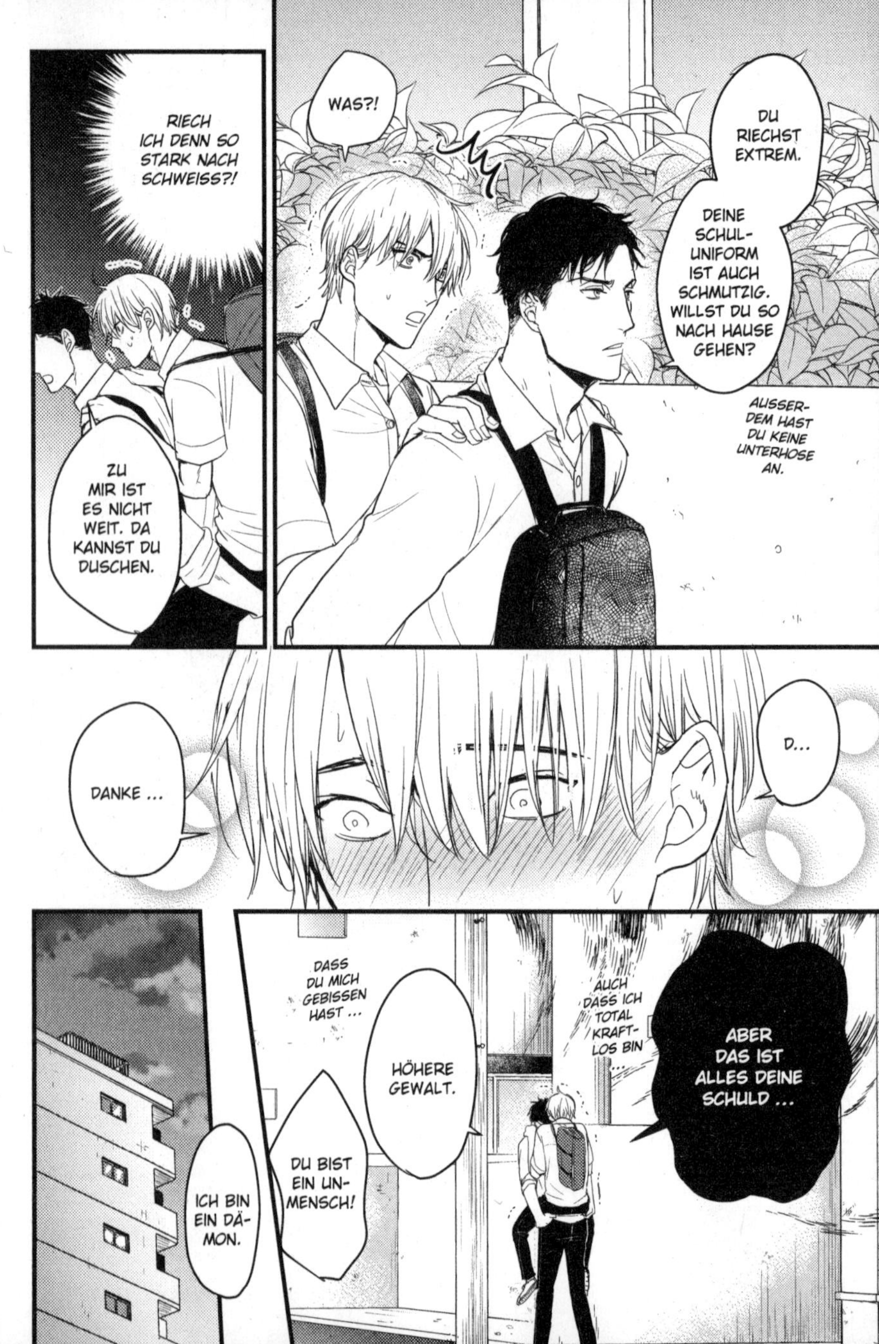
DU RIECHST EXTREM.
WAS?!
DEINE SCHUL-UNIFORM IST AUCH SCHMUTZIG. WILLST DU SO NACH HAUSE GEHEN?
AUSSER-DEM HAST DU KEINE UNTERHOSE AN.
RIECH ICH DENN SO STARK NACH SCHWEISS?!
ZU MIR IST ES NICHT WEIT. DA KANNST DU DUSCHEN.
D...
DANKE ...
DASS DU MICH GEBISSEN HAST ...
AUCH DASS ICH TOTAL KRAFT-LOS BIN ...
ABER DAS IST ALLES DEINE SCHULD ...
HÖHERE GEWALT.
DU BIST EIN UN-MENSCH!
ICH BIN EIN DÄ-MON.

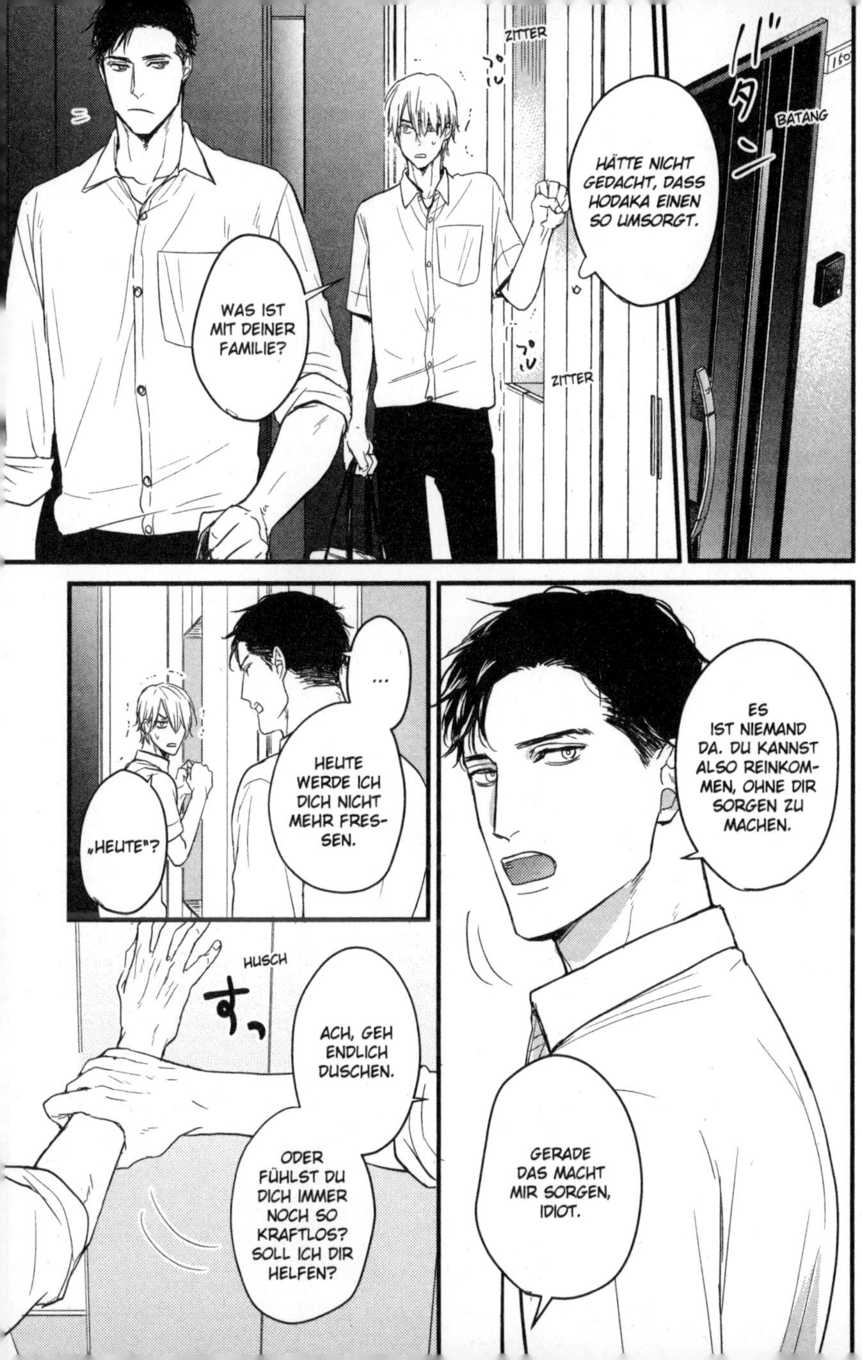

BATANG

HÄTTE NICHT GEDACHT, DASS HODAKA EINEN SO UMSORGT.

ZITTER

ZITTER

WAS IST MIT DEINER FAMILIE?

ES IST NIEMAND DA. DU KANNST ALSO REINKOMMEN, OHNE DIR SORGEN ZU MACHEN.

GERADE DAS MACHT MIR SORGEN, IDIOT.

...

HEUTE WERDE ICH DICH NICHT MEHR FRES-SEN.

„HEUTE"?

HUSCH

ACH, GEH ENDLICH DUSCHEN.

ODER FÜHLST DU DICH IMMER NOCH SO KRAFTLOS? SOLL ICH DIR HELFEN?

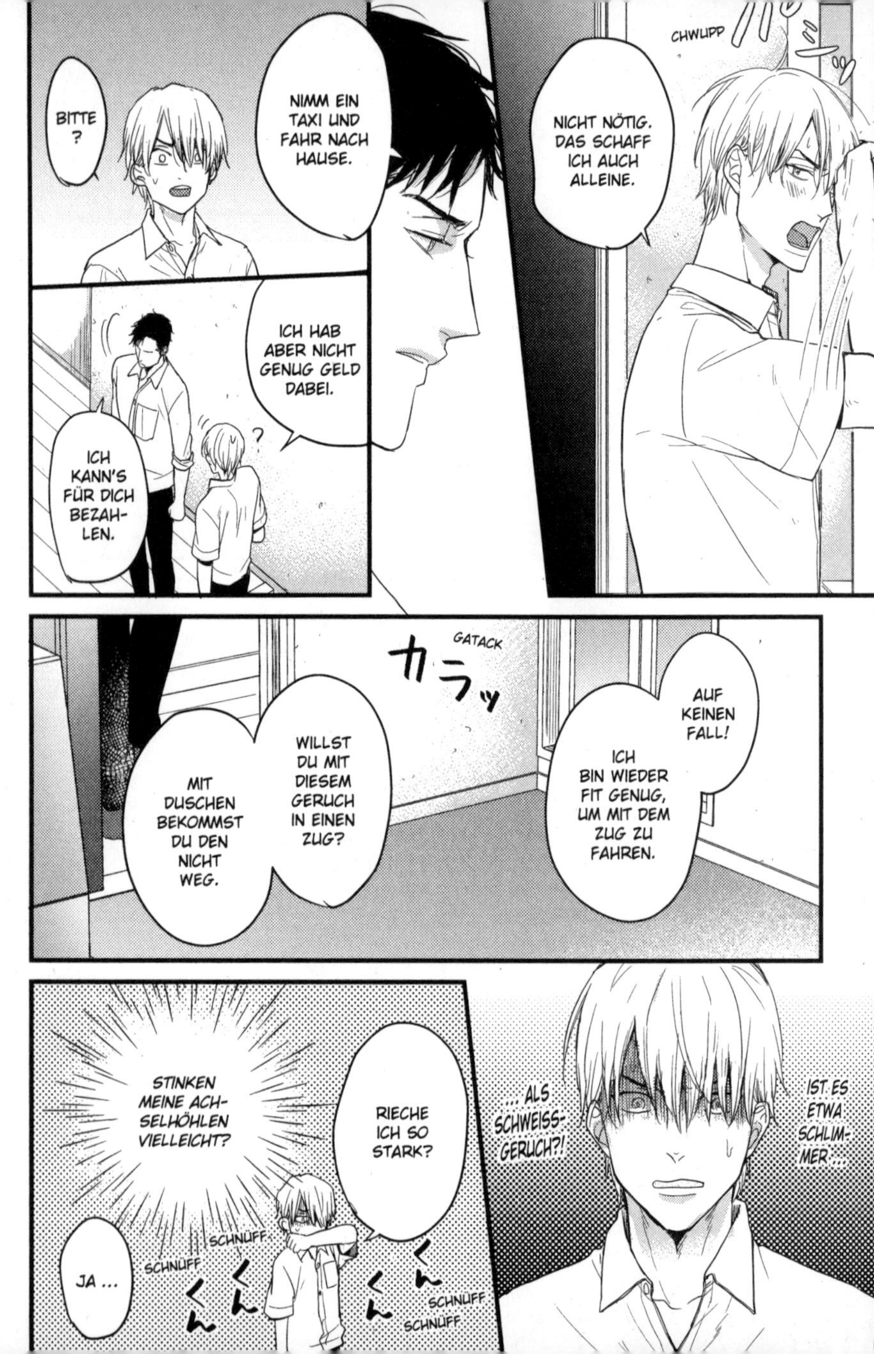
CHWUPP
NICHT NÖTIG. DAS SCHAFF ICH AUCH ALLEINE.
NIMM EIN TAXI UND FAHR NACH HAUSE.
BITTE ?
ICH HAB ABER NICHT GENUG GELD DABEI.
ICH KANN'S FÜR DICH BEZAHLEN.
カラッ
GATACK
AUF KEINEN FALL!
ICH BIN WIEDER FIT GENUG, UM MIT DEM ZUG ZU FAHREN.
WILLST DU MIT DIESEM GERUCH IN EINEN ZUG?
MIT DUSCHEN BEKOMMST DU DEN NICHT WEG.
IST ES ETWA SCHLIMMER ...
... ALS SCHWEISS-GERUCH?!
RIECHE ICH SO STARK?
STINKEN MEINE ACH-SELHÖHLEN VIELLEICHT?
くんくん
SCHNÜFF SCHNÜFF
くんくん
SCHNÜFF SCHNÜFF
JA ...

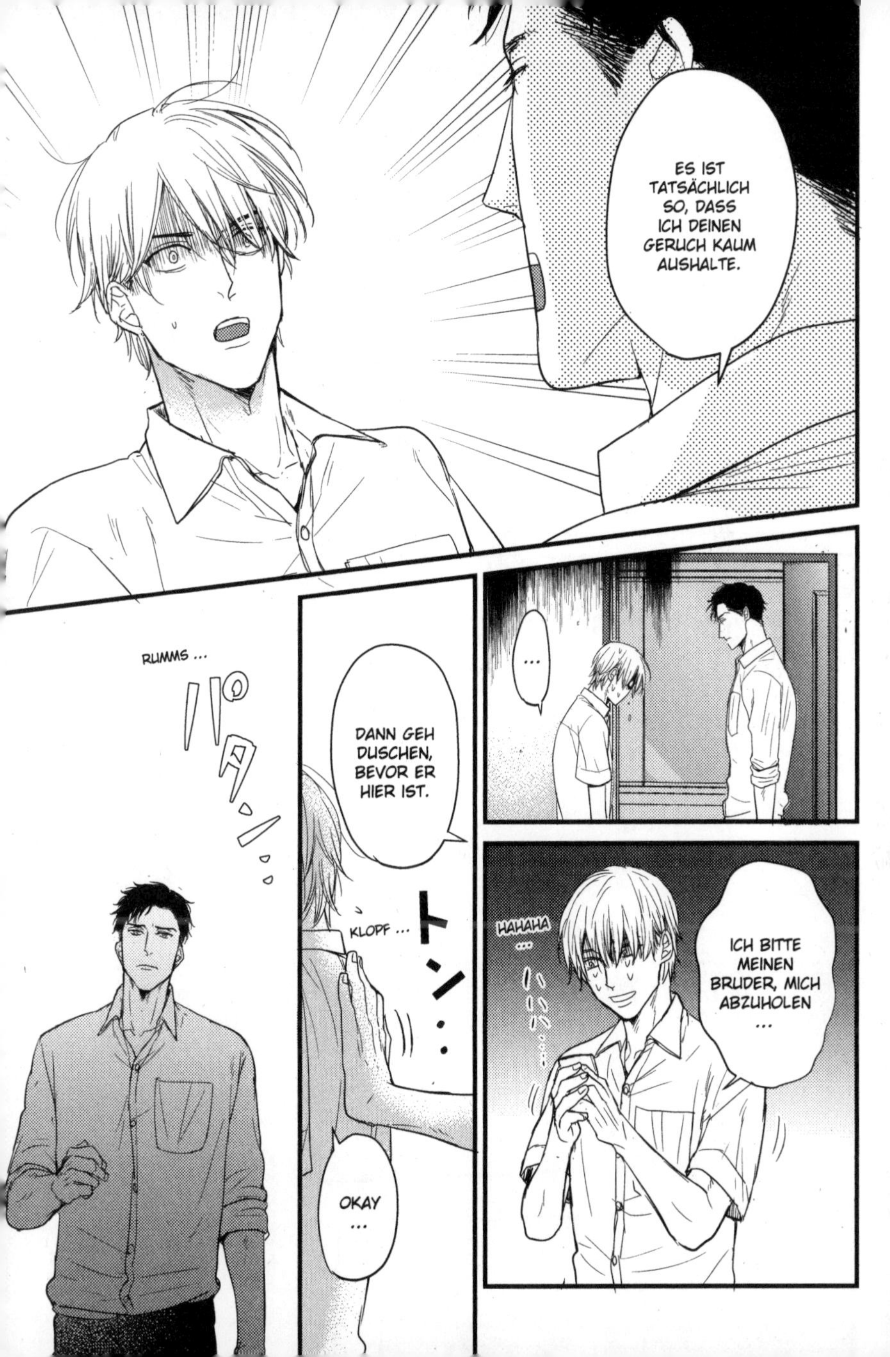

ES IST TATSÄCHLICH SO, DASS ICH DEINEN GERUCH KAUM AUSHALTE.
...
DANN GEH DUSCHEN, BEVOR ER HIER IST.
ICH BITTE MEINEN BRUDER, MICH ABZUHOLEN ...
HAHAHA ...
KLOPF ...
OKAY ...
RUMMS ...

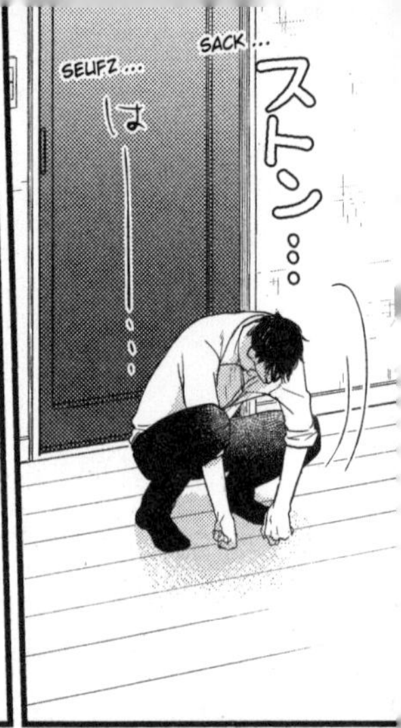
SACK …
ストン…
SEUFZ …
はーー…

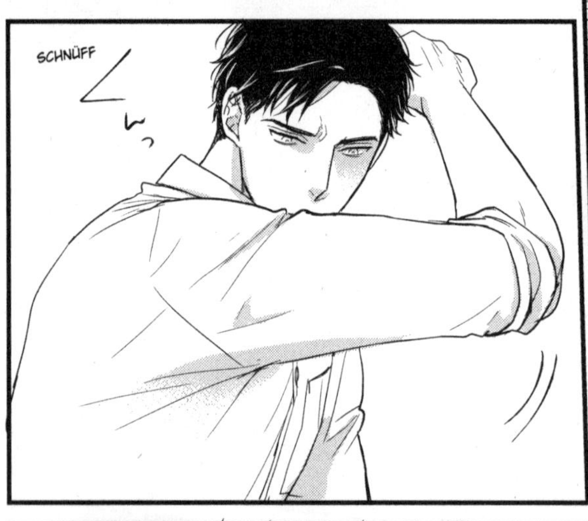
SCHNÜFF
んっ

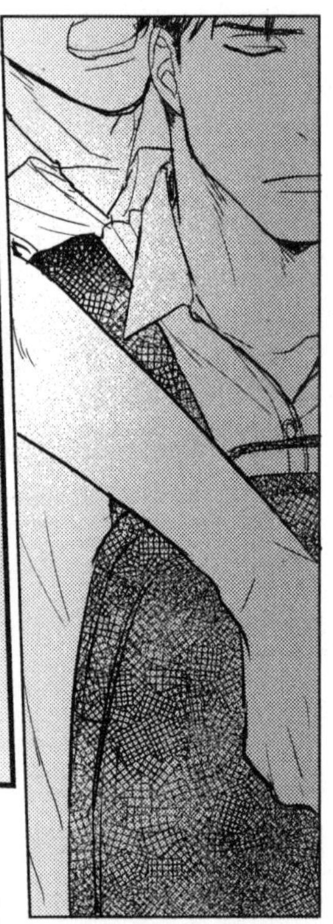

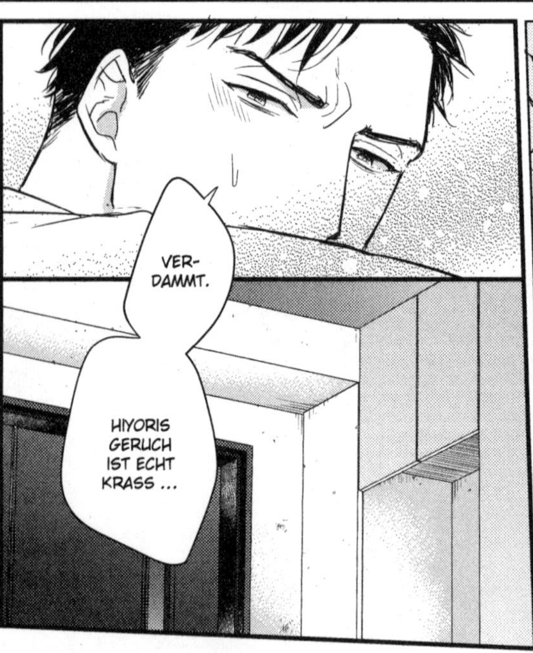
VER-
DAMMT.
HIYORIS
GERUCH
IST ECHT
KRASS …

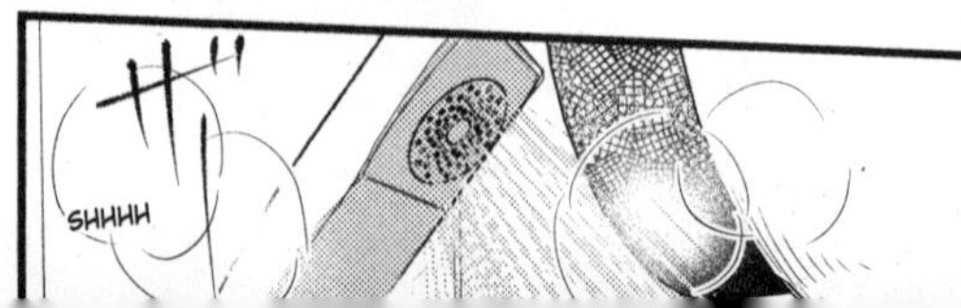
ザー
SHHHH

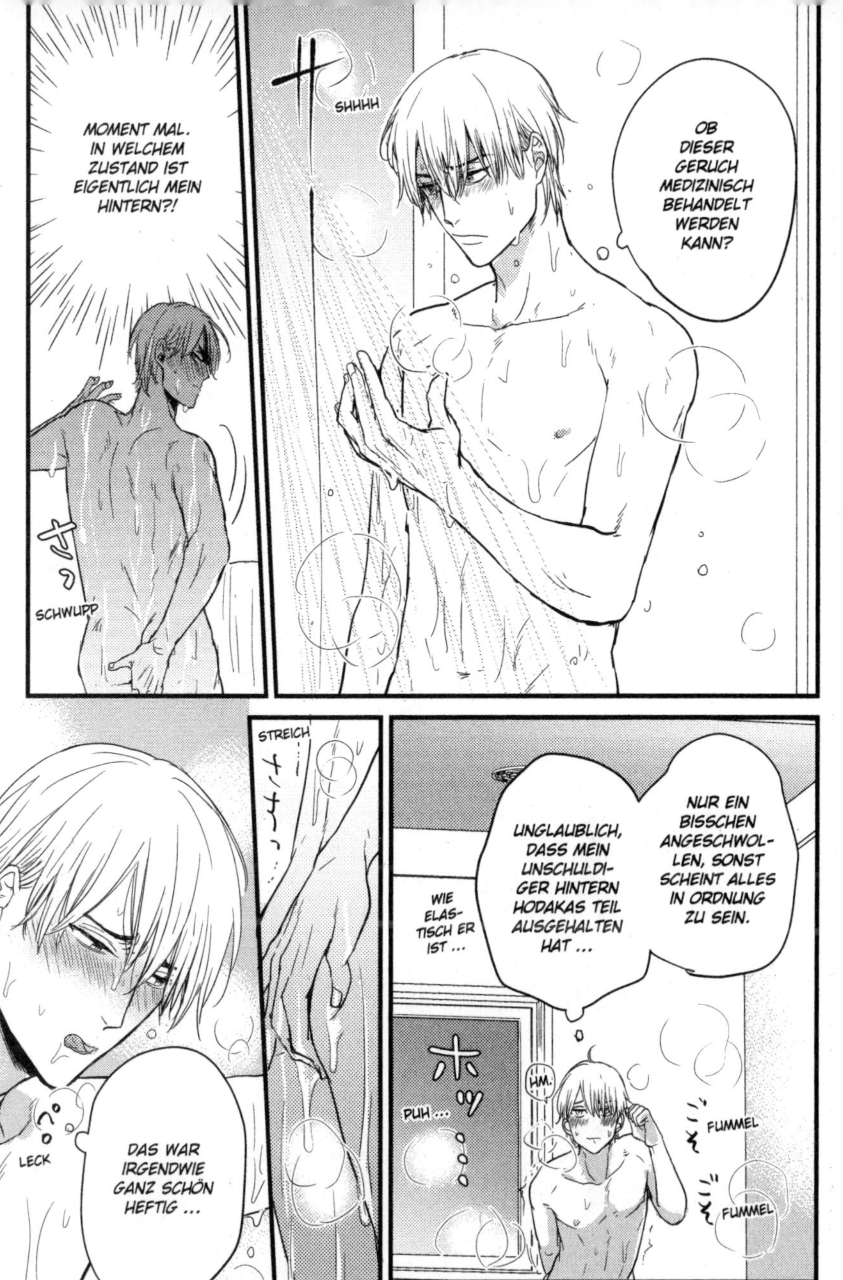
OB DIESER GERUCH MEDIZINISCH BEHANDELT WERDEN KANN?
SHHHH
MOMENT MAL. IN WELCHEM ZUSTAND IST EIGENTLICH MEIN HINTERN?!
SCHWUPP
NUR EIN BISSCHEN ANGESCHWOL-LEN, SONST SCHEINT ALLES IN ORDNUNG ZU SEIN.
UNGLAUBLICH, DASS MEIN UNSCHULDI-GER HINTERN HODAKAS TEIL AUSGEHALTEN HAT ...
WIE ELAS-TISCH ER IST ...
HM.
FUMMEL
FUMMEL
PUH ...
STREICH
DAS WAR IRGENDWIE GANZ SCHÖN HEFTIG ...
LECK

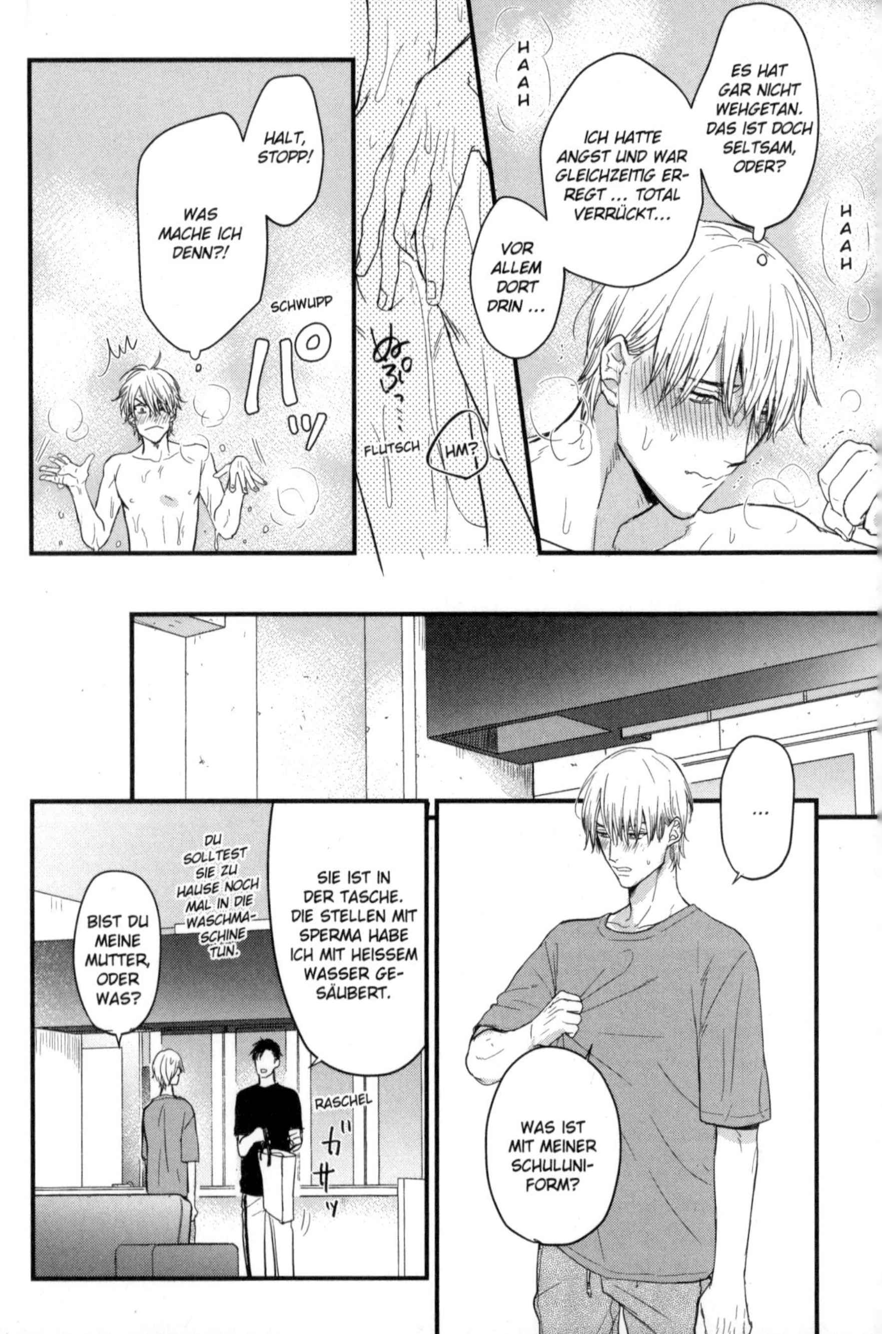

HAAAH
ES HAT GAR NICHT WEHGETAN. DAS IST DOCH SELTSAM, ODER?
ICH HATTE ANGST UND WAR GLEICHZEITIG ERREGT … TOTAL VERRÜCKT …
HAAAH
VOR ALLEM DORT DRIN …
FLUTSCH
HM?
HALT, STOPP!
WAS MACHE ICH DENN?!
SCHWUPP
…
WAS IST MIT MEINER SCHULUNIFORM?
SIE IST IN DER TASCHE. DIE STELLEN MIT SPERMA HABE ICH MIT HEISSEM WASSER GESÄUBERT.
DU SOLLTEST SIE ZU HAUSE NOCH MAL IN DIE WASCHMASCHINE TUN.
RASCHEL
BIST DU MEINE MUTTER, ODER WAS?

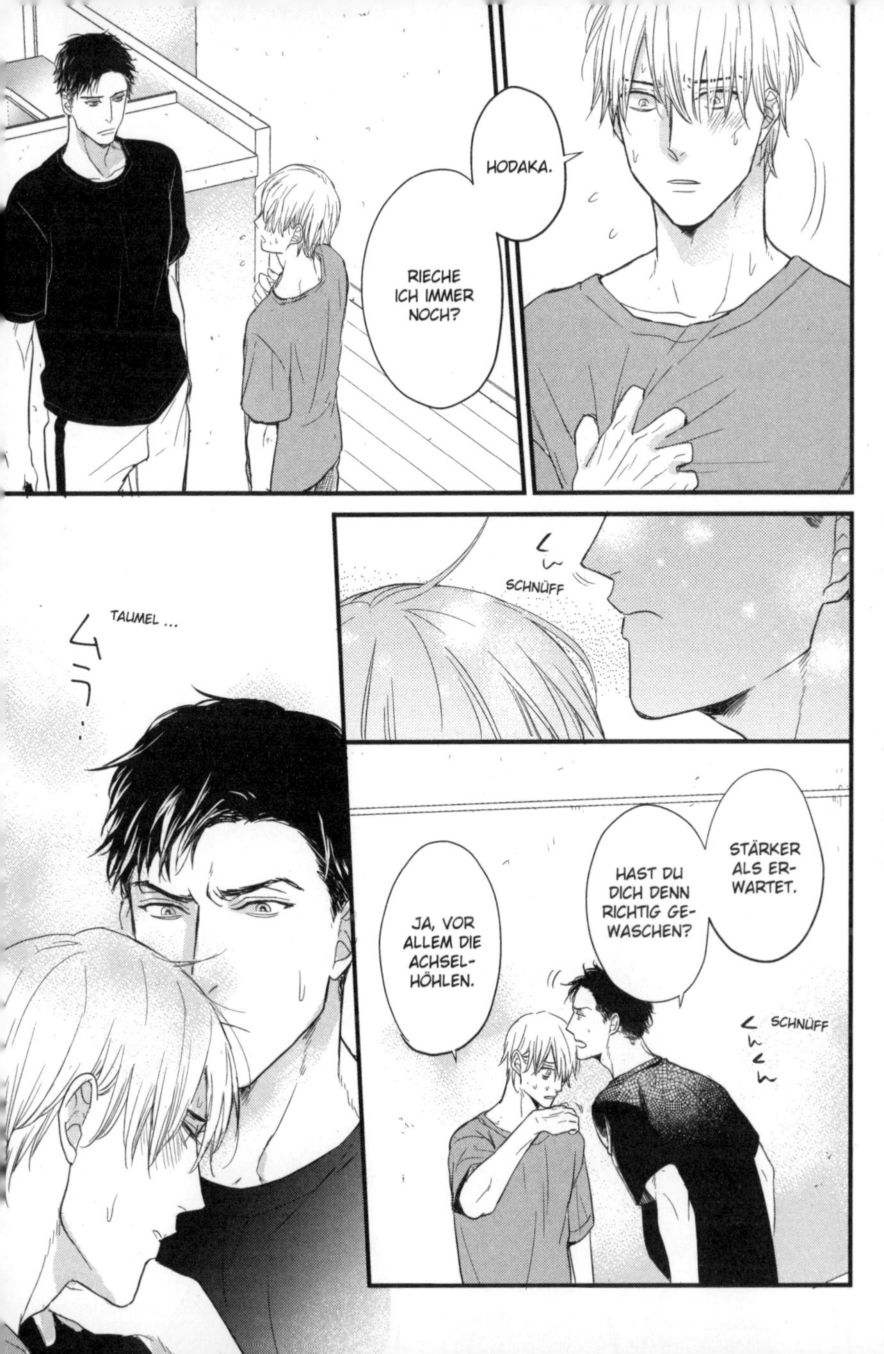
HODAKA.
RIECHE ICH IMMER NOCH?
くん
SCHNÜFF
STÄRKER ALS ER-WARTET.
HAST DU DICH DENN RICHTIG GE-WASCHEN?
JA, VOR ALLEM DIE ACHSEL-HÖHLEN.
くんくん
SCHNÜFF
ムラ…
TAUMEL ...

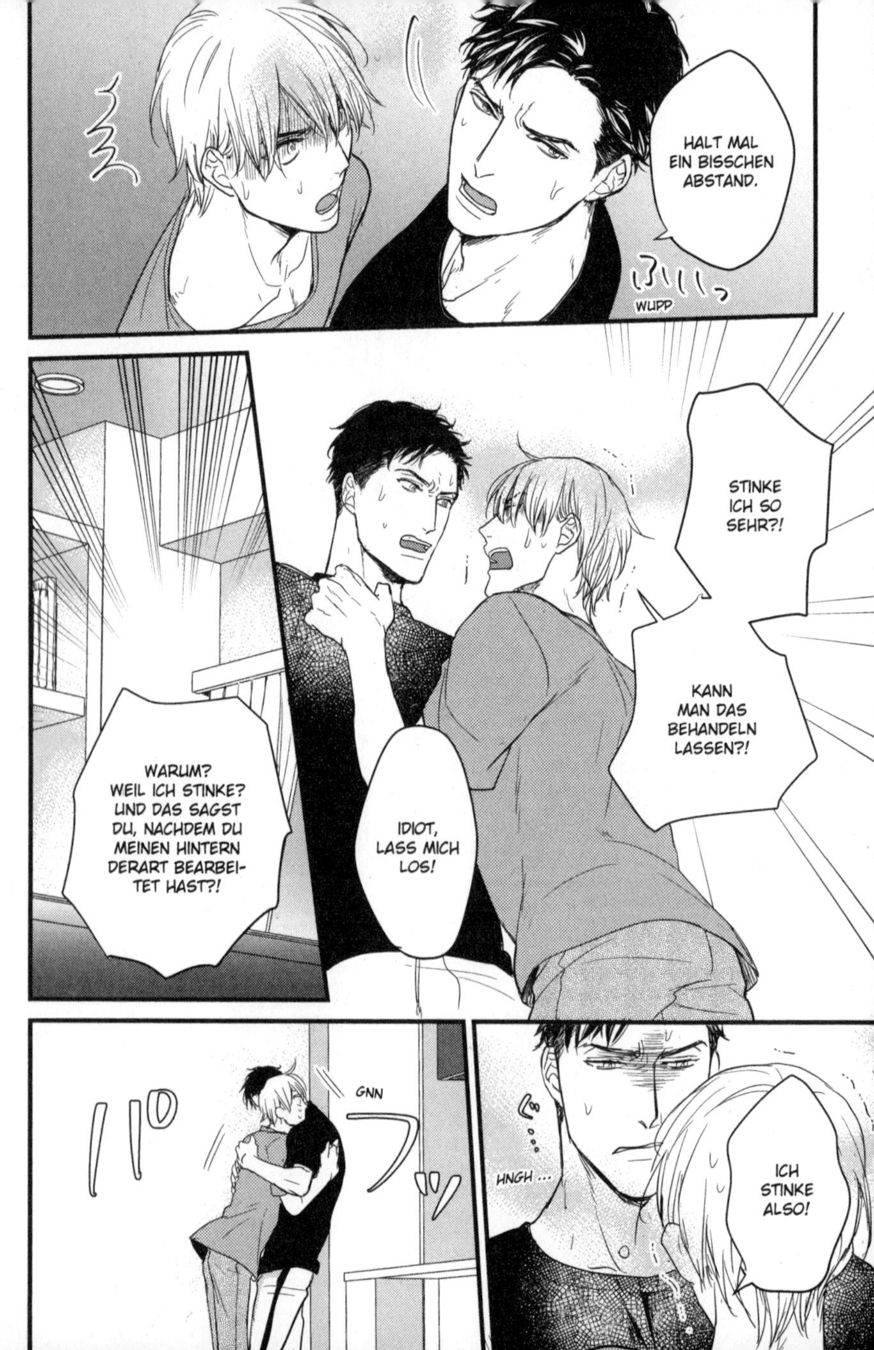
HALT MAL EIN BISSCHEN ABSTAND.
WUPP
STINKE ICH SO SEHR?!
KANN MAN DAS BEHANDELN LASSEN?!
IDIOT, LASS MICH LOS!
WARUM? WEIL ICH STINKE? UND DAS SAGST DU, NACHDEM DU MEINEN HINTERN DERART BEARBEI-TET HAST?!
ICH STINKE ALSO!
HNGH ...
GNN

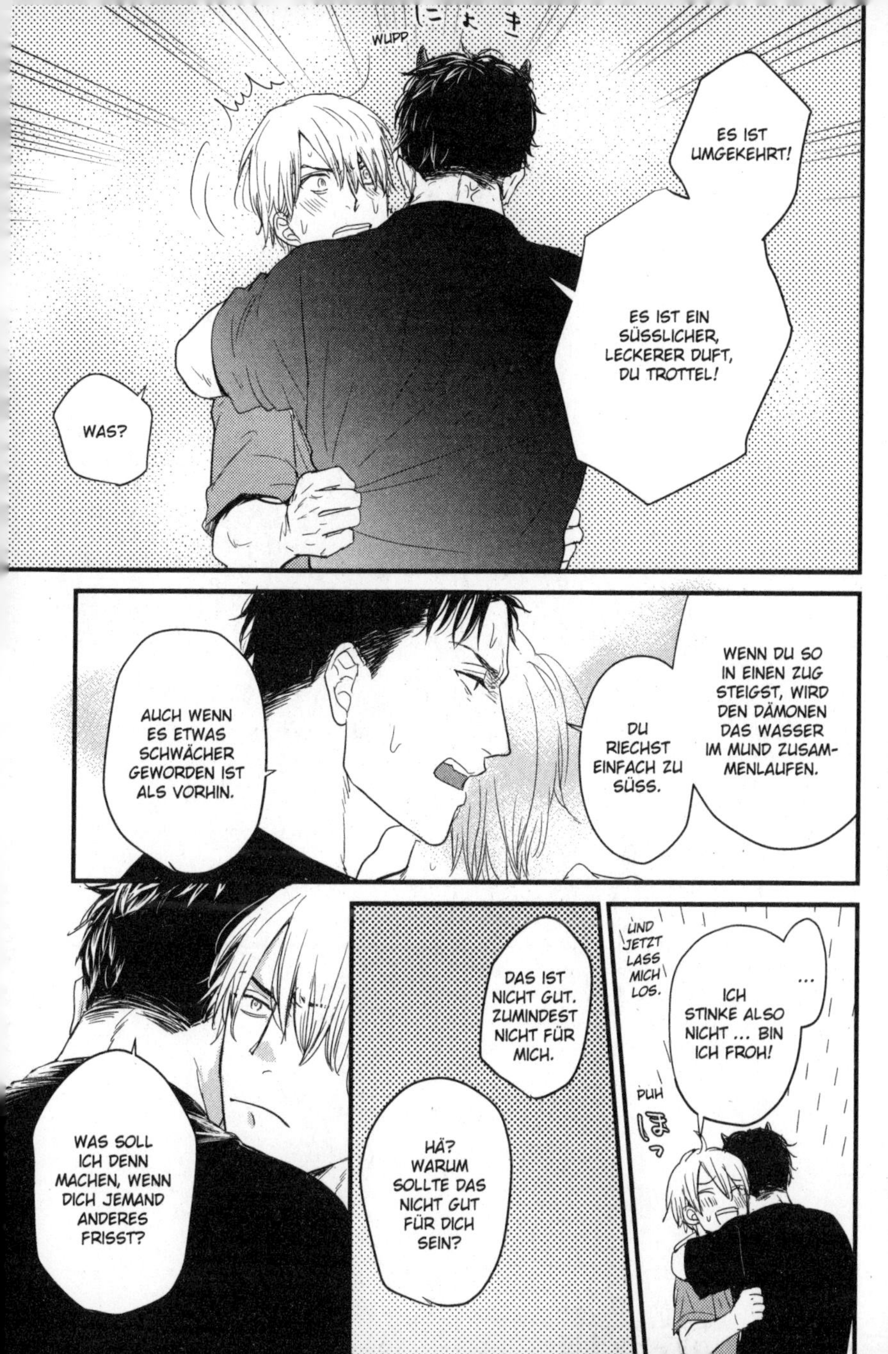
にょき
WUPP
ES IST UMGEKEHRT!
ES IST EIN SÜSSLICHER, LECKERER DUFT, DU TROTTEL!
WAS?
WENN DU SO IN EINEN ZUG STEIGST, WIRD DEN DÄMONEN DAS WASSER IM MUND ZUSAMMENLAUFEN.
DU RIECHST EINFACH ZU SÜSS.
AUCH WENN ES ETWAS SCHWÄCHER GEWORDEN IST ALS VORHIN.
UND JETZT LASS MICH LOS.
…
ICH STINKE ALSO NICHT … BIN ICH FROH!
PUH
ほっ
DAS IST NICHT GUT. ZUMINDEST NICHT FÜR MICH.
HÄ? WARUM SOLLTE DAS NICHT GUT FÜR DICH SEIN?
WAS SOLL ICH DENN MACHEN, WENN DICH JEMAND ANDERES FRISST?

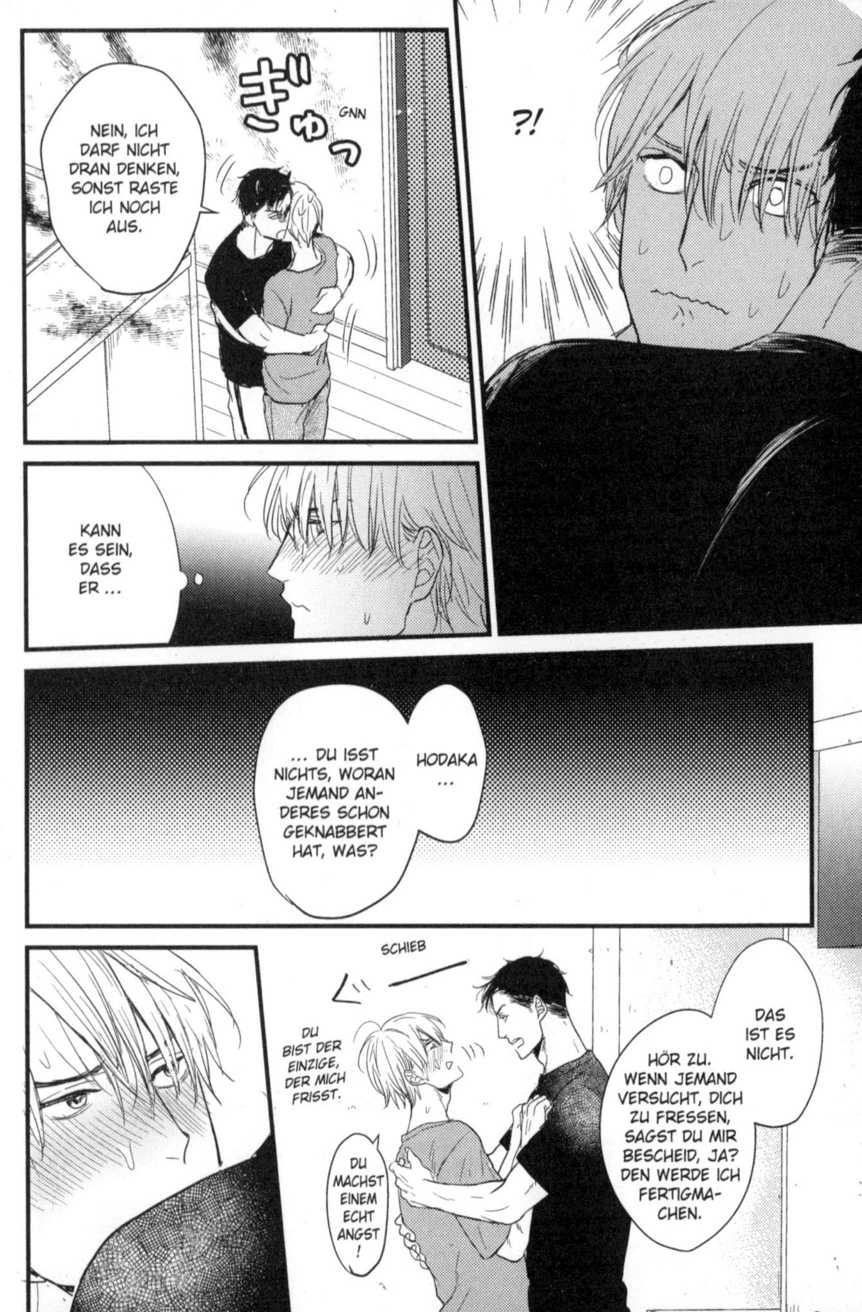
?!
ぎゅっ
GNN
NEIN, ICH DARF NICHT DRAN DENKEN, SONST RASTE ICH NOCH AUS.
KANN ES SEIN, DASS ER ...
HODAKA ...
... DU ISST NICHTS, WORAN JEMAND ANDERES SCHON GEKNABBERT HAT, WAS?
DAS IST ES NICHT.
HÖR ZU. WENN JEMAND VERSUCHT, DICH ZU FRESSEN, SAGST DU MIR BESCHEID, JA? DEN WERDE ICH FERTIGMACHEN.
SCHIEB
DU MACHST EINEM ECHT ANGST!
DU BIST DER EINZIGE, DER MICH FRISST.

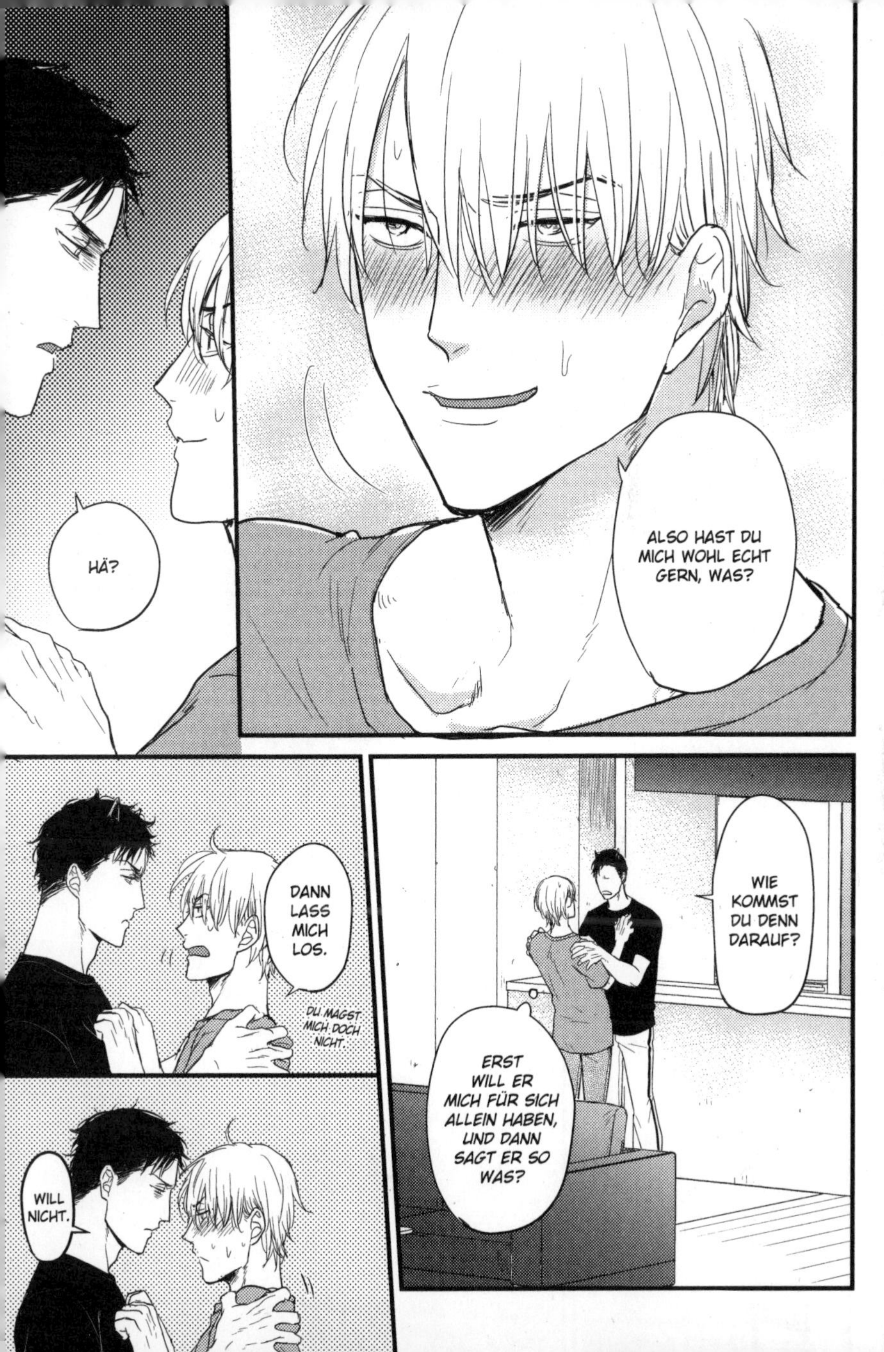
ALSO HAST DU MICH WOHL ECHT GERN, WAS?
HÄ?
WIE KOMMST DU DENN DARAUF?
ERST WILL ER MICH FÜR SICH ALLEIN HABEN, UND DANN SAGT ER SO WAS?
DANN LASS MICH LOS.
DU MAGST MICH DOCH NICHT.
WILL NICHT.

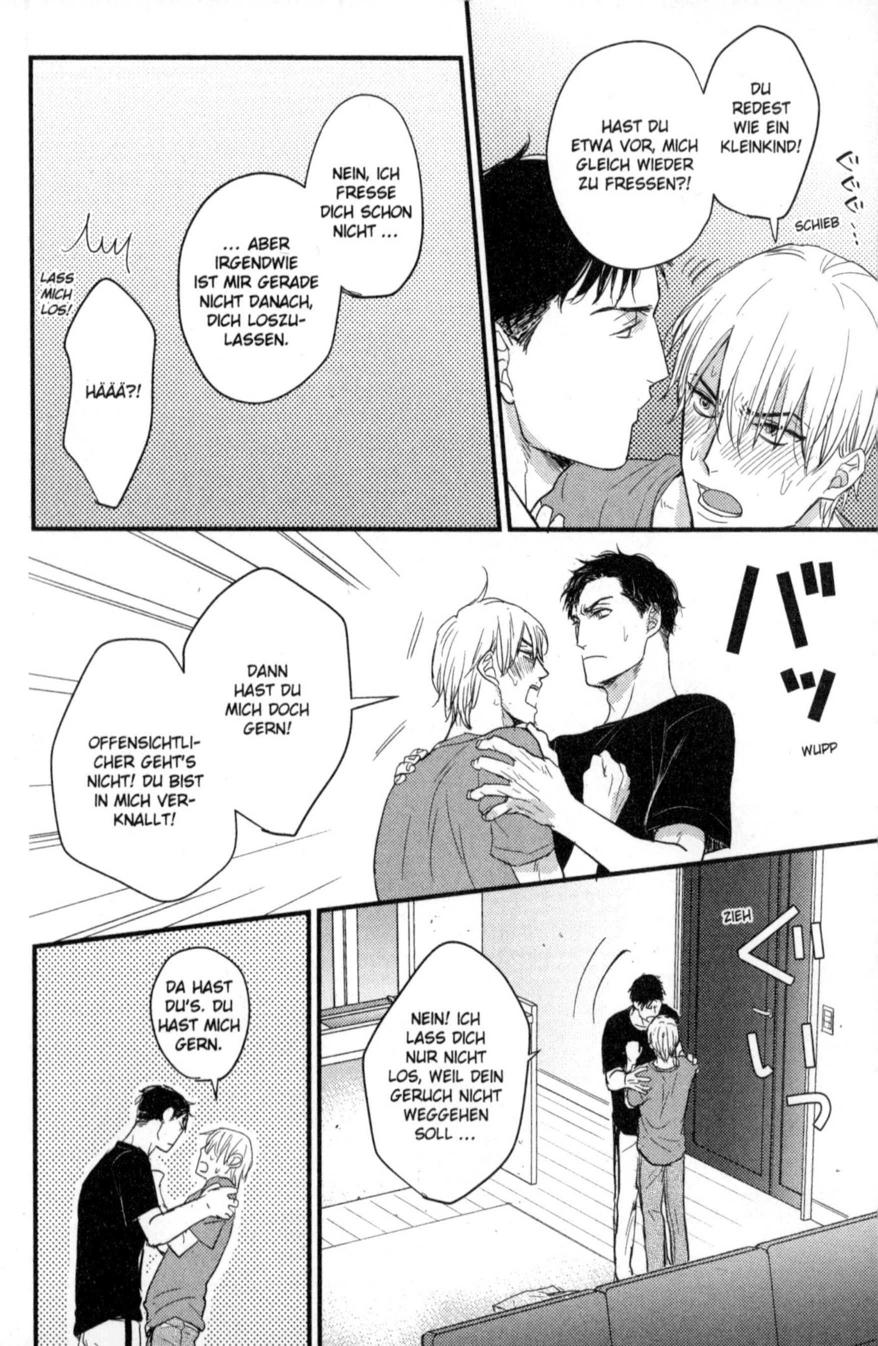
SCHIEB
DU REDEST WIE EIN KLEINKIND!
HAST DU ETWA VOR, MICH GLEICH WIEDER ZU FRESSEN?!
NEIN, ICH FRESSE DICH SCHON NICHT …
… ABER IRGENDWIE IST MIR GERADE NICHT DANACH, DICH LOSZULASSEN.
LASS MICH LOS!
HÄÄÄ?!
バッ
WUPP
DANN HAST DU MICH DOCH GERN!
OFFENSICHTLICHER GEHT'S NICHT! DU BIST IN MICH VERKNALLT!
ZIEH
NEIN! ICH LASS DICH NUR NICHT LOS, WEIL DEIN GERUCH NICHT WEGGEHEN SOLL …
DA HAST DU'S. DU HAST MICH GERN.

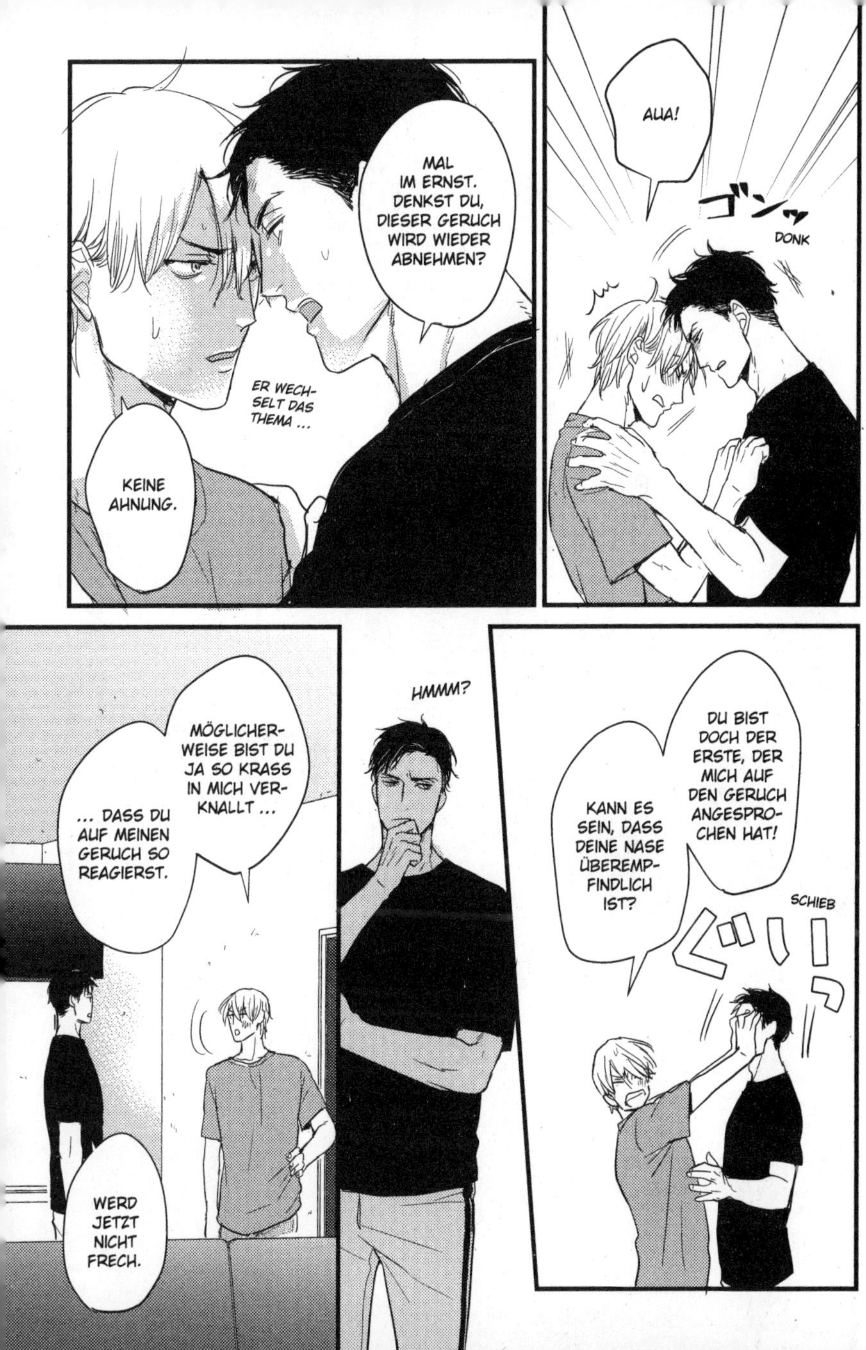

AUA!

ゴンッ

DONK

MAL IM ERNST. DENKST DU, DIESER GERUCH WIRD WIEDER ABNEHMEN?

ER WECHSELT DAS THEMA …

KEINE AHNUNG.

DU BIST DOCH DER ERSTE, DER MICH AUF DEN GERUCH ANGESPROCHEN HAT!

KANN ES SEIN, DASS DEINE NASE ÜBEREMPFINDLICH IST?

ぐいーっ

SCHIEB

HMMM?

MÖGLICHERWEISE BIST DU JA SO KRASS IN MICH VERKNALLT …

… DASS DU AUF MEINEN GERUCH SO REAGIERST.

WERD JETZT NICHT FRECH.

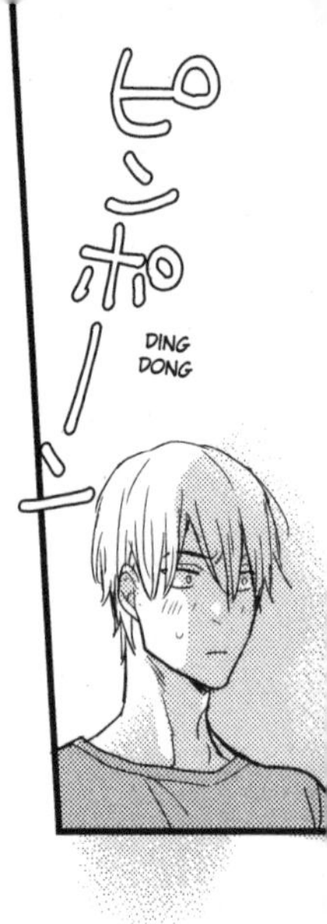
ピンポーン
DING DONG

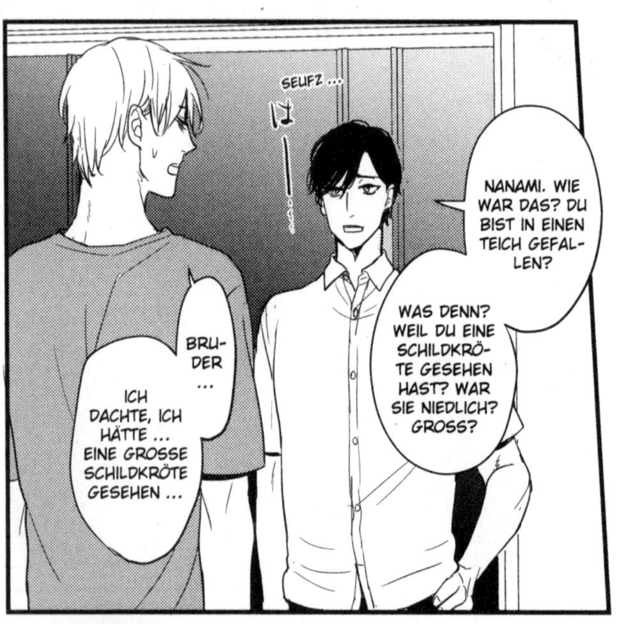
SEUFZ …
はーーっ
NANAMI. WIE WAR DAS? DU BIST IN EINEN TEICH GEFALLEN?
WAS DENN? WEIL DU EINE SCHILDKRÖTE GESEHEN HAST? WAR SIE NIEDLICH? GROSS?
BRUDER …
ICH DACHTE, ICH HÄTTE … EINE GROSSE SCHILDKRÖTE GESEHEN …

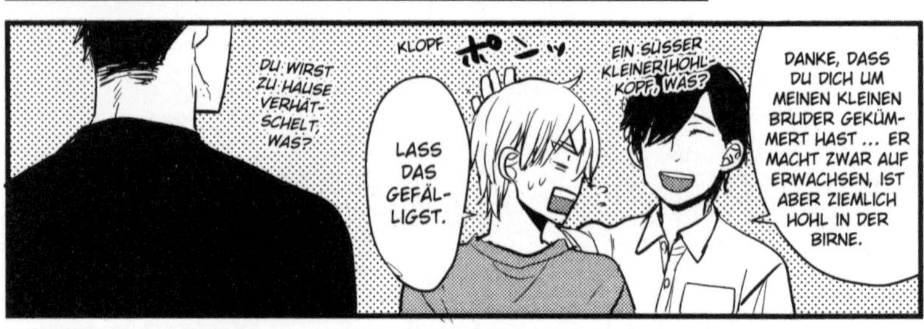
DANKE, DASS DU DICH UM MEINEN KLEINEN BRUDER GEKÜMMERT HAST … ER MACHT ZWAR AUF ERWACHSEN, IST ABER ZIEMLICH HOHL IN DER BIRNE.
EIN SÜSSER KLEINER HOHLKOPF, WAS?
KLOPF
ポンッ
LASS DAS GEFÄLLIGST.
DU WIRST ZU HAUSE VERHÄTSCHELT, WAS?

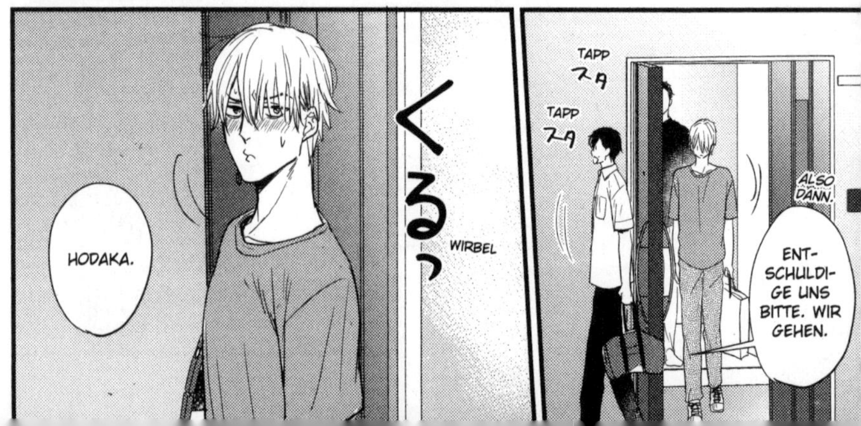
TAPP
スタ
TAPP
スタ
ALSO DANN.
ENTSCHULDIGE UNS BITTE. WIR GEHEN.
WIRBEL
くるっ
HODAKA.

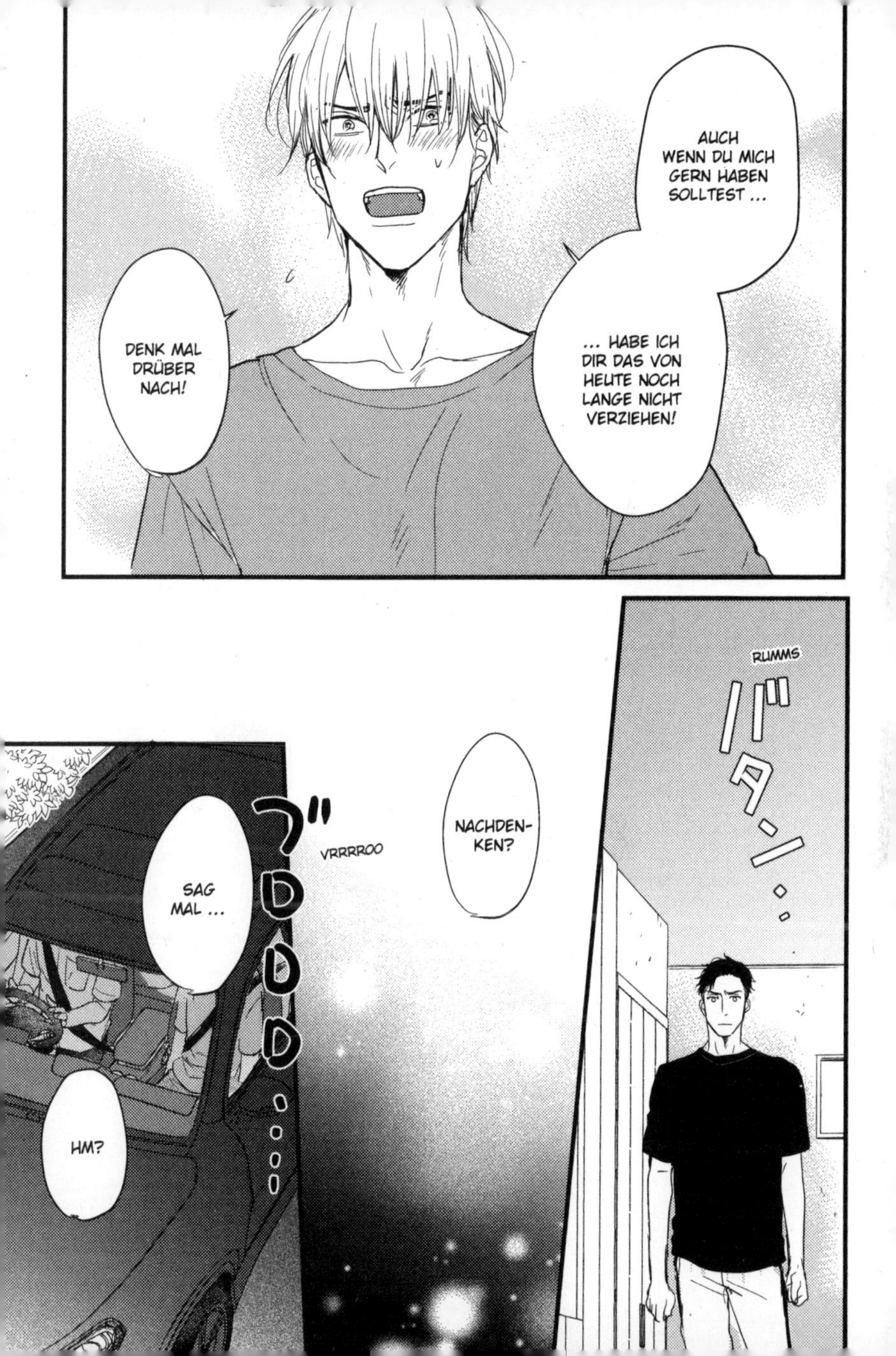

AUCH WENN DU MICH GERN HABEN SOLLTEST …

… HABE ICH DIR DAS VON HEUTE NOCH LANGE NICHT VERZIEHEN!

DENK MAL DRÜBER NACH!

RUMMS

バタン…

NACHDEN-KEN?

ブロロロ…

VRRRROO

SAG MAL …

HM?

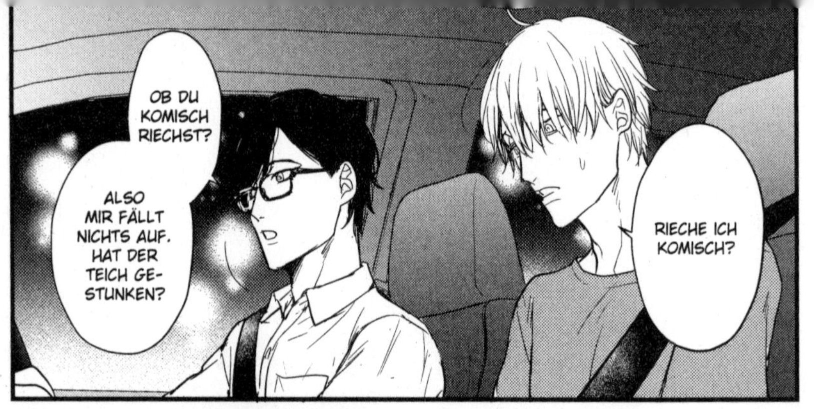

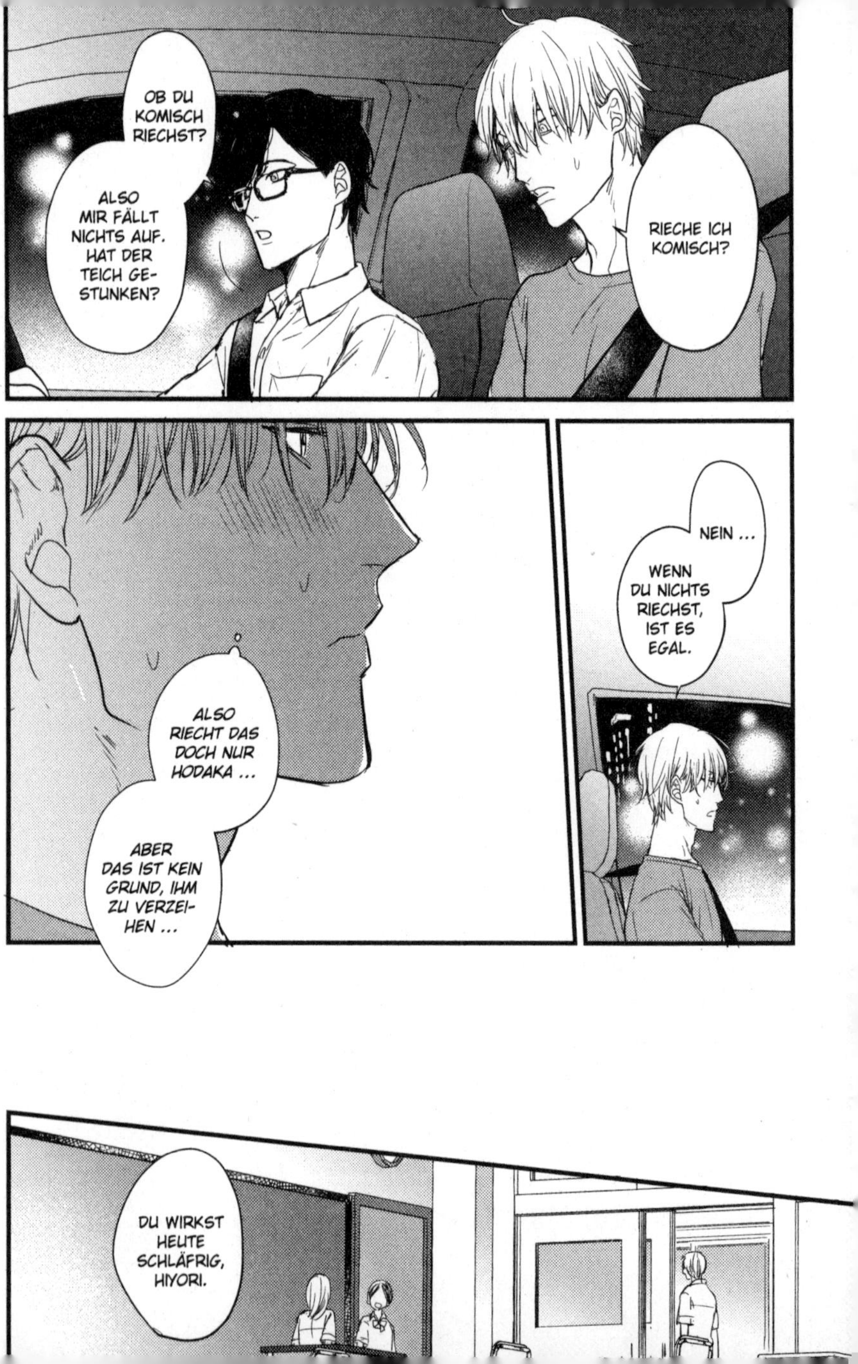

NEIN ...

WENN DU NICHTS RIECHST, IST ES EGAL.

ALSO RIECHT DAS DOCH NUR HODAKA ...

ABER DAS IST KEIN GRUND, IHM ZU VERZEIHEN ...

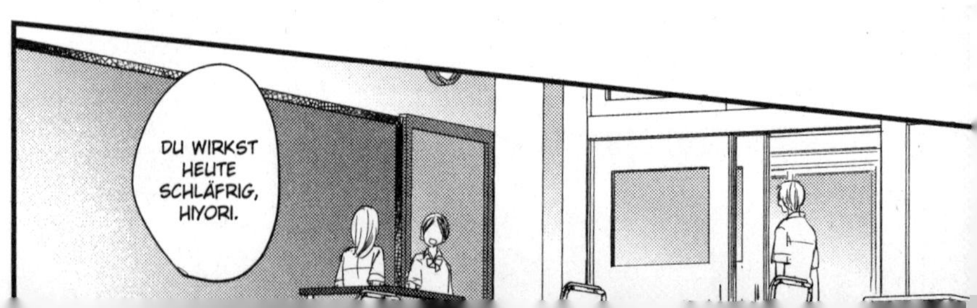

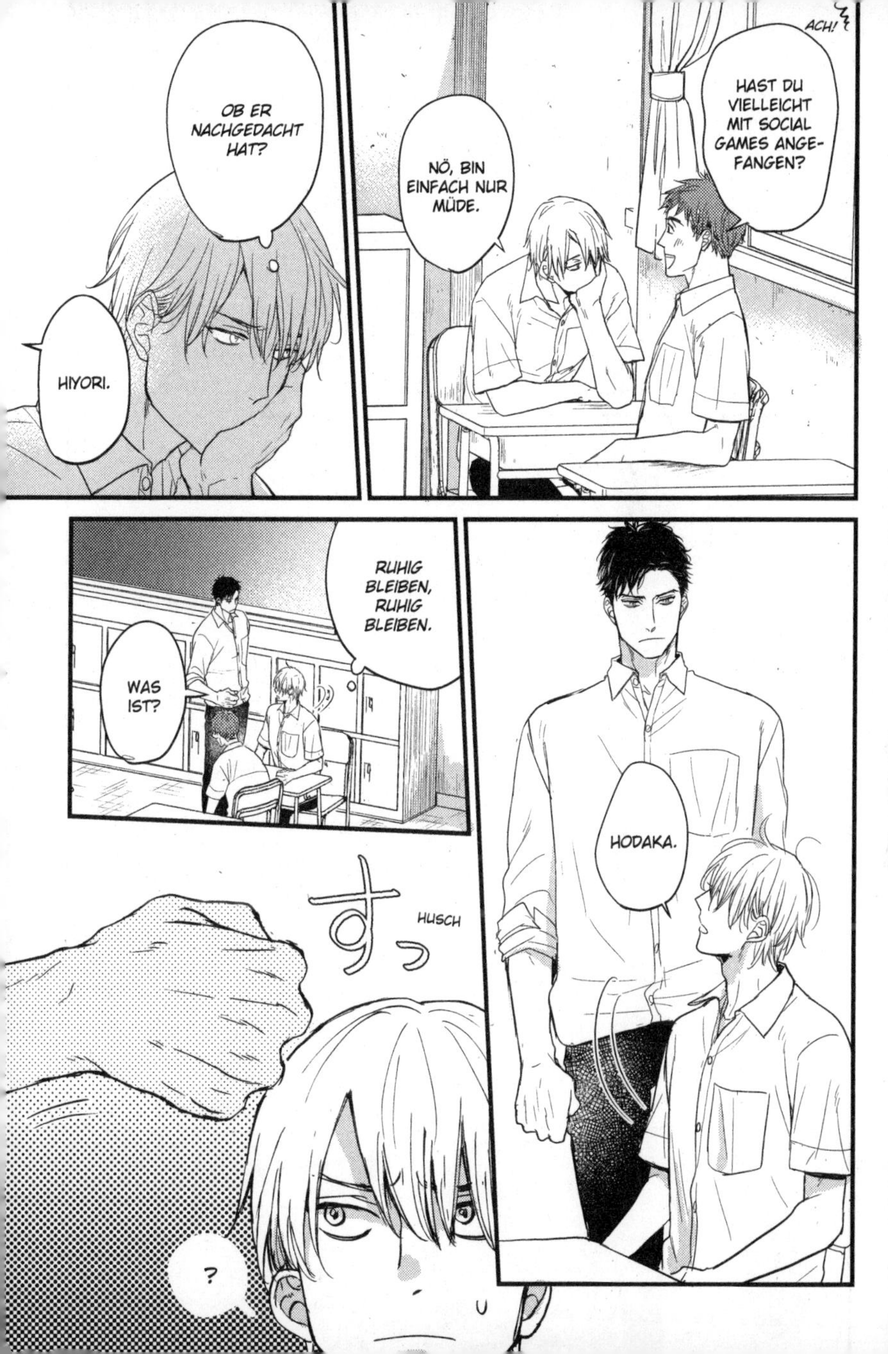
ACH!
HAST DU VIELLEICHT MIT SOCIAL GAMES ANGE-FANGEN?
NÖ, BIN EINFACH NUR MÜDE.
OB ER NACHGEDACHT HAT?
HIYORI.
HODAKA.
RUHIG BLEIBEN, RUHIG BLEIBEN.
WAS IST?
すっ
HUSCH
?

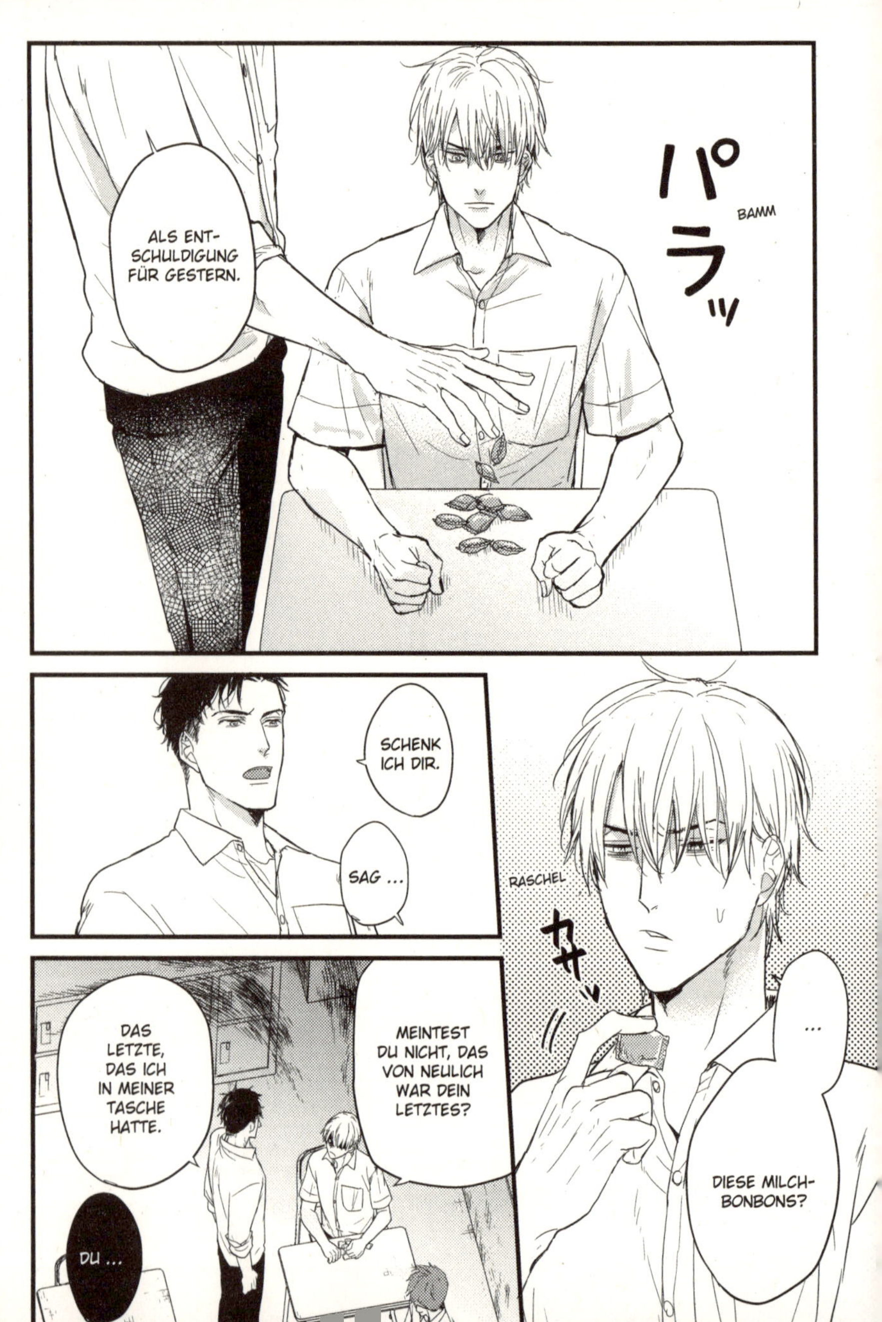
パラッ
BAMM
ALS ENT-SCHULDIGUNG FÜR GESTERN.
カサッ
RASCHEL
SCHENK ICH DIR.
SAG …
…
DIESE MILCH-BONBONS?
MEINTEST DU NICHT, DAS VON NEULICH WAR DEIN LETZTES?
DAS LETZTE, DAS ICH IN MEINER TASCHE HATTE.
DU …

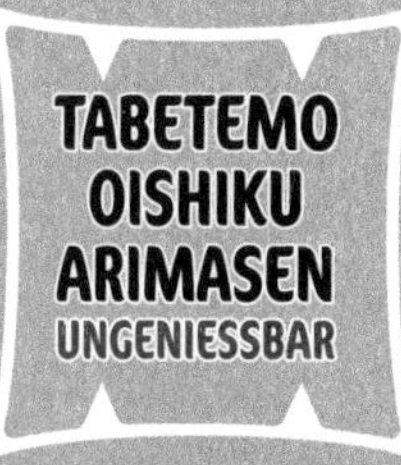
TABETEMO
OISHIKU
ARIMASEN
UNGENIESSBAR

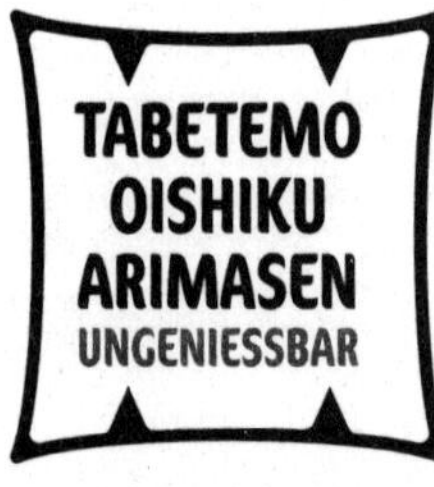
TABETEMO
OISHIKU
ARIMASEN
UNGENIESSBAR

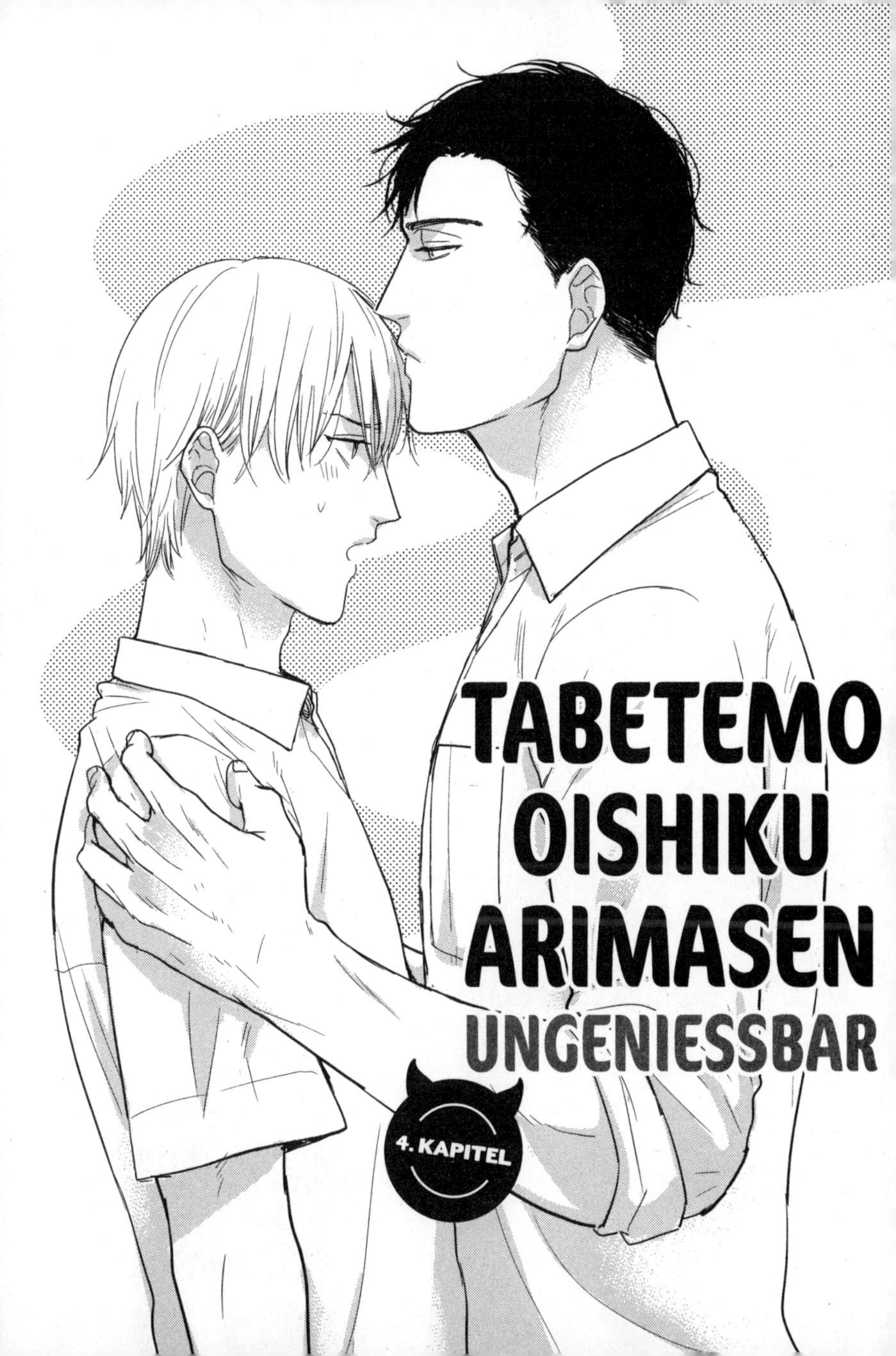
TABETEMO
OISHIKU
ARIMASEN
UNGENIESSBAR
4. KAPITEL

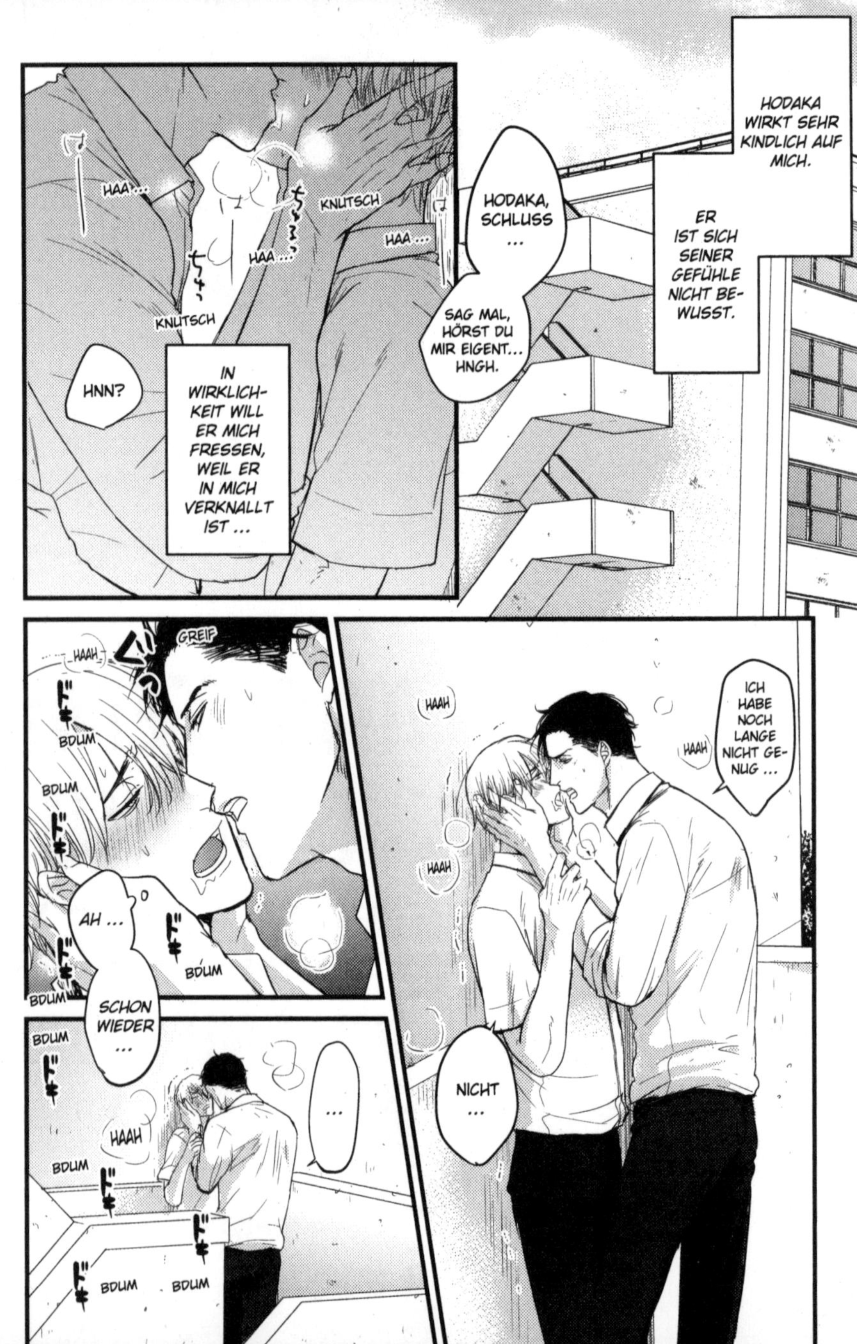

HODAKA WIRKT SEHR KINDLICH AUF MICH.
ER IST SICH SEINER GEFÜHLE NICHT BE-WUSST.
HODAKA, SCHLUSS …
SAG MAL, HÖRST DU MIR EIGENT… HNGH.
HAA …
KNUTSCH
HAA …
HAA …
KNUTSCH
IN WIRKLICH-KEIT WILL ER MICH FRESSEN, WEIL ER IN MICH VERKNALLT IST …
HNN?
ICH HABE NOCH LANGE NICHT GE-NUG …
HAAH
HAAH
HAAH
NICHT …
GREIF
HAAH
BDUM
BDUM
AH …
SCHON WIEDER …
BDUM
BDUM
BDUM
…
HAAH
BDUM
BDUM
BDUM

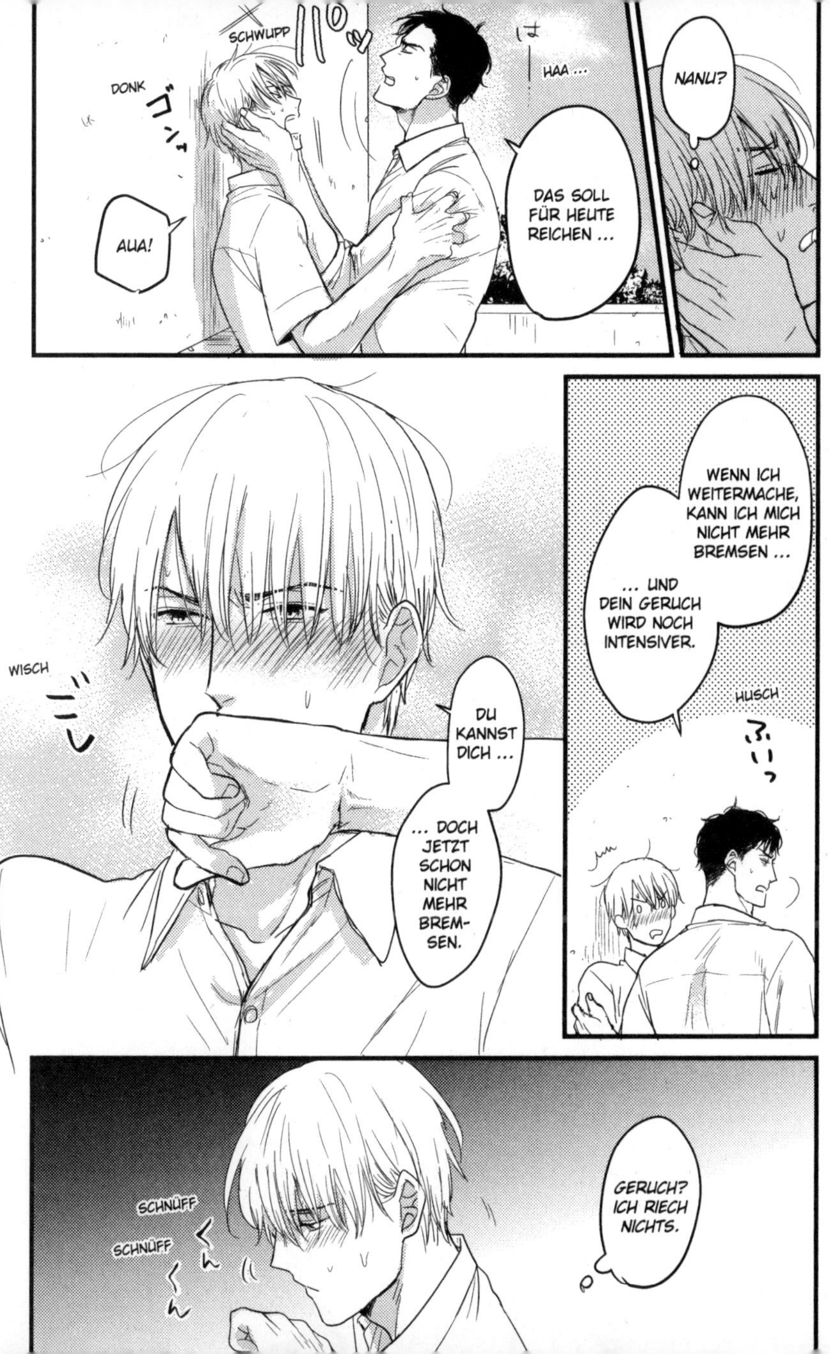
NANU?
HAA …
DAS SOLL FÜR HEUTE REICHEN …
SCHWUPP
DONK
AUA!
WENN ICH WEITERMACHE, KANN ICH MICH NICHT MEHR BREMSEN …
… UND DEIN GERUCH WIRD NOCH INTENSIVER.
HUSCH
DU KANNST DICH …
… DOCH JETZT SCHON NICHT MEHR BREMSEN.
WISCH
GERUCH? ICH RIECH NICHTS.
SCHNÜFF
SCHNÜFF

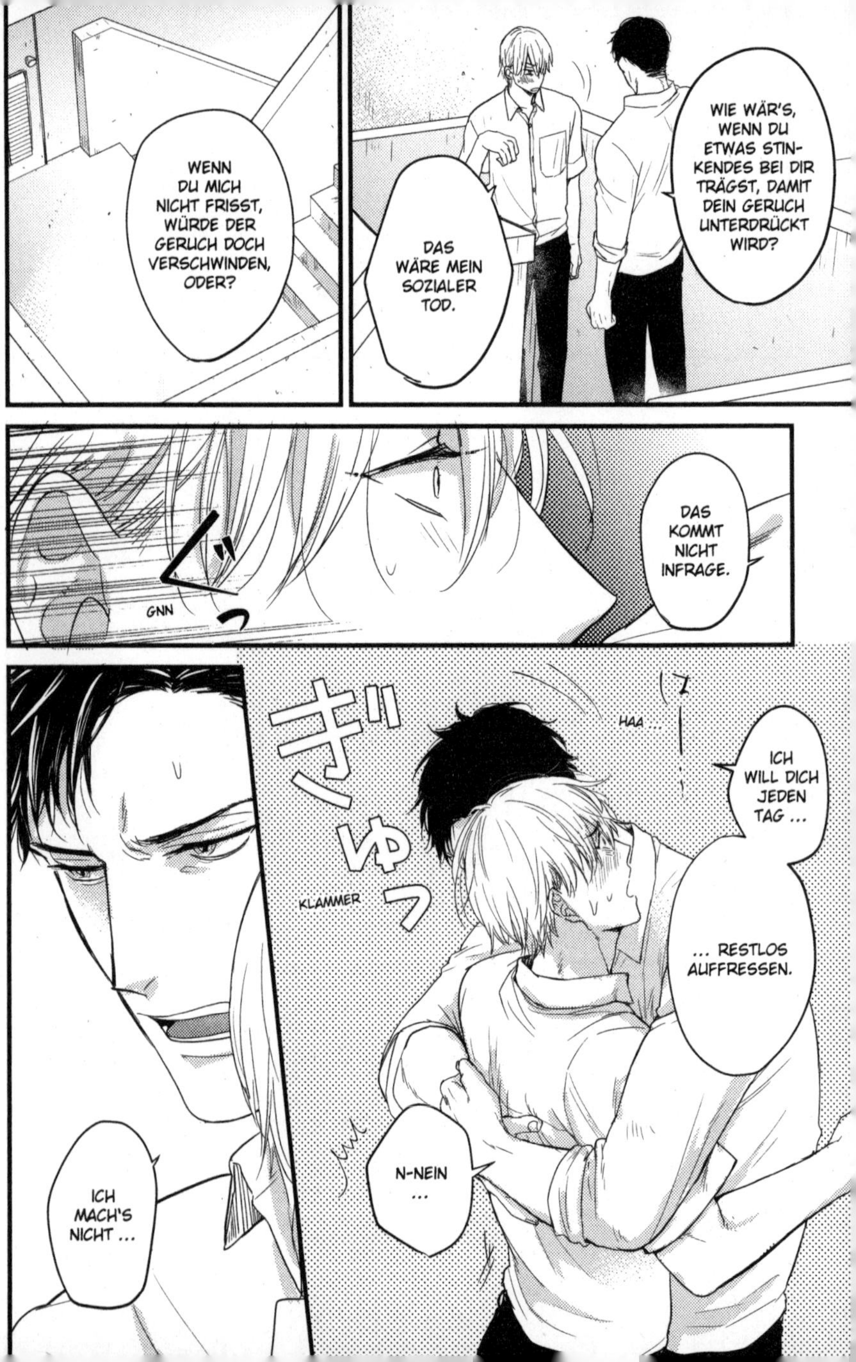

WIE WÄR'S, WENN DU ETWAS STINKENDES BEI DIR TRÄGST, DAMIT DEIN GERUCH UNTERDRÜCKT WIRD?

DAS WÄRE MEIN SOZIALER TOD.

WENN DU MICH NICHT FRISST, WÜRDE DER GERUCH DOCH VERSCHWINDEN, ODER?

DAS KOMMT NICHT INFRAGE.

ぐっ

GNN

HAA ...

ICH WILL DICH JEDEN TAG ...

... RESTLOS AUFFRESSEN.

ぎゅっ

KLAMMER

N-NEIN ...

ICH MACH'S NICHT ...

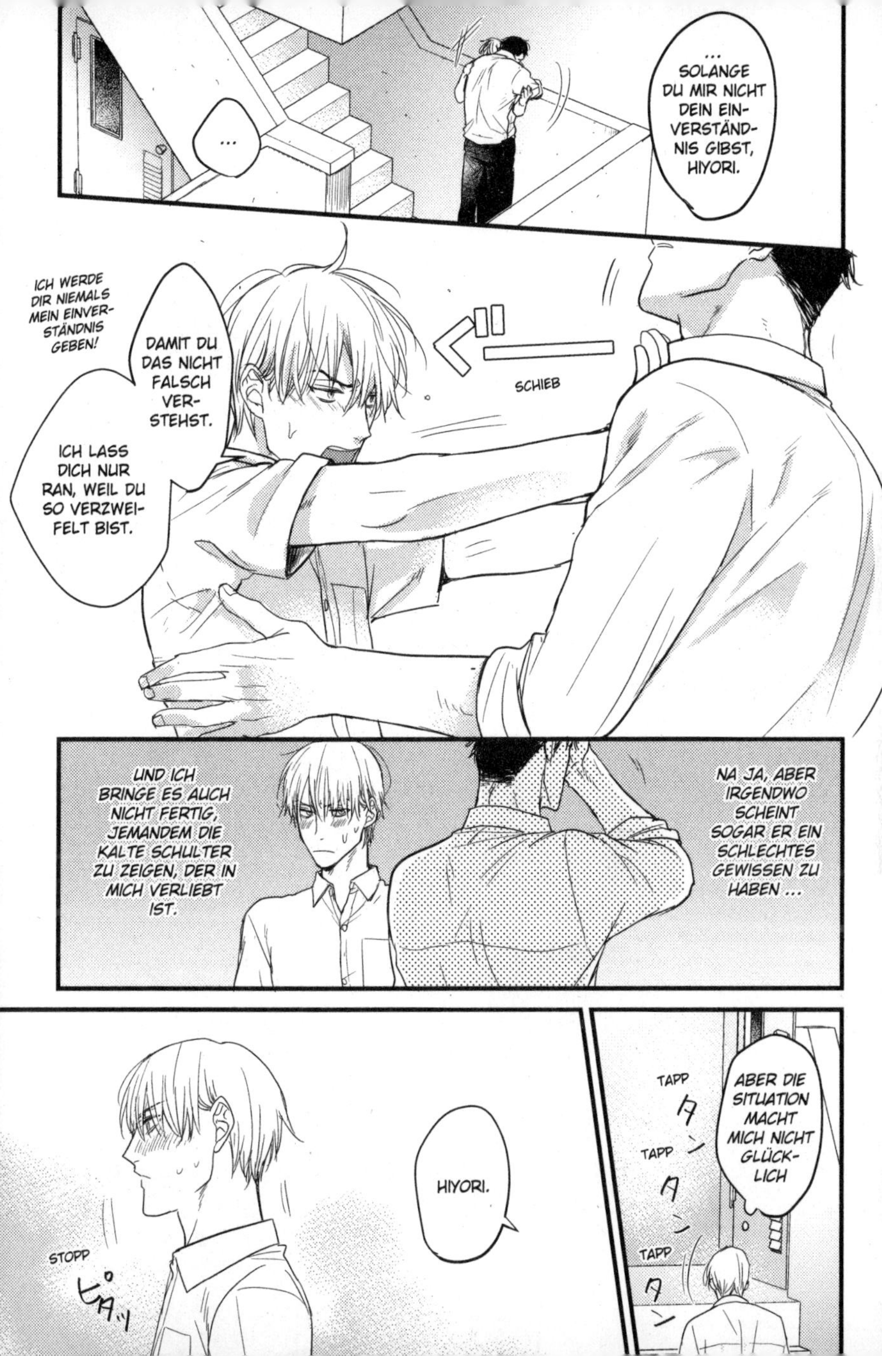
... Solange du mir nicht dein Einverständnis gibst, Hiyori.
...
Schieb
Damit du das nicht falsch verstehst.
Ich lass dich nur ran, weil du so verzweifelt bist.
Ich werde dir niemals mein Einverständnis geben!
Na ja, aber irgendwo scheint sogar er ein schlechtes Gewissen zu haben ...
Und ich bringe es auch nicht fertig, jemandem die kalte Schulter zu zeigen, der in mich verliebt ist.
Aber die Situation macht mich nicht glücklich
Tapp
Tapp
Tapp
Hiyori.
Stopp

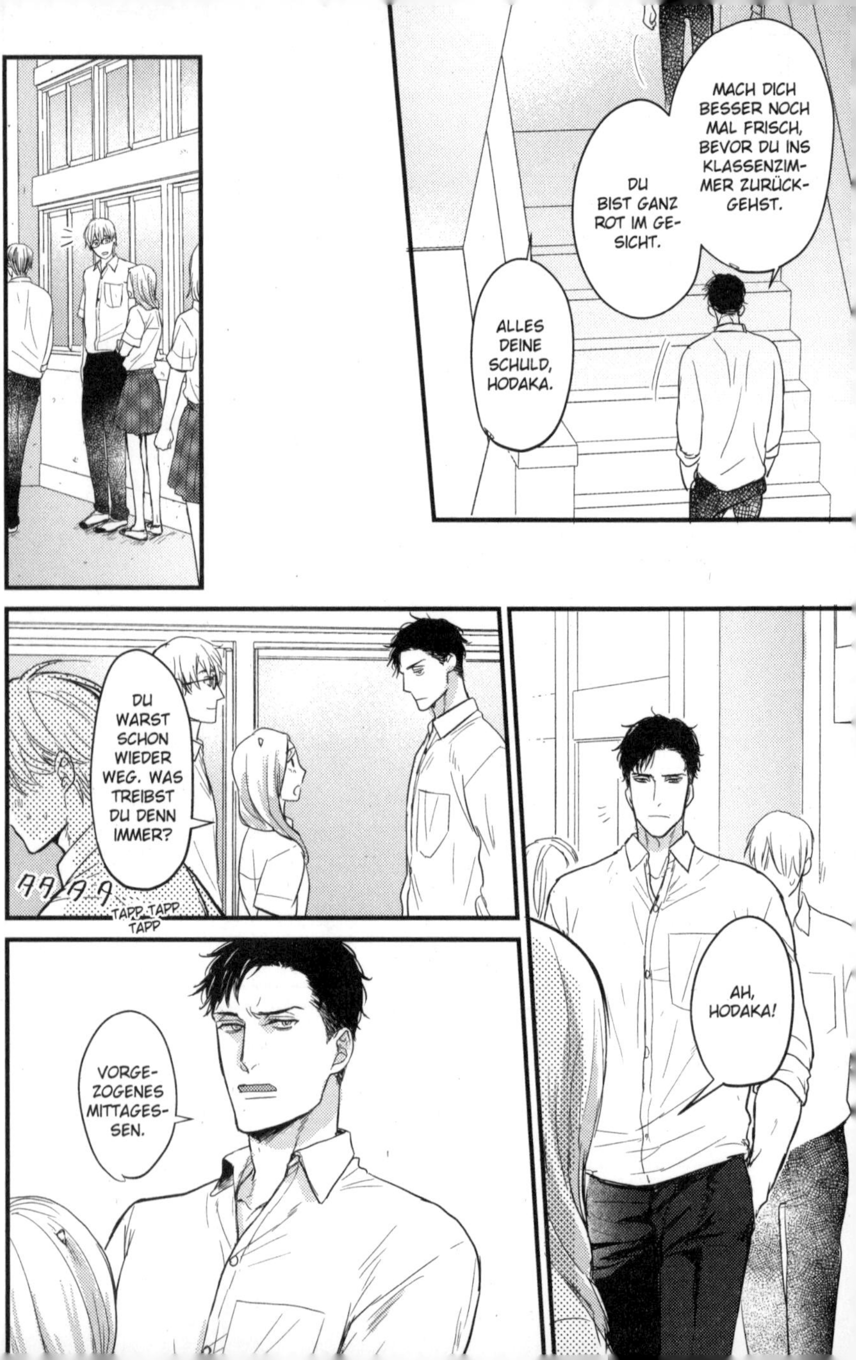

MACH DICH BESSER NOCH MAL FRISCH, BEVOR DU INS KLASSENZIMMER ZURÜCKGEHST.
DU BIST GANZ ROT IM GESICHT.
ALLES DEINE SCHULD, HODAKA.
AH, HODAKA!
DU WARST SCHON WIEDER WEG. WAS TREIBST DU DENN IMMER?
TAPP TAPP TAPP
VORGEZOGENES MITTAGESSEN.

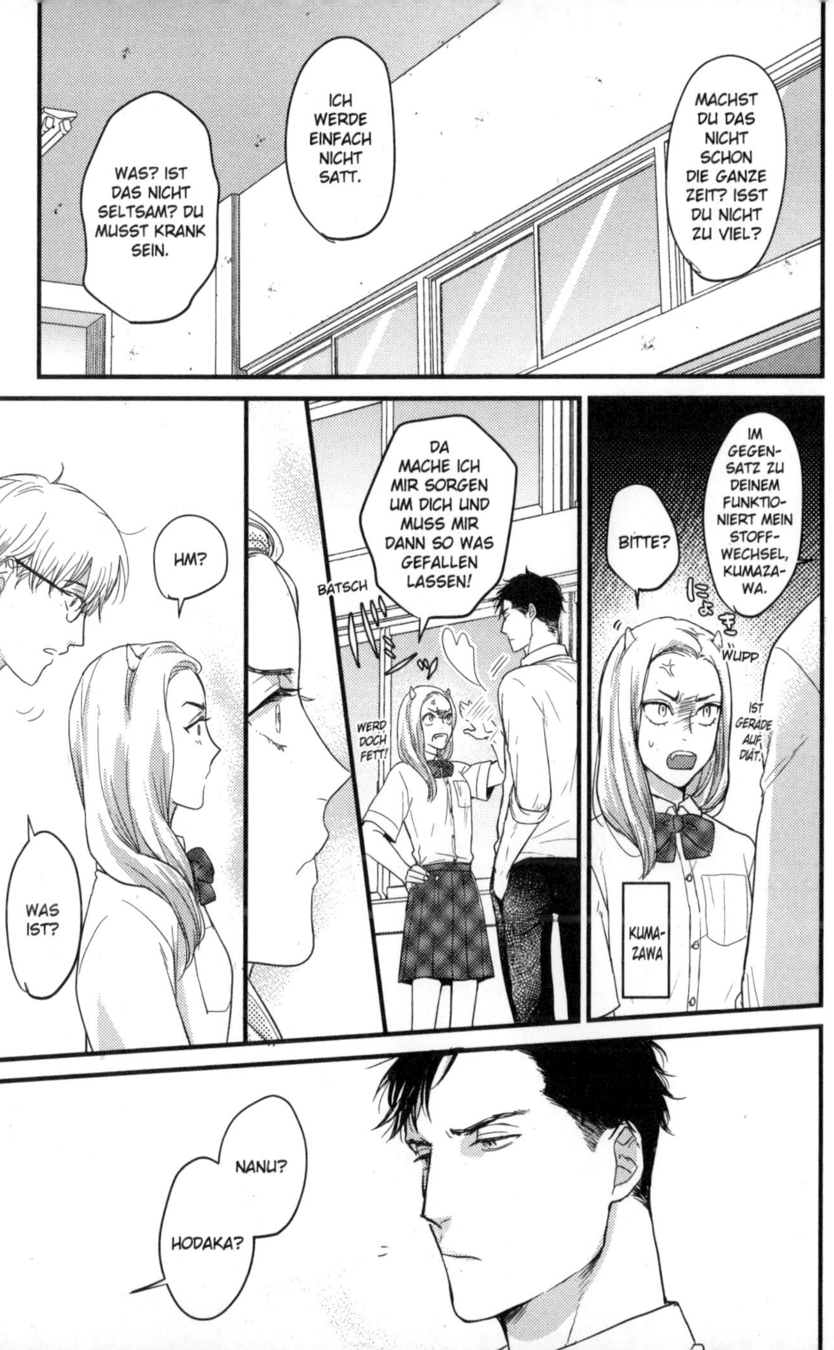
MACHST DU DAS NICHT SCHON DIE GANZE ZEIT? ISST DU NICHT ZU VIEL?
ICH WERDE EINFACH NICHT SATT.
WAS? IST DAS NICHT SELTSAM? DU MUSST KRANK SEIN.
IM GEGEN-SATZ ZU DEINEM FUNKTIO-NIERT MEIN STOFF-WECHSEL, KUMAZA-WA.
BITTE?
WUPP
IST GERADE AUF DIÄT.
KUMA-ZAWA
DA MACHE ICH MIR SORGEN UM DICH UND MUSS MIR DANN SO WAS GEFALLEN LASSEN!
BATSCH
WERD DOCH FETT!
HM?
WAS IST?
NANU?
HODAKA?

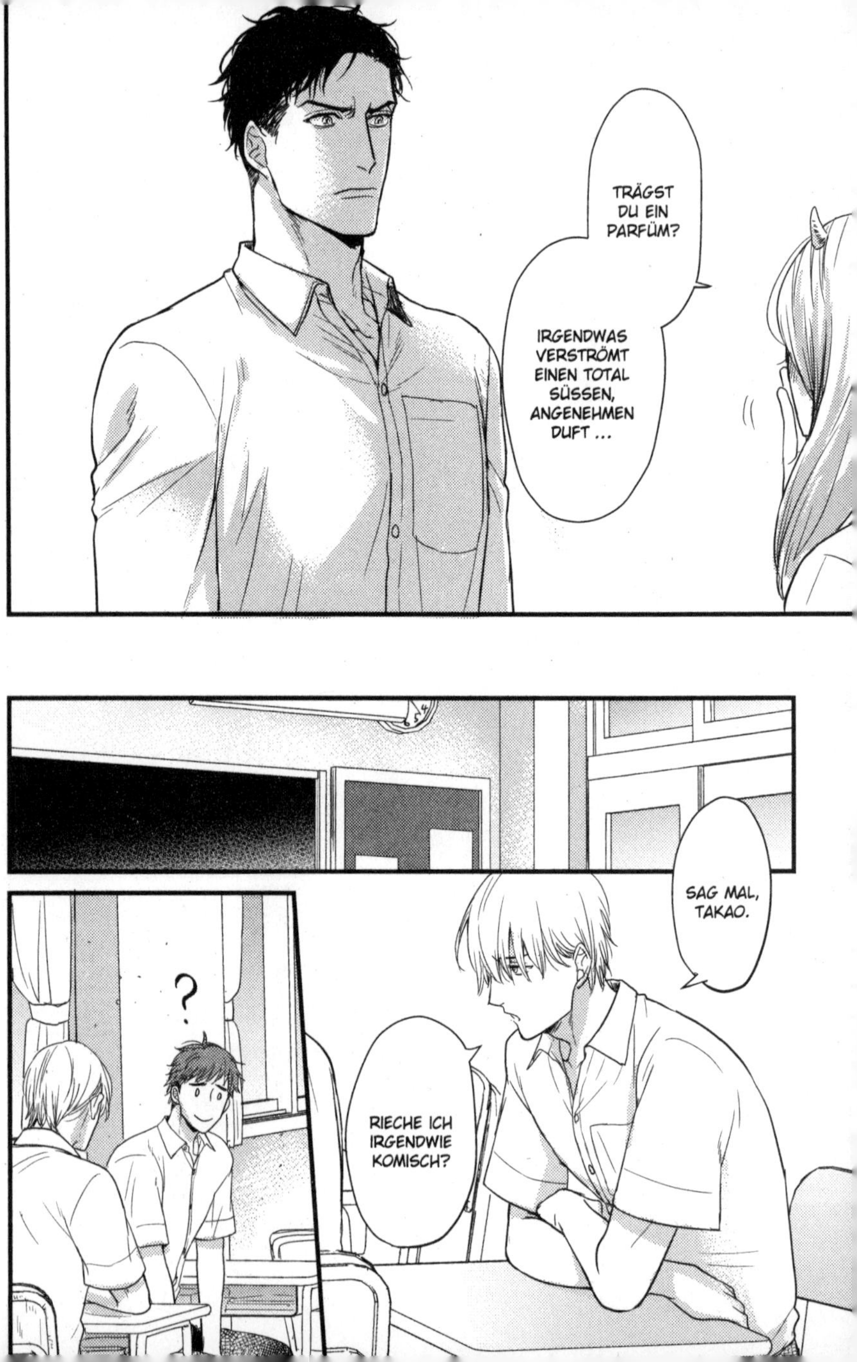

TRÄGST DU EIN PARFÜM?

IRGENDWAS VERSTRÖMT EINEN TOTAL SÜSSEN, ANGENEHMEN DUFT …

SAG MAL, TAKAO.

RIECHE ICH IRGENDWIE KOMISCH?

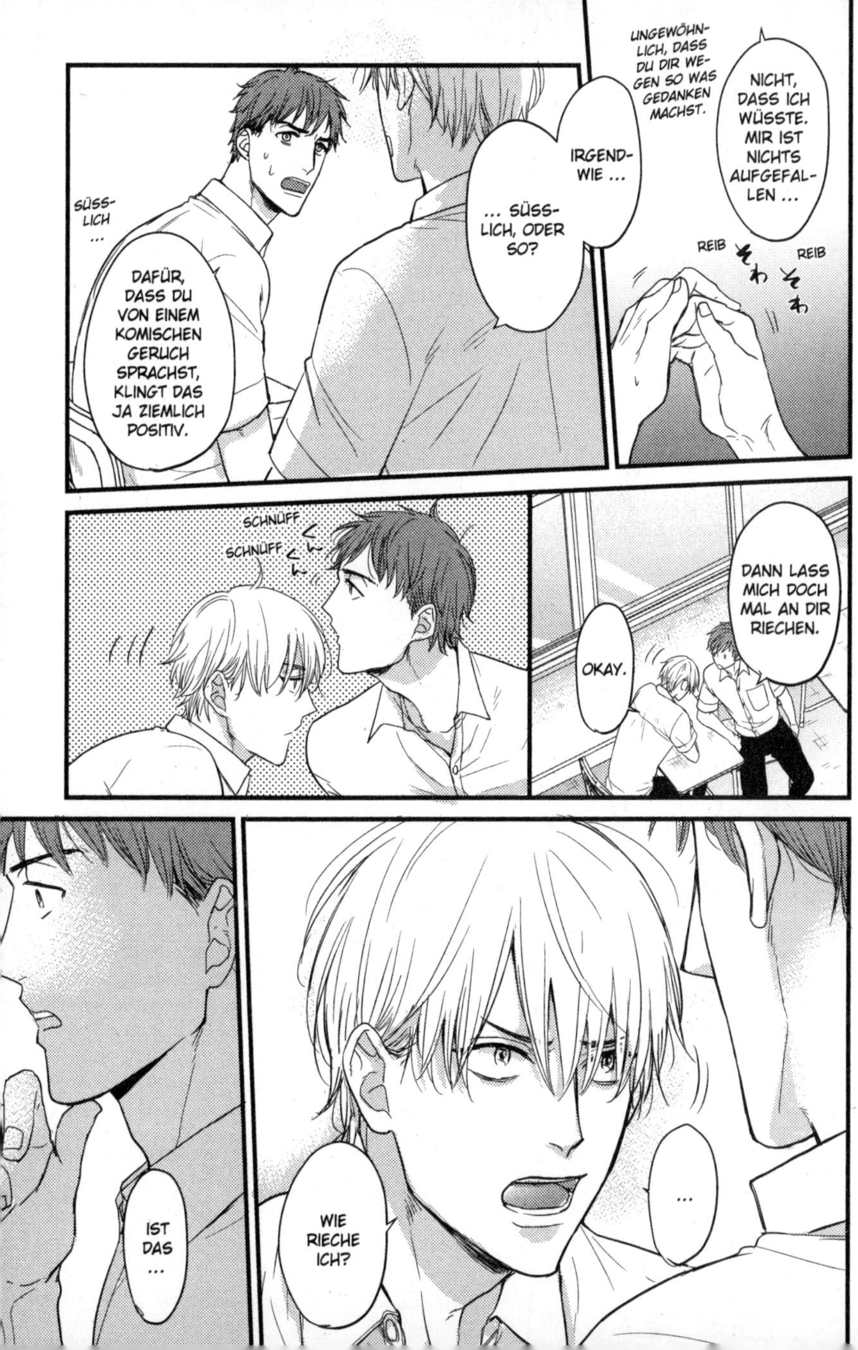

NICHT, DASS ICH WÜSSTE. MIR IST NICHTS AUFGEFALLEN …
UNGEWÖHNLICH, DASS DU DIR WEGEN SO WAS GEDANKEN MACHST.
REIB REIB
IRGENDWIE …
… SÜSSLICH, ODER SO?
SÜSSLICH …
DAFÜR, DASS DU VON EINEM KOMISCHEN GERUCH SPRACHST, KLINGT DAS JA ZIEMLICH POSITIV.
DANN LASS MICH DOCH MAL AN DIR RIECHEN.
OKAY.
SCHNÜFF
SCHNÜFF
…
WIE RIECHE ICH?
IST DAS …

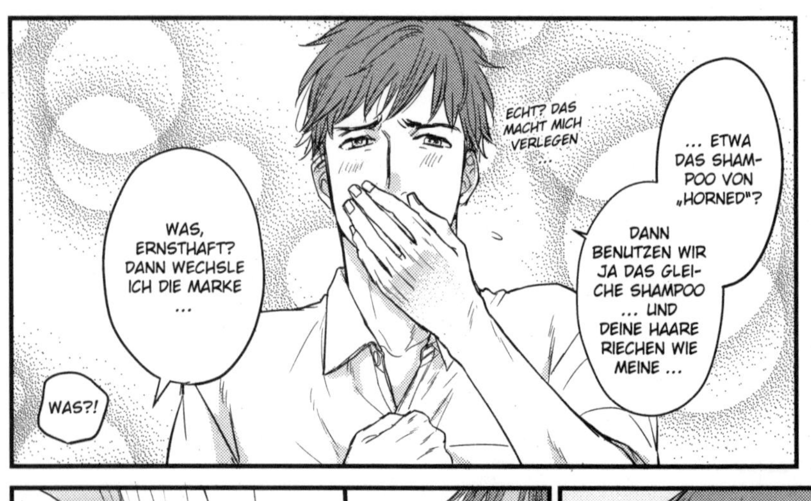
... ETWA DAS SHAMPOO VON „HORNED"?
DANN BENUTZEN WIR JA DAS GLEICHE SHAMPOO ... UND DEINE HAARE RIECHEN WIE MEINE ...
ECHT? DAS MACHT MICH VERLEGEN ...
WAS, ERNSTHAFT? DANN WECHSLE ICH DIE MARKE ...
WAS?!

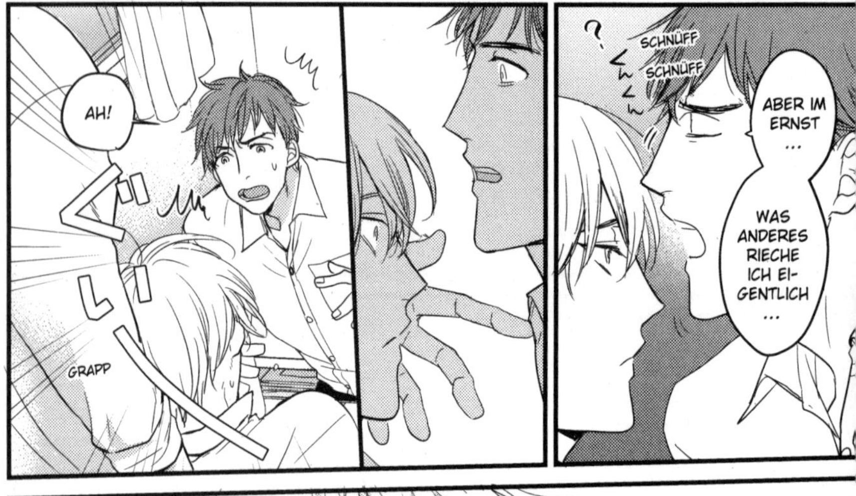
SCHNÜFF
SCHNÜFF
ABER IM ERNST ...
WAS ANDERES RIECHE ICH EIGENTLICH ...
AH!
GRAPP

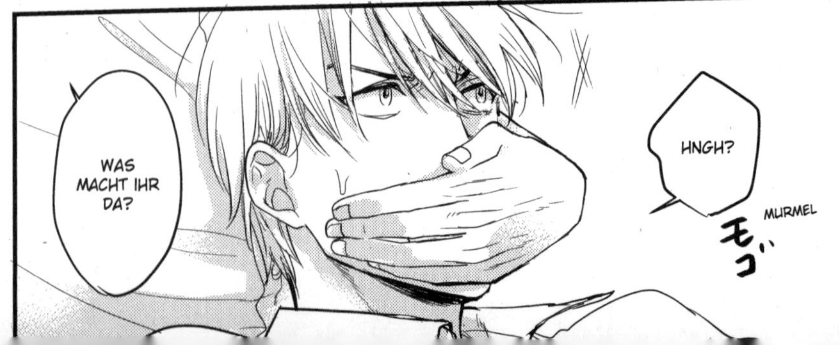
HNGH?
MURMEL
WAS MACHT IHR DA?

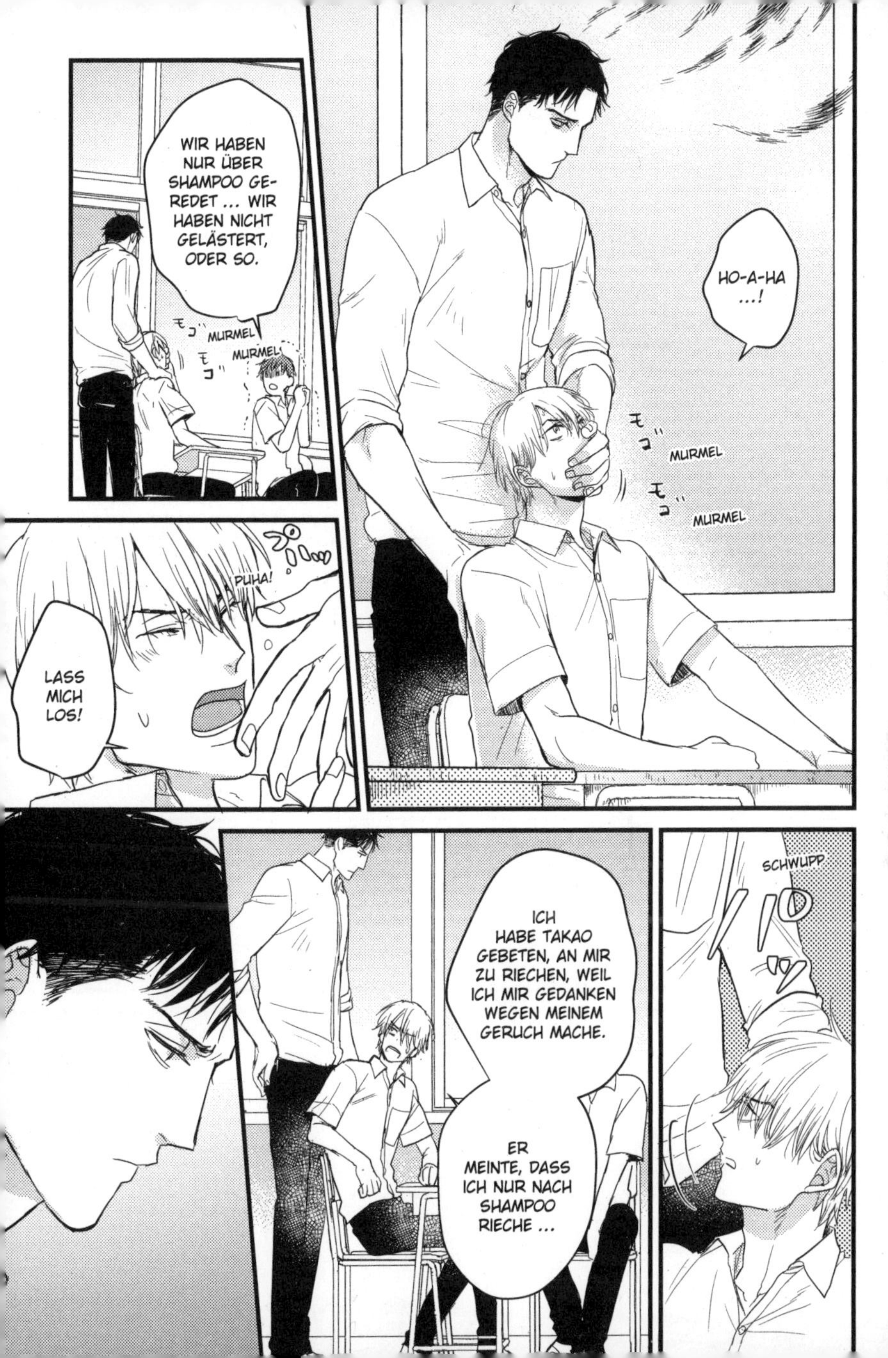
HO-A-HA …!
MURMEL
MURMEL
WIR HABEN NUR ÜBER SHAMPOO GE-REDET … WIR HABEN NICHT GELÄSTERT, ODER SO.
MURMEL
MURMEL
PUHA!
LASS MICH LOS!
SCHWUPP
ICH HABE TAKAO GEBETEN, AN MIR ZU RIECHEN, WEIL ICH MIR GEDANKEN WEGEN MEINEM GERUCH MACHE.
ER MEINTE, DASS ICH NUR NACH SHAMPOO RIECHE …

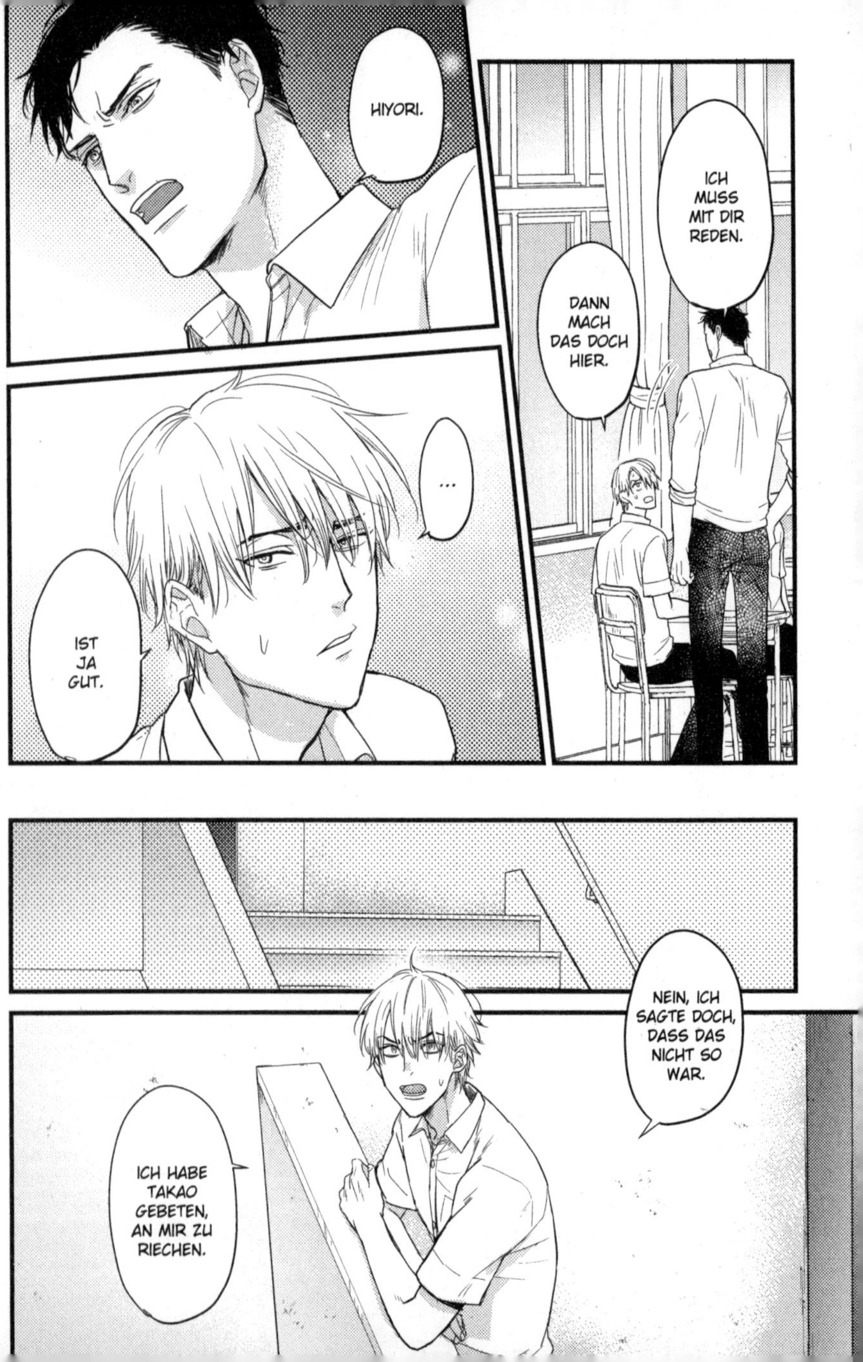

ICH MUSS MIT DIR REDEN.

DANN MACH DAS DOCH HIER.

HIYORI.

...

IST JA GUT.

NEIN, ICH SAGTE DOCH, DASS DAS NICHT SO WAR.

ICH HABE TAKAO GEBETEN, AN MIR ZU RIECHEN.

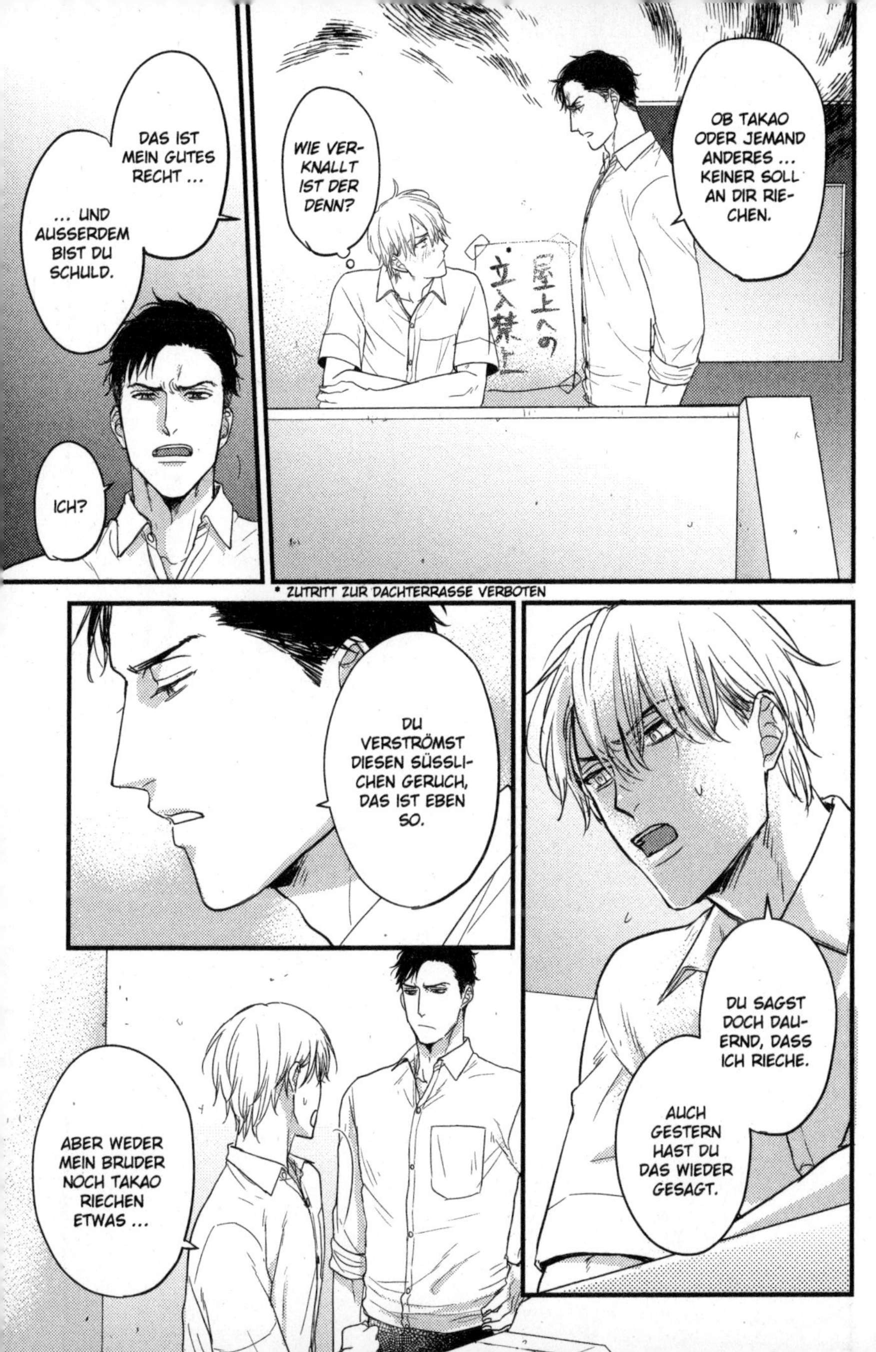

* ZUTRITT ZUR DACHTERRASSE VERBOTEN

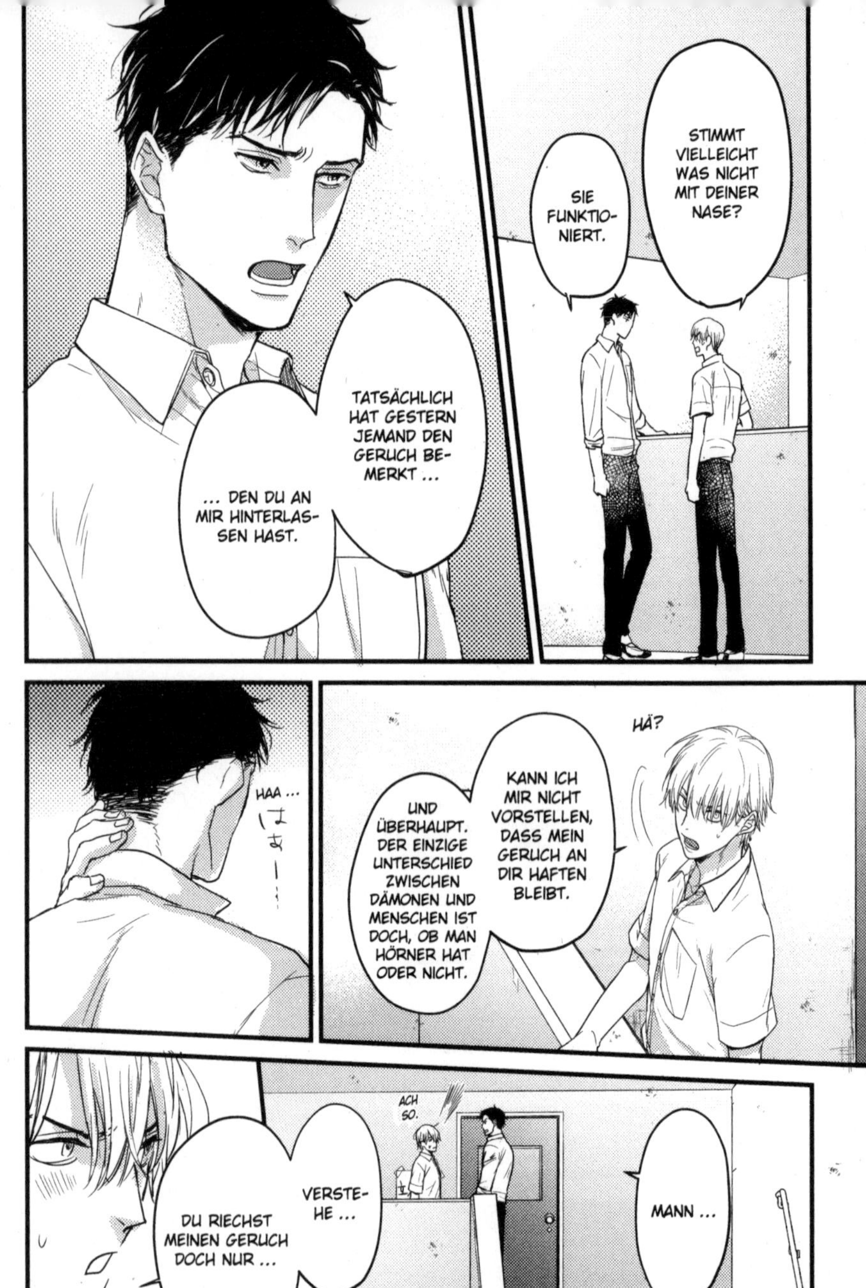
STIMMT VIELLEICHT WAS NICHT MIT DEINER NASE?
SIE FUNKTIONIERT.
TATSÄCHLICH HAT GESTERN JEMAND DEN GERUCH BEMERKT …
… DEN DU AN MIR HINTERLASSEN HAST.
HÄ?
KANN ICH MIR NICHT VORSTELLEN, DASS MEIN GERUCH AN DIR HAFTEN BLEIBT.
UND ÜBERHAUPT. DER EINZIGE UNTERSCHIED ZWISCHEN DÄMONEN UND MENSCHEN IST DOCH, OB MAN HÖRNER HAT ODER NICHT.
HAA …
はぁー…
MANN …
ACH SO.
VERSTEHE …
DU RIECHST MEINEN GERUCH DOCH NUR …

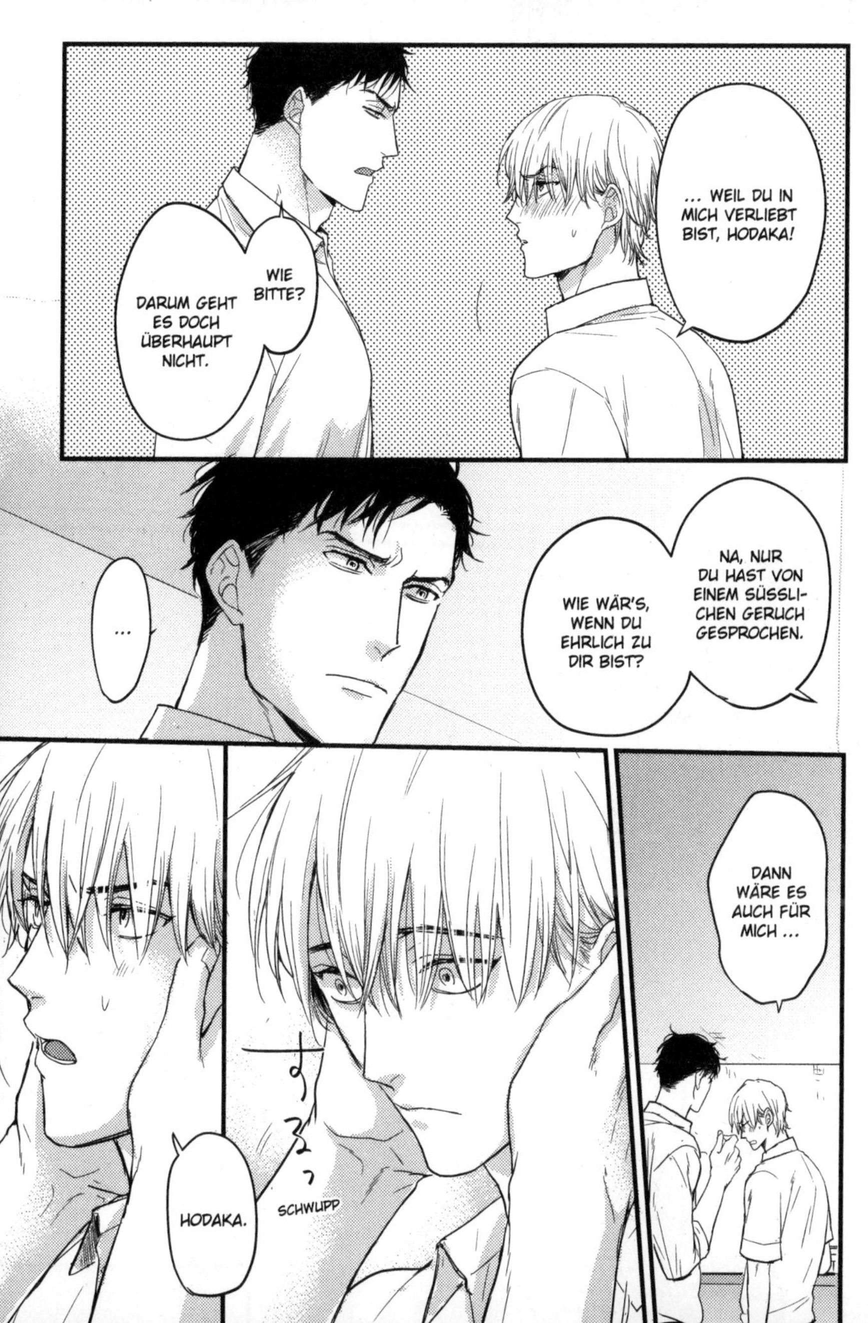
… WEIL DU IN MICH VERLIEBT BIST, HODAKA!
WIE BITTE?
DARUM GEHT ES DOCH ÜBERHAUPT NICHT.
NA, NUR DU HAST VON EINEM SÜSSLI-CHEN GERUCH GESPROCHEN.
WIE WÄR'S, WENN DU EHRLICH ZU DIR BIST?
…
DANN WÄRE ES AUCH FÜR MICH …
すっ
SCHWUPP
HODAKA.

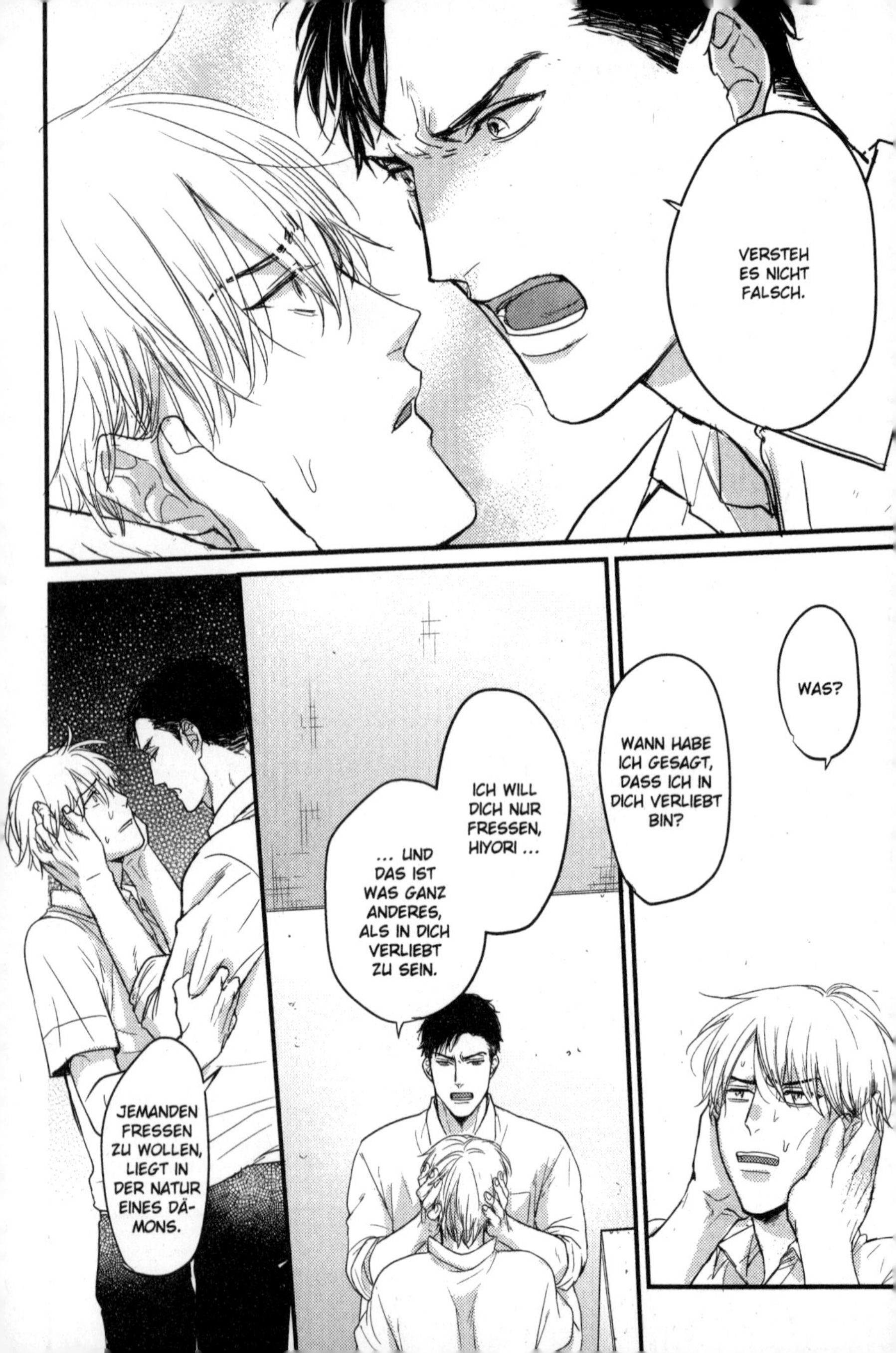
VERSTEH ES NICHT FALSCH.
WAS?
WANN HABE ICH GESAGT, DASS ICH IN DICH VERLIEBT BIN?
ICH WILL DICH NUR FRESSEN, HIYORI …
… UND DAS IST WAS GANZ ANDERES, ALS IN DICH VERLIEBT ZU SEIN.
JEMANDEN FRESSEN ZU WOLLEN, LIEGT IN DER NATUR EINES DÄ-MONS.

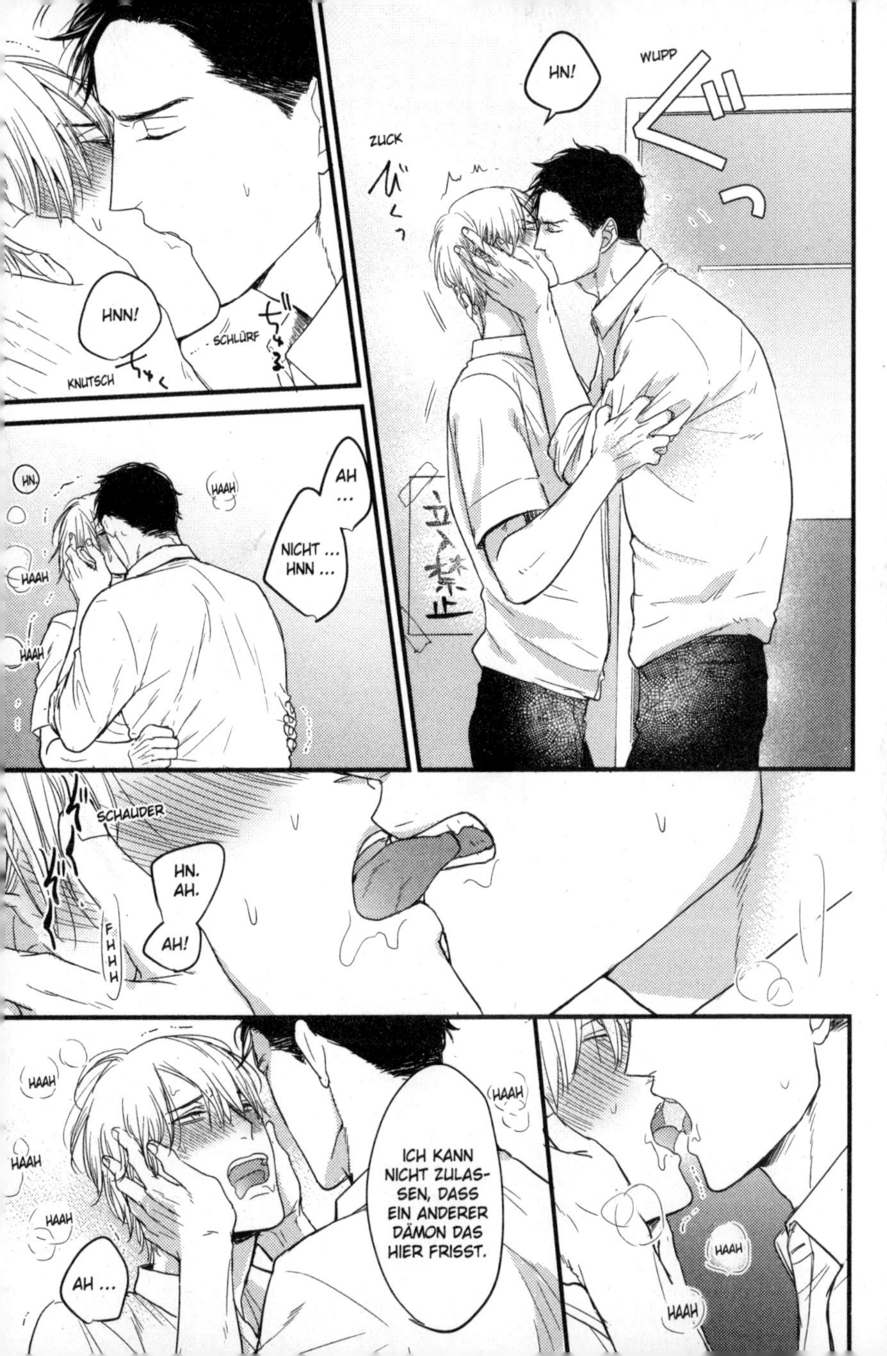
HN!
WUPP
ZUCK
HNN!
SCHLÜRF
KNUTSCH
AH … NICHT … HNN …
HAAH
HN.
HAAH
HAAH
SCHAUDER
HN. AH. AH!
FHHHH
HAAH
HAAH
HAAH
ICH KANN NICHT ZULASSEN, DASS EIN ANDERER DÄMON DAS HIER FRISST.
HAAH
HAAH
HAAH
HAAH
AH …

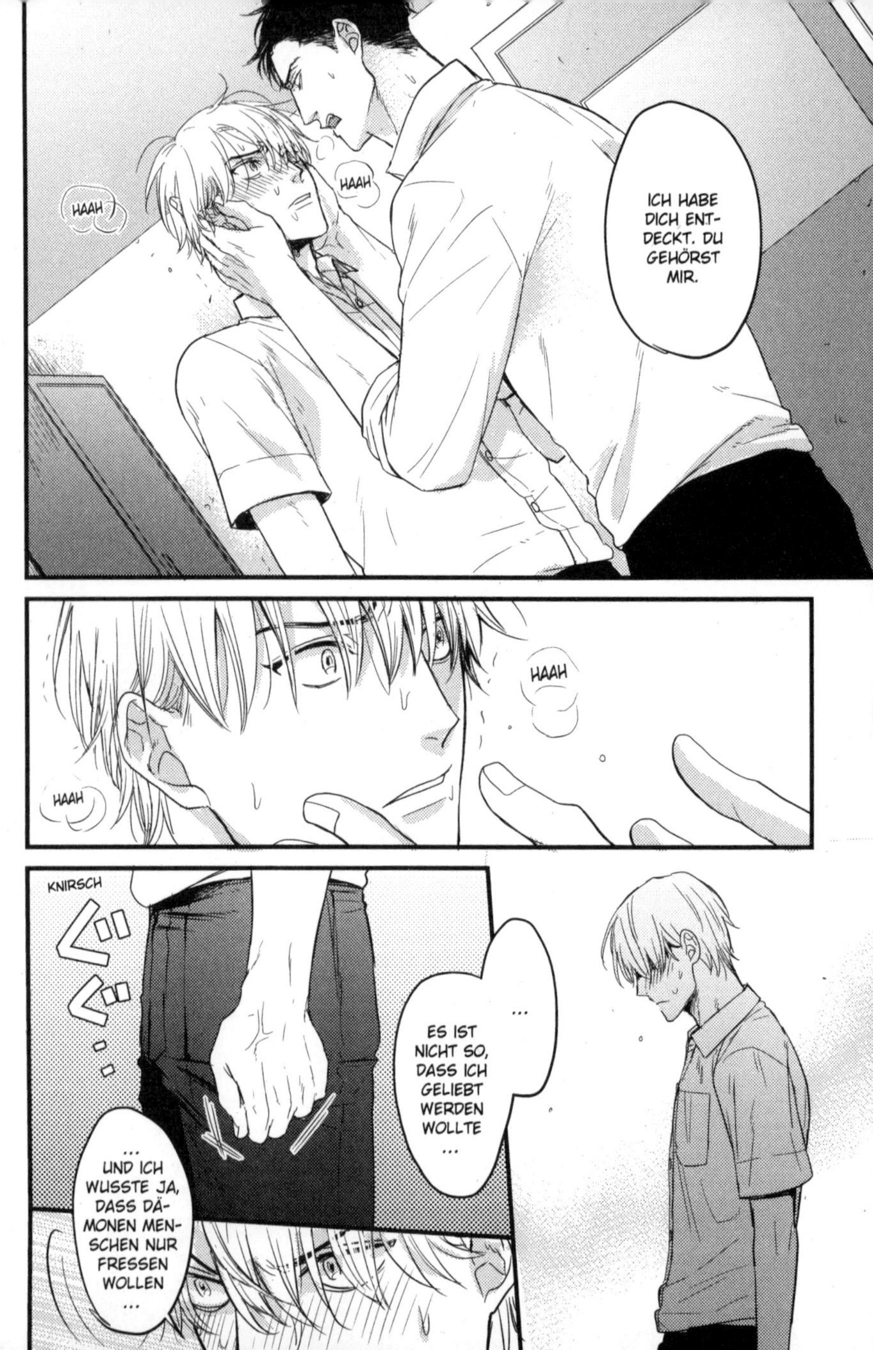
ICH HABE DICH ENT-DECKT. DU GEHÖRST MIR.
HAAH
HAAH
HAAH
HAAH
KNIRSCH
... ES IST NICHT SO, DASS ICH GELIEBT WERDEN WOLLTE ...
... UND ICH WUSSTE JA, DASS DÄMONEN MENSCHEN NUR FRESSEN WOLLEN ...

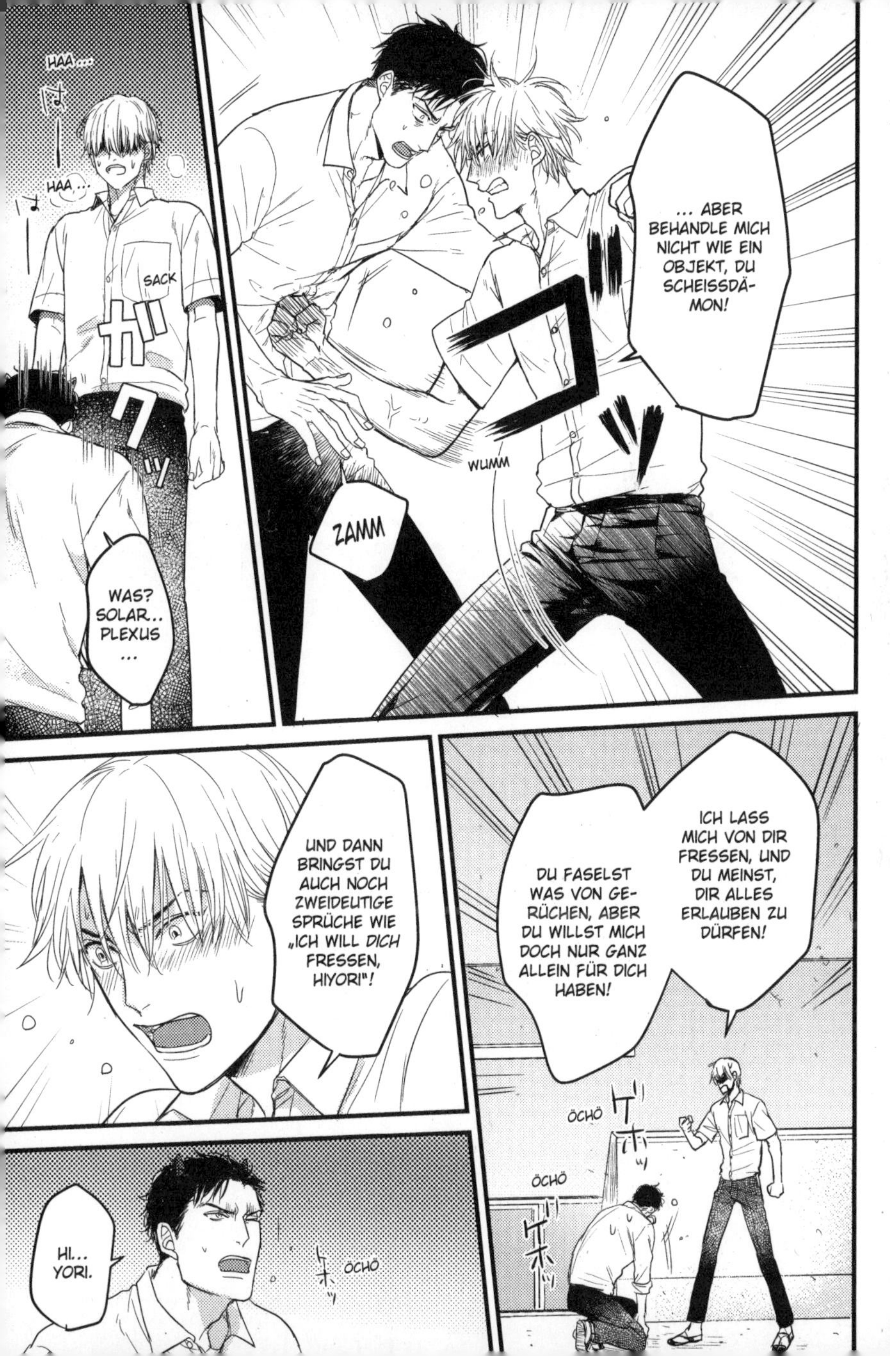
... ABER BEHANDLE MICH NICHT WIE EIN OBJEKT, DU SCHEISSDÄMON!
WUMM
ZAMM
HAA ...
HAA ...
SACK
WAS? SOLAR... PLEXUS ...
ICH LASS MICH VON DIR FRESSEN, UND DU MEINST, DIR ALLES ERLAUBEN ZU DÜRFEN!
DU FASELST WAS VON GE-RÜCHEN, ABER DU WILLST MICH DOCH NUR GANZ ALLEIN FÜR DICH HABEN!
ÖCHÖ
ÖCHÖ
UND DANN BRINGST DU AUCH NOCH ZWEIDEUTIGE SPRÜCHE WIE „ICH WILL DICH FRESSEN, HIYORI"!
ÖCHÖ
HI... YORI.

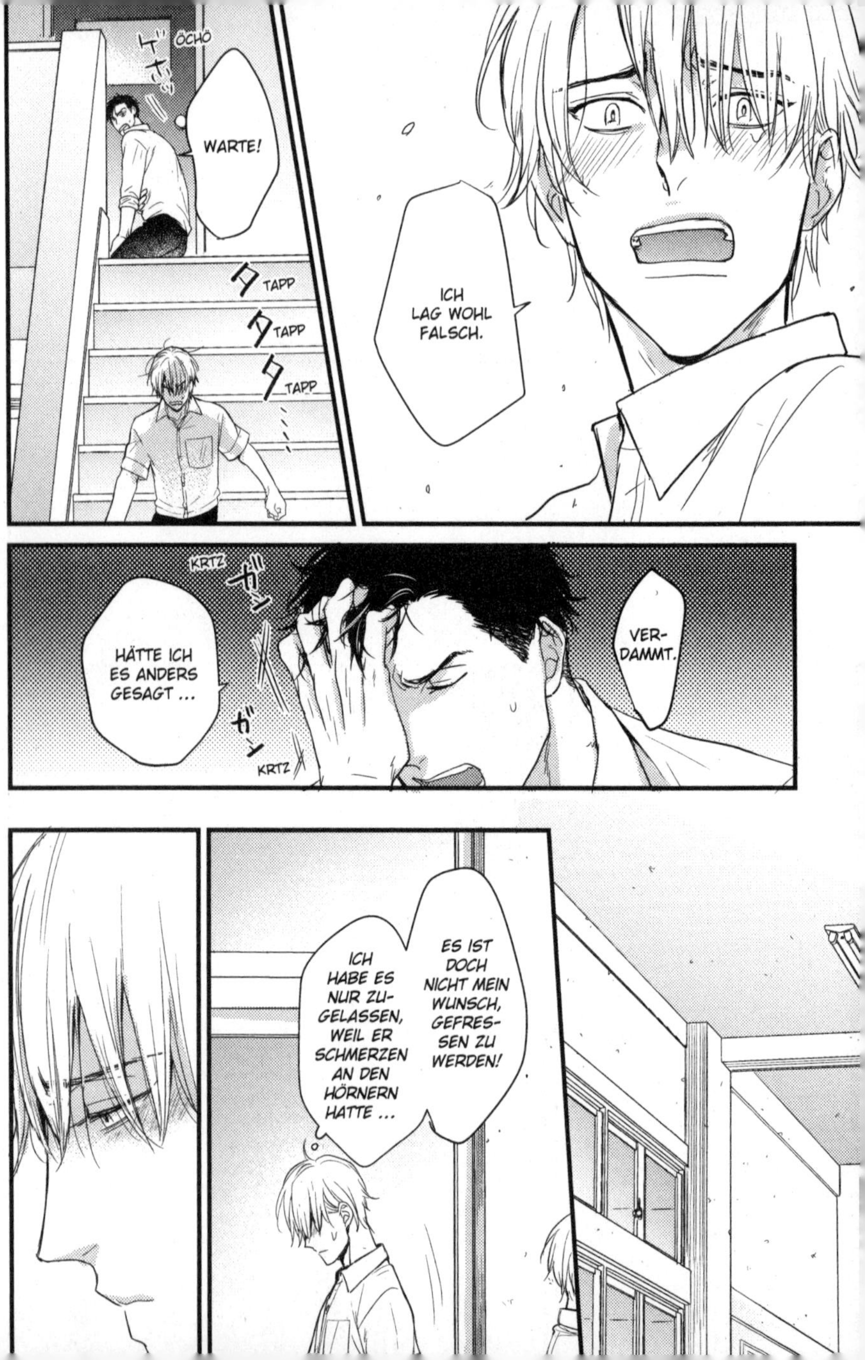

ICH LAG WOHL FALSCH.

ÖCHÖ

WARTE!

TAPP

TAPP

TAPP

VER-DAMMT.

KRTZ

HÄTTE ICH ES ANDERS GESAGT …

KRTZ

ES IST DOCH NICHT MEIN WUNSCH, GEFRES-SEN ZU WERDEN!

ICH HABE ES NUR ZU-GELASSEN, WEIL ER SCHMERZEN AN DEN HÖRNERN HATTE …

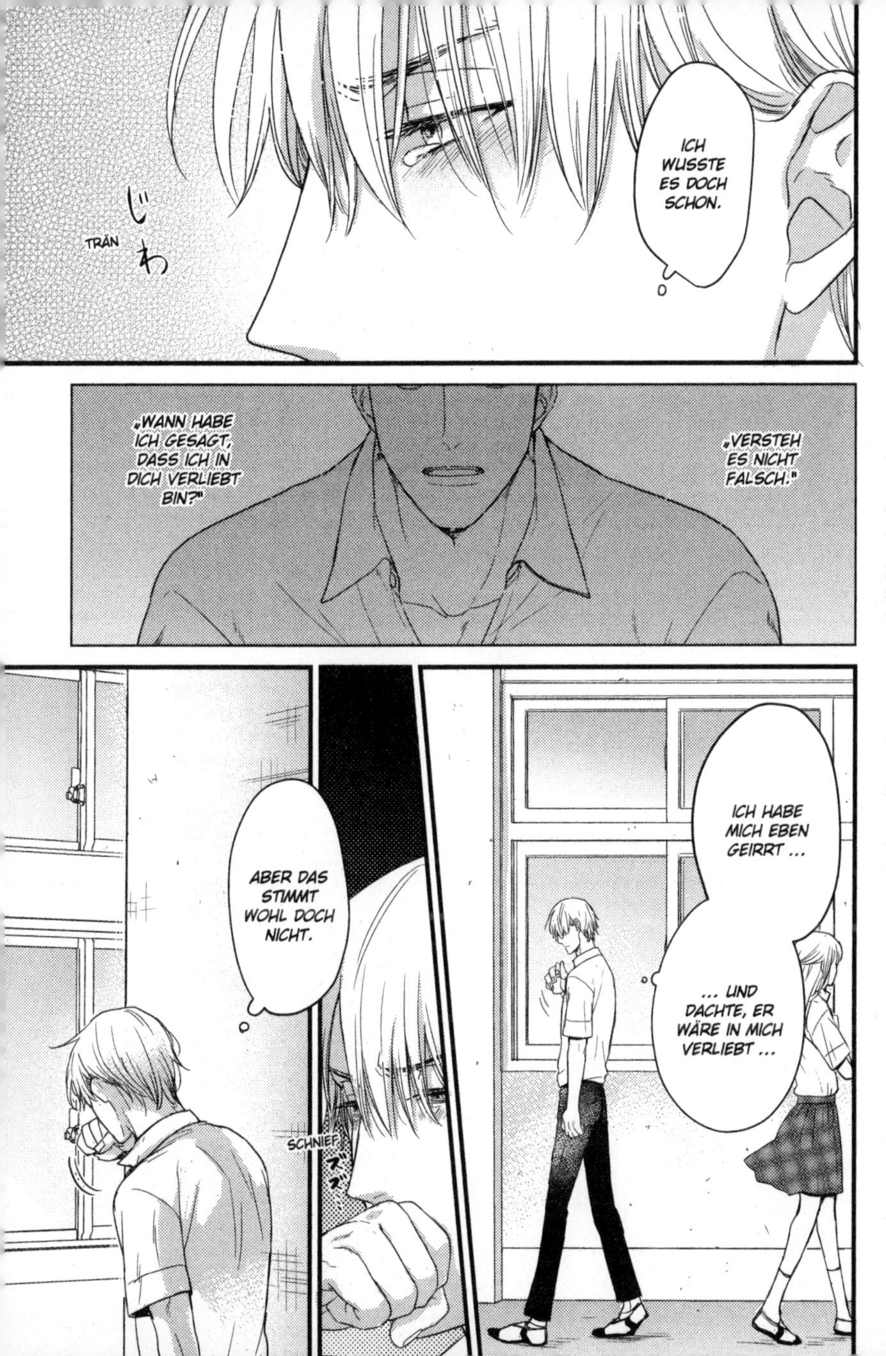
ICH WUSSTE ES DOCH SCHON.
じわ
TRÄN
„VERSTEH ES NICHT FALSCH."
„WANN HABE ICH GESAGT, DASS ICH IN DICH VERLIEBT BIN?"
ICH HABE MICH EBEN GEIRRT …
… UND DACHTE, ER WÄRE IN MICH VERLIEBT …
ABER DAS STIMMT WOHL DOCH NICHT.
ズズ
SCHNIEF

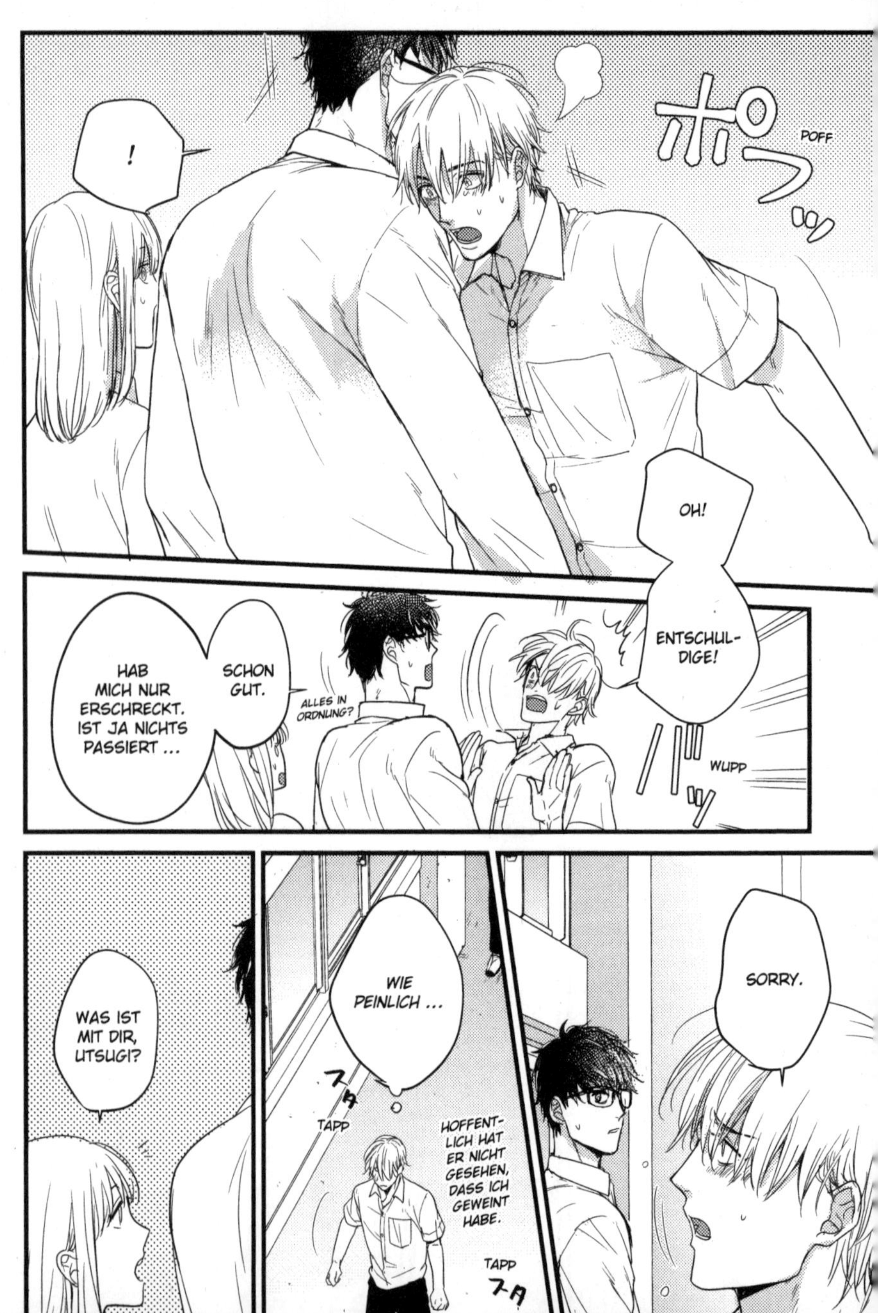

ポフッ
POFF
!
OH!
ENTSCHULDIGE!
バッ
WUPP
ALLES IN ORDNUNG?
SCHON GUT.
HAB MICH NUR ERSCHRECKT. IST JA NICHTS PASSIERT …
SORRY.
HOFFENTLICH HAT ER NICHT GESEHEN, DASS ICH GEWEINT HABE.
スタ
TAPP
WIE PEINLICH …
スタ
TAPP
WAS IST MIT DIR, UTSUGI?

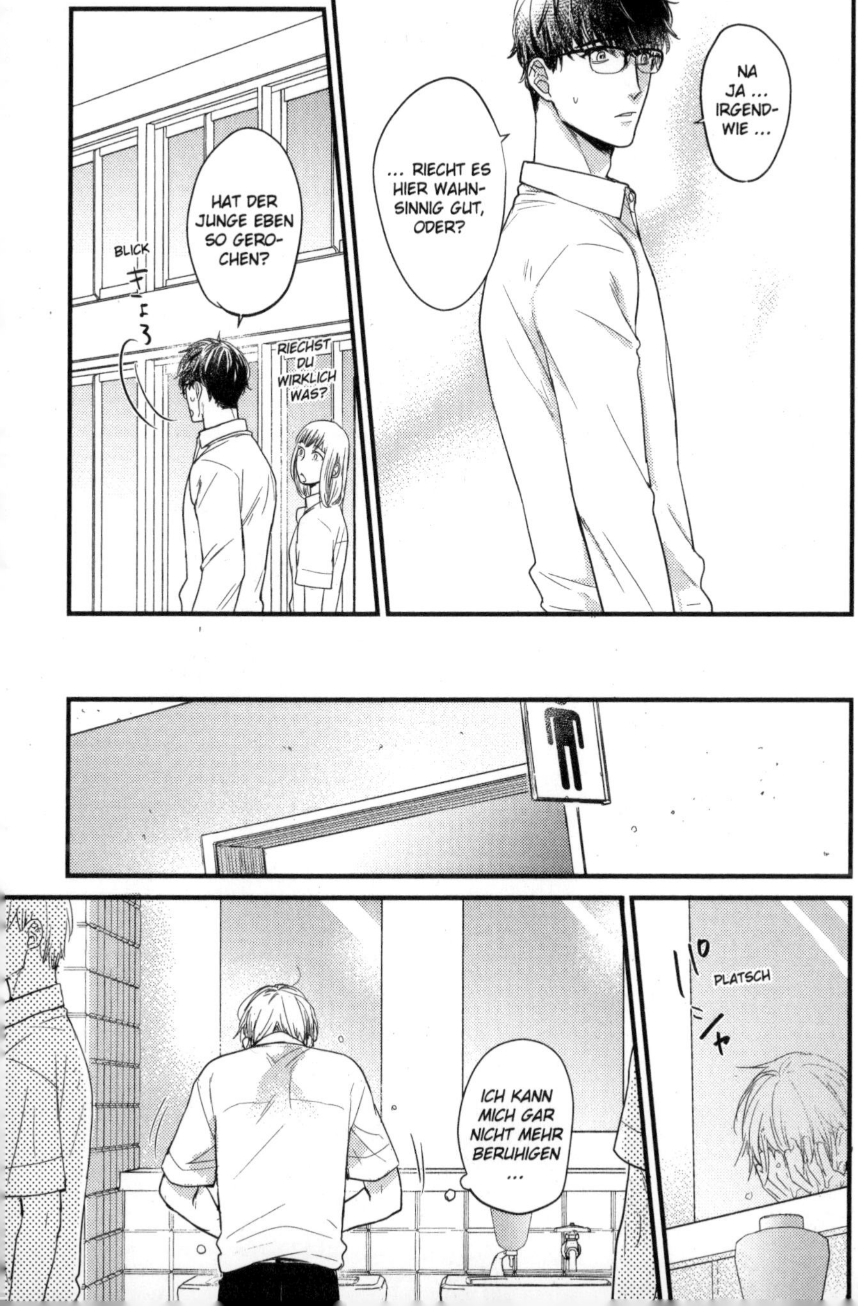

NA JA … IRGEND-WIE …

… RIECHT ES HIER WAHN-SINNIG GUT, ODER?

HAT DER JUNGE EBEN SO GERO-CHEN?

BLICK

RIECHST DU WIRKLICH WAS?

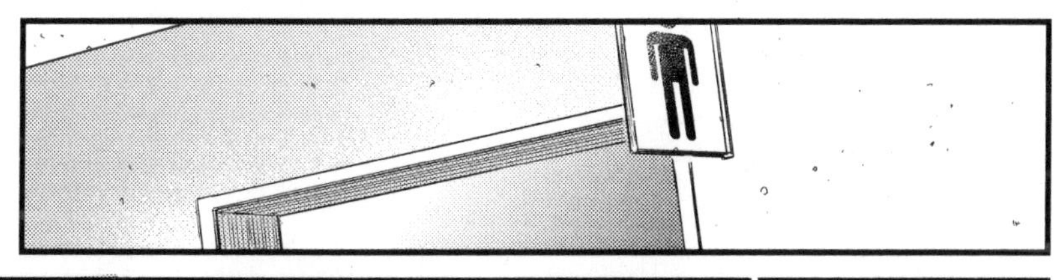

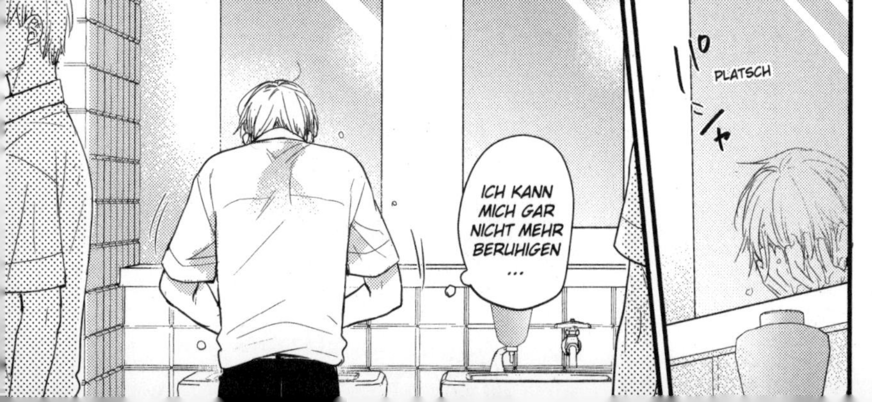

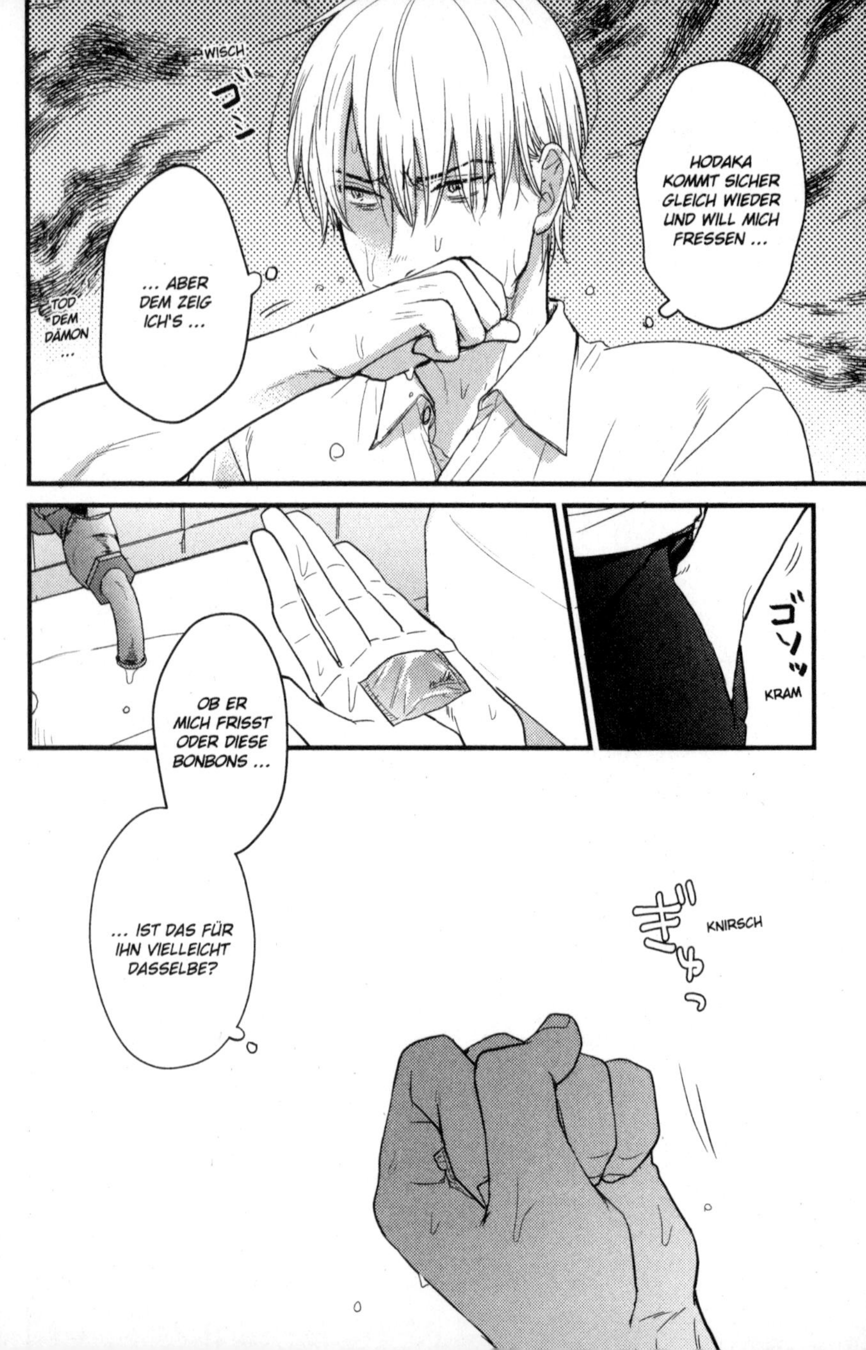
HODAKA KOMMT SICHER GLEICH WIEDER UND WILL MICH FRESSEN ...
WISCH
... ABER DEM ZEIG ICH'S ...
TOD DEM DÄMON ...
KRAM
OB ER MICH FRISST ODER DIESE BONBONS ...
... IST DAS FÜR IHN VIELLEICHT DASSELBE?
KNIRSCH

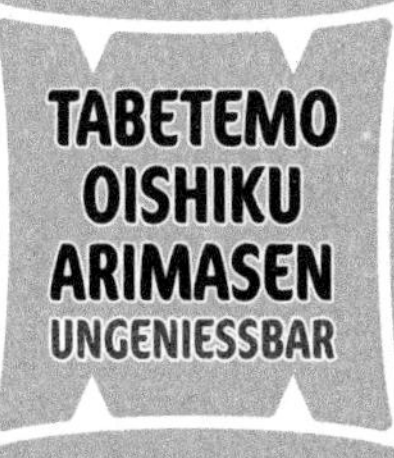
TABETEMO
OISHIKU
ARIMASEN
UNGENIESSBAR

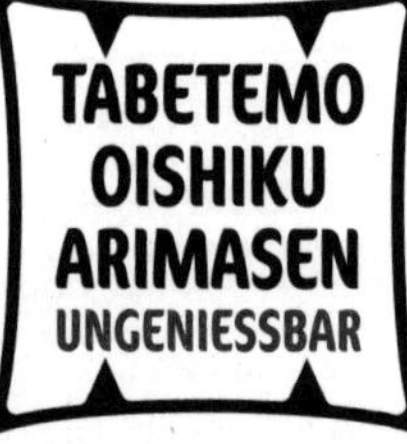
TABETEMO
OISHIKU
ARIMASEN
UNGENIESSBAR

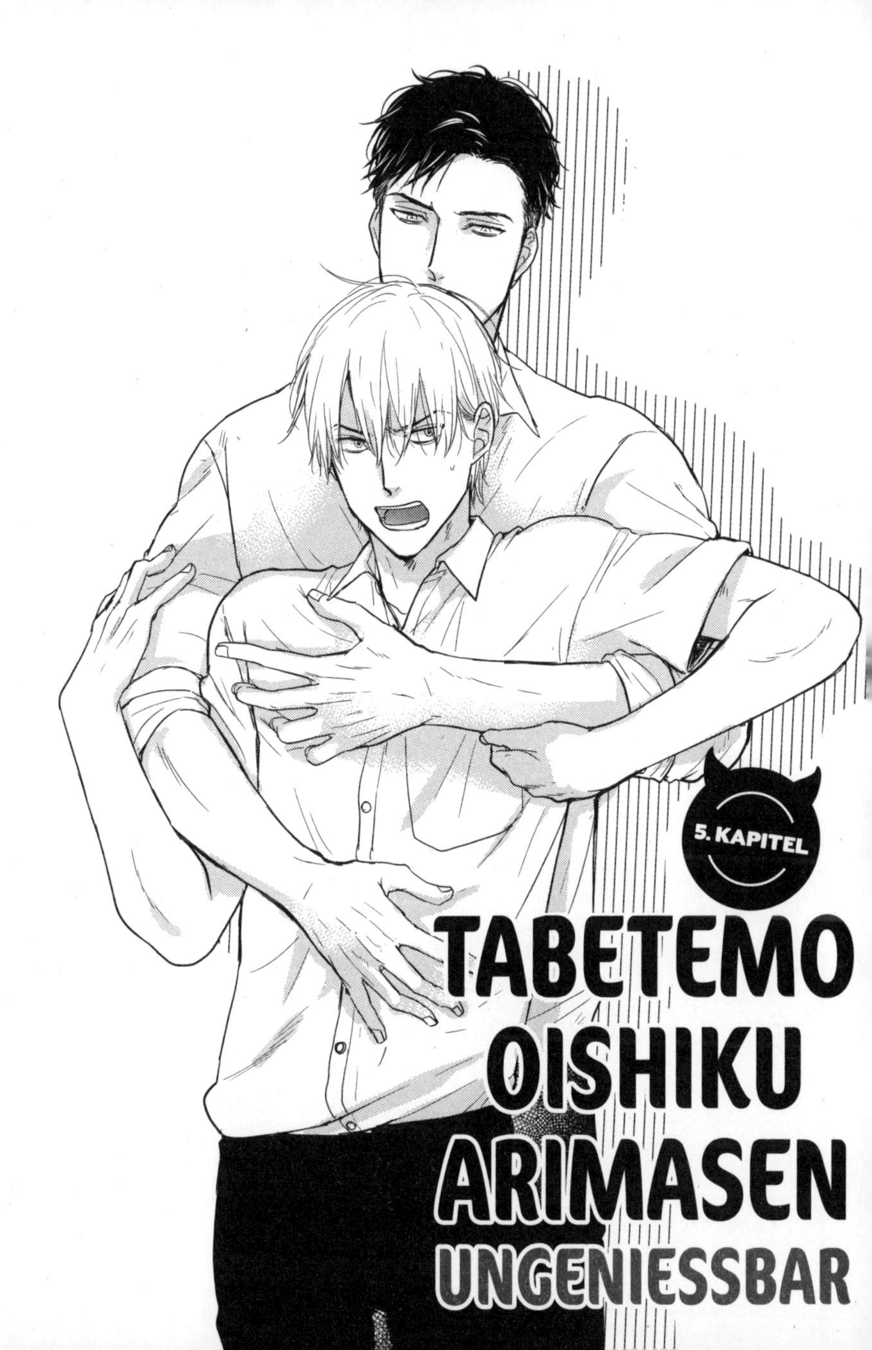
5. KAPITEL
TABETEMO OISHIKU ARIMASEN
UNGENIESSBAR

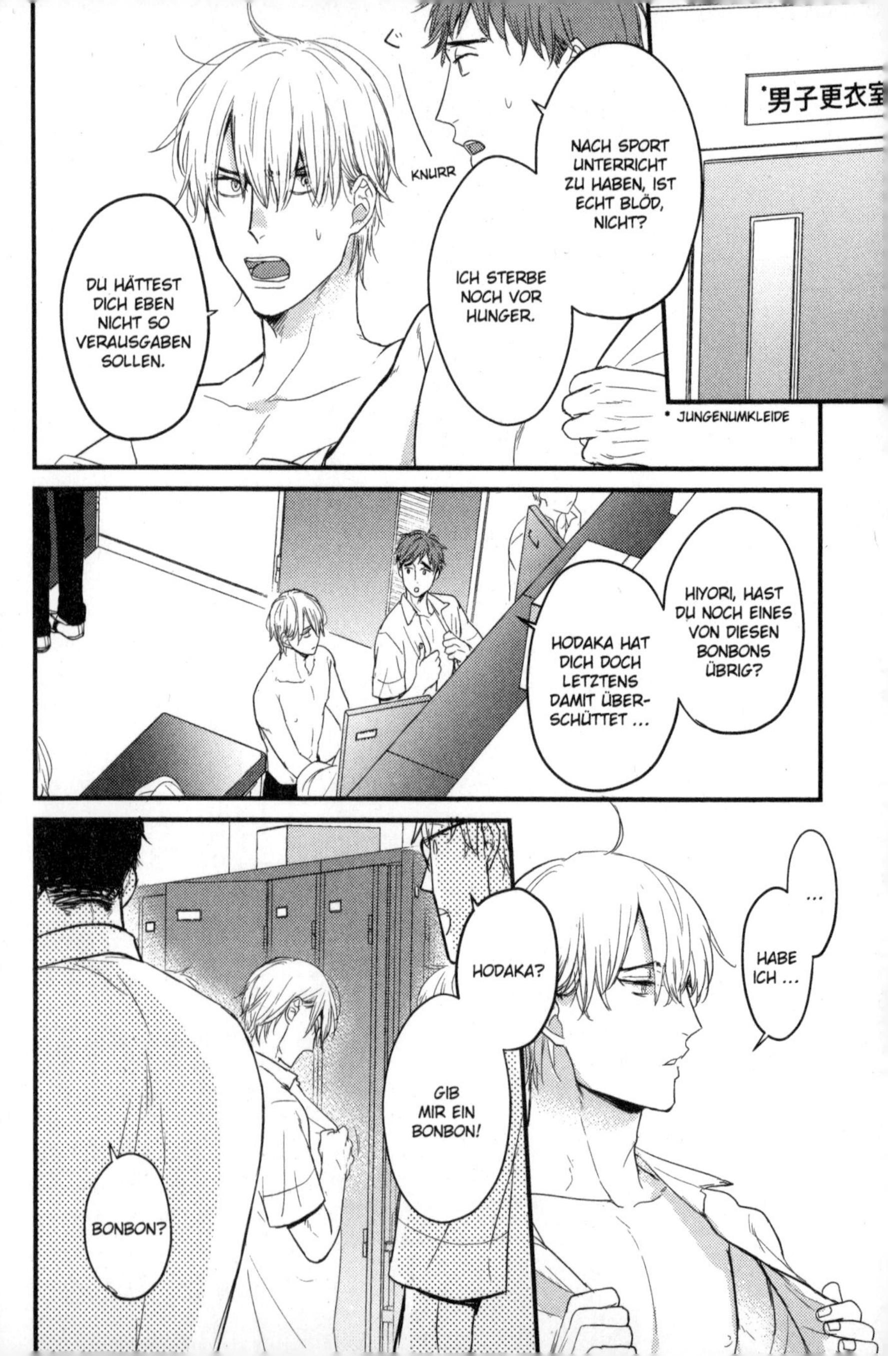
男子更衣室
Nach Sport unterricht zu haben, ist echt blöd, nicht?
Ich sterbe noch vor Hunger.
Knurr
Du hättest dich eben nicht so verausgaben sollen.
* Jungenumkleide
Hiyori, hast du noch eines von diesen Bonbons übrig?
Hodaka hat dich doch letztens damit über-schüttet …
…
Habe ich …
Hodaka?
Gib mir ein Bonbon!
Bonbon?

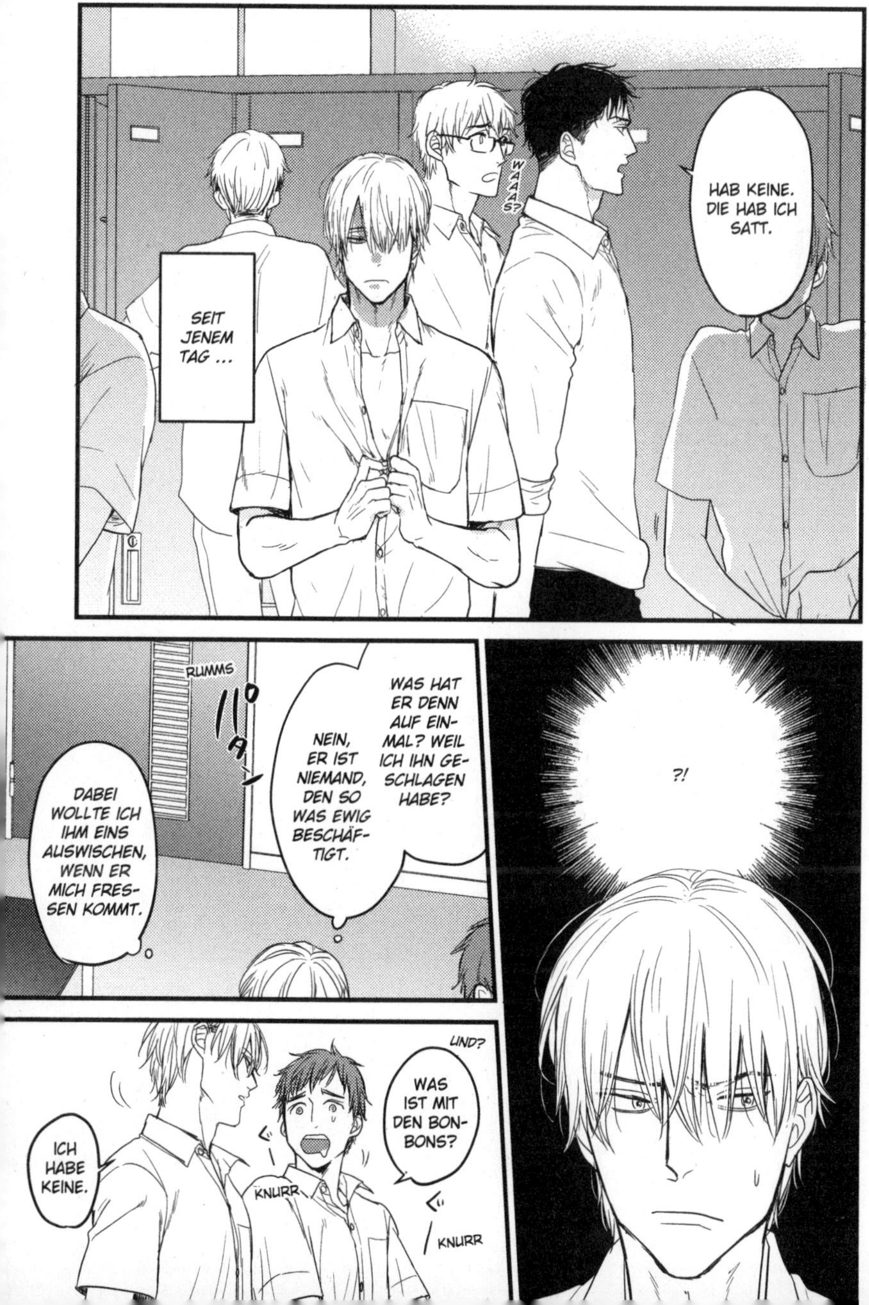

HAB KEINE. DIE HAB ICH SATT.
WAAAAS?
SEIT JENEM TAG ...
?!
RUMMS
WAS HAT ER DENN AUF EINMAL? WEIL ICH IHN GESCHLAGEN HABE?
NEIN, ER IST NIEMAND, DEN SO WAS EWIG BESCHÄFTIGT.
DABEI WOLLTE ICH IHM EINS AUSWISCHEN, WENN ER MICH FRESSEN KOMMT.
UND? WAS IST MIT DEN BONBONS?
KNURR
KNURR
ICH HABE KEINE.

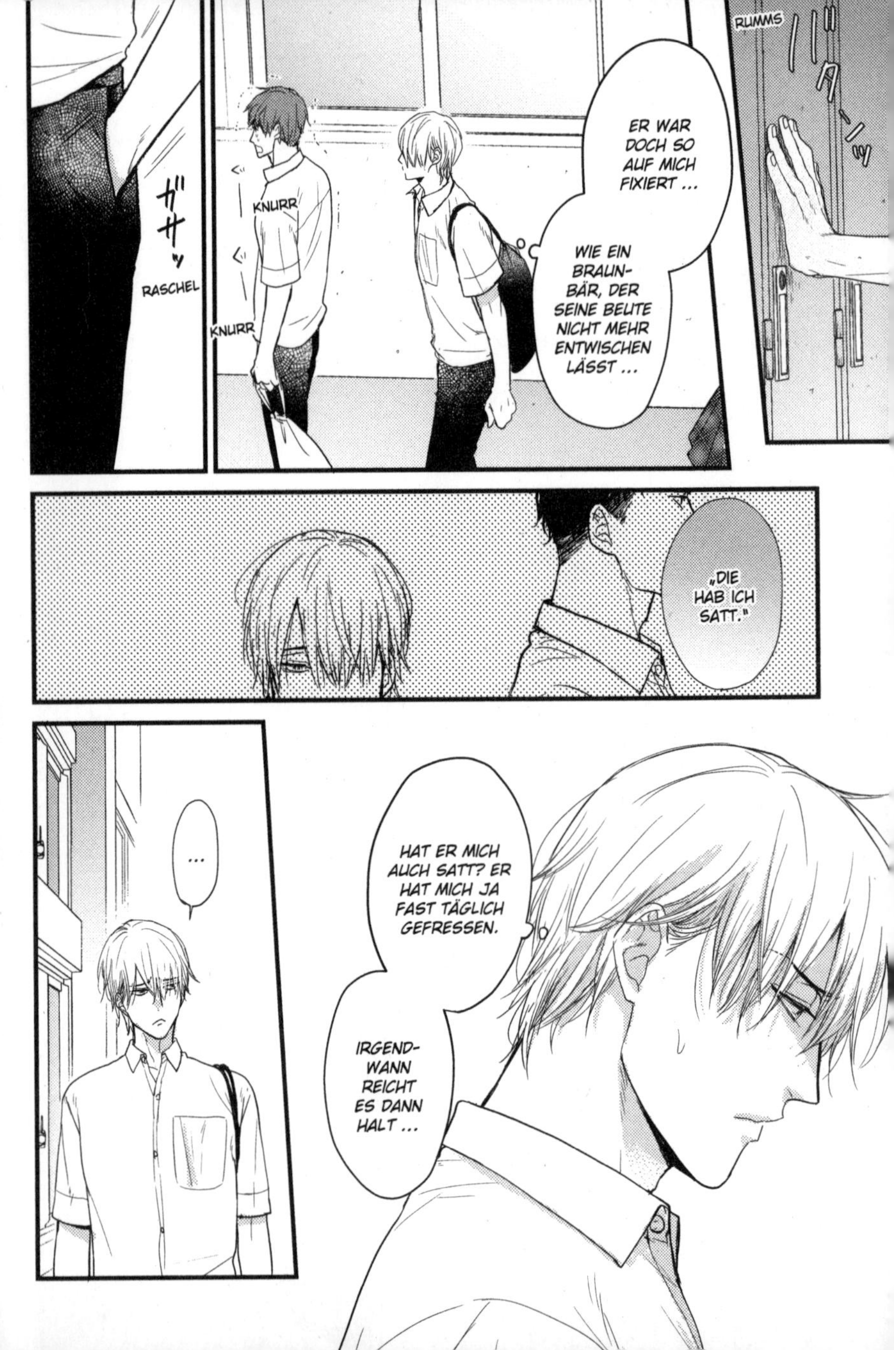
RUMMS
ER WAR DOCH SO AUF MICH FIXIERT ...
WIE EIN BRAUN-BÄR, DER SEINE BEUTE NICHT MEHR ENTWISCHEN LÄSST ...
KNURR
KNURR
RASCHEL
„DIE HAB ICH SATT."
HAT ER MICH AUCH SATT? ER HAT MICH JA FAST TÄGLICH GEFRESSEN.
IRGEND-WANN REICHT ES DANN HALT ...
...

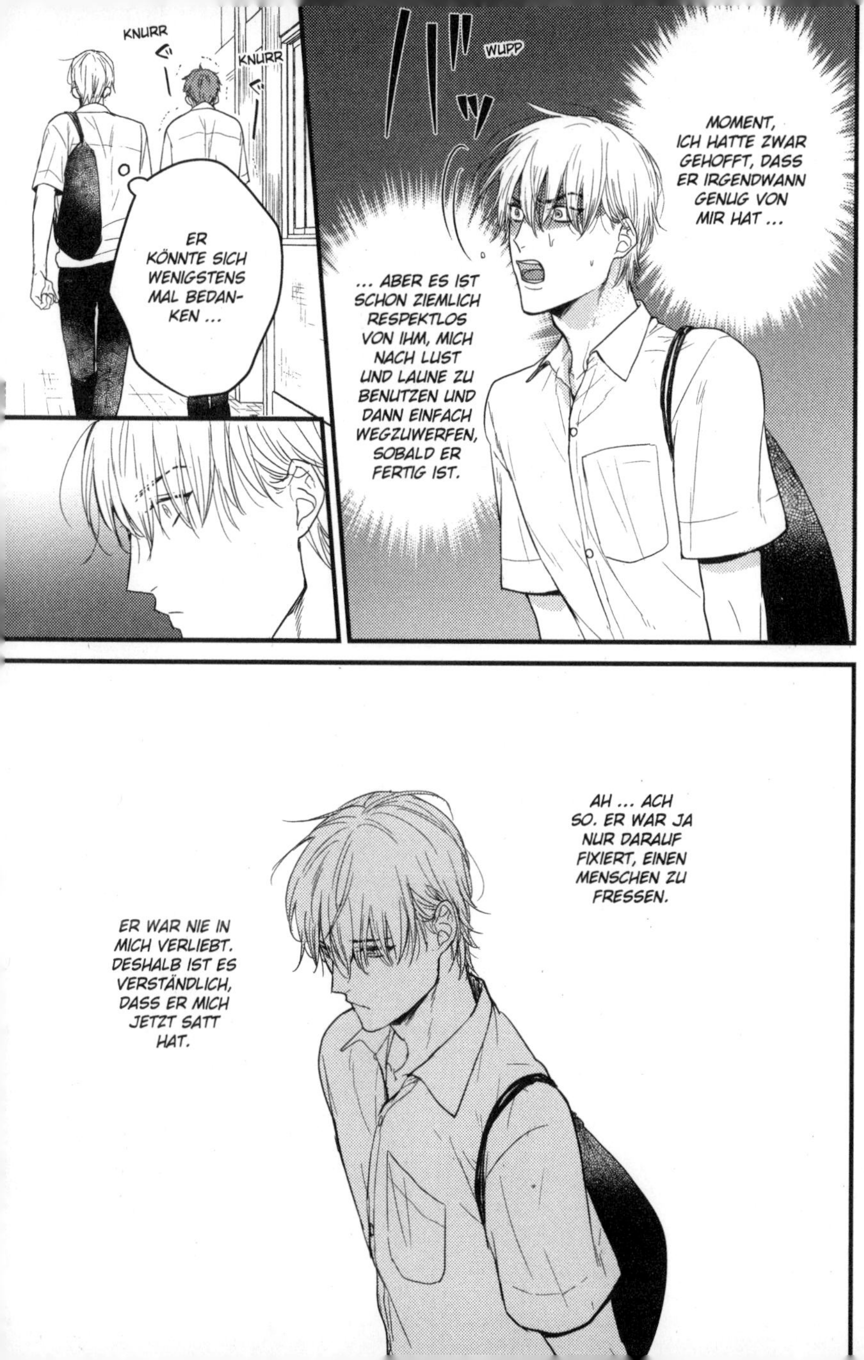

KNURR

KNURR

ER KÖNNTE SICH WENIGSTENS MAL BEDANKEN ...

WUPP

MOMENT, ICH HATTE ZWAR GEHOFFT, DASS ER IRGENDWANN GENUG VON MIR HAT ...

... ABER ES IST SCHON ZIEMLICH RESPEKTLOS VON IHM, MICH NACH LUST UND LAUNE ZU BENUTZEN UND DANN EINFACH WEGZUWERFEN, SOBALD ER FERTIG IST.

AH ... ACH SO. ER WAR JA NUR DARAUF FIXIERT, EINEN MENSCHEN ZU FRESSEN.

ER WAR NIE IN MICH VERLIEBT. DESHALB IST ES VERSTÄNDLICH, DASS ER MICH JETZT SATT HAT.

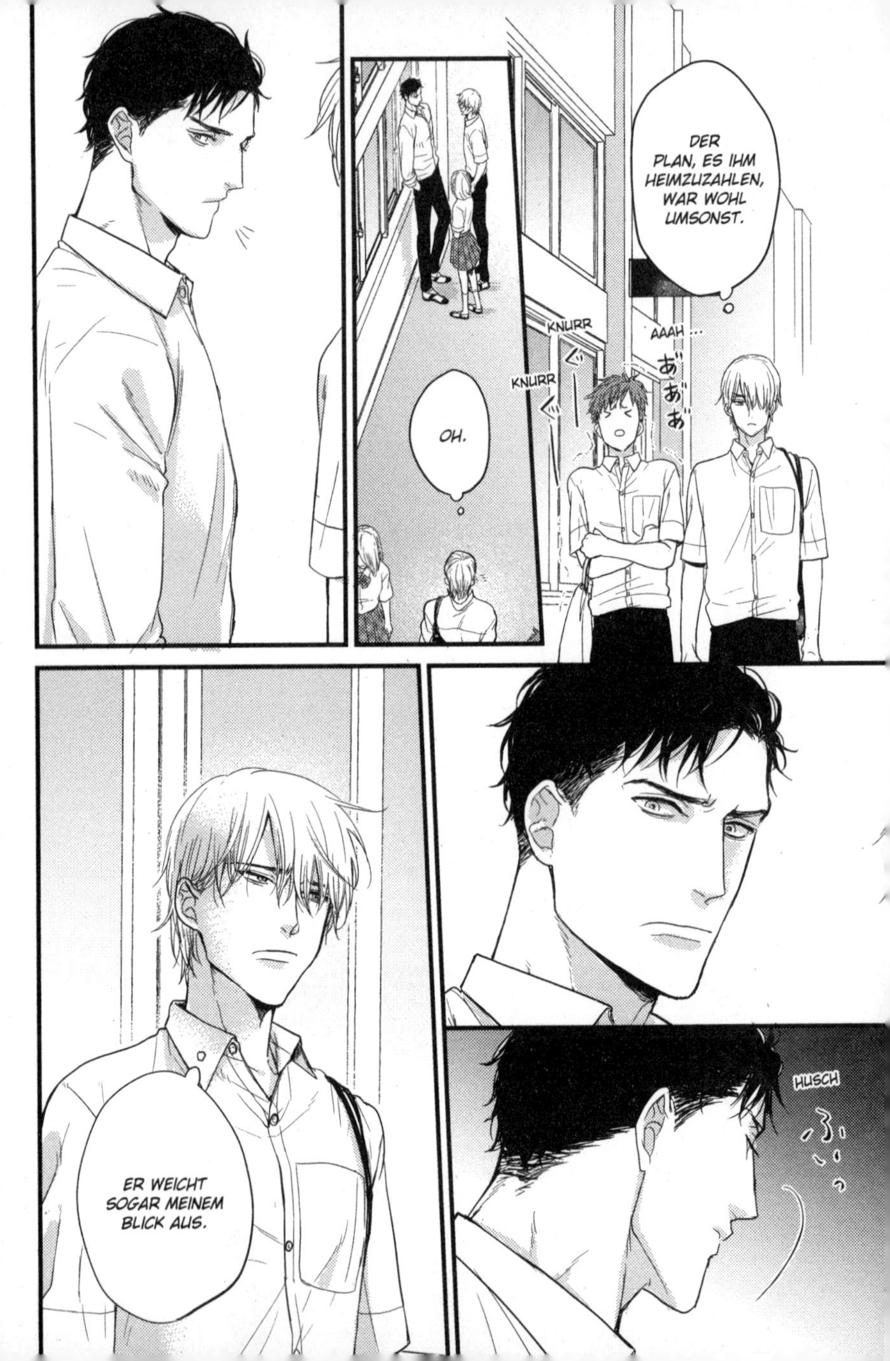

DER PLAN, ES IHM HEIMZUZAHLEN, WAR WOHL UMSONST.
AAAH ...
あぁぁ
KNURR
ぐー
KNURR
ぐぃ
OH.
HUSCH
ふぃっ
ER WEICHT SOGAR MEINEM BLICK AUS.

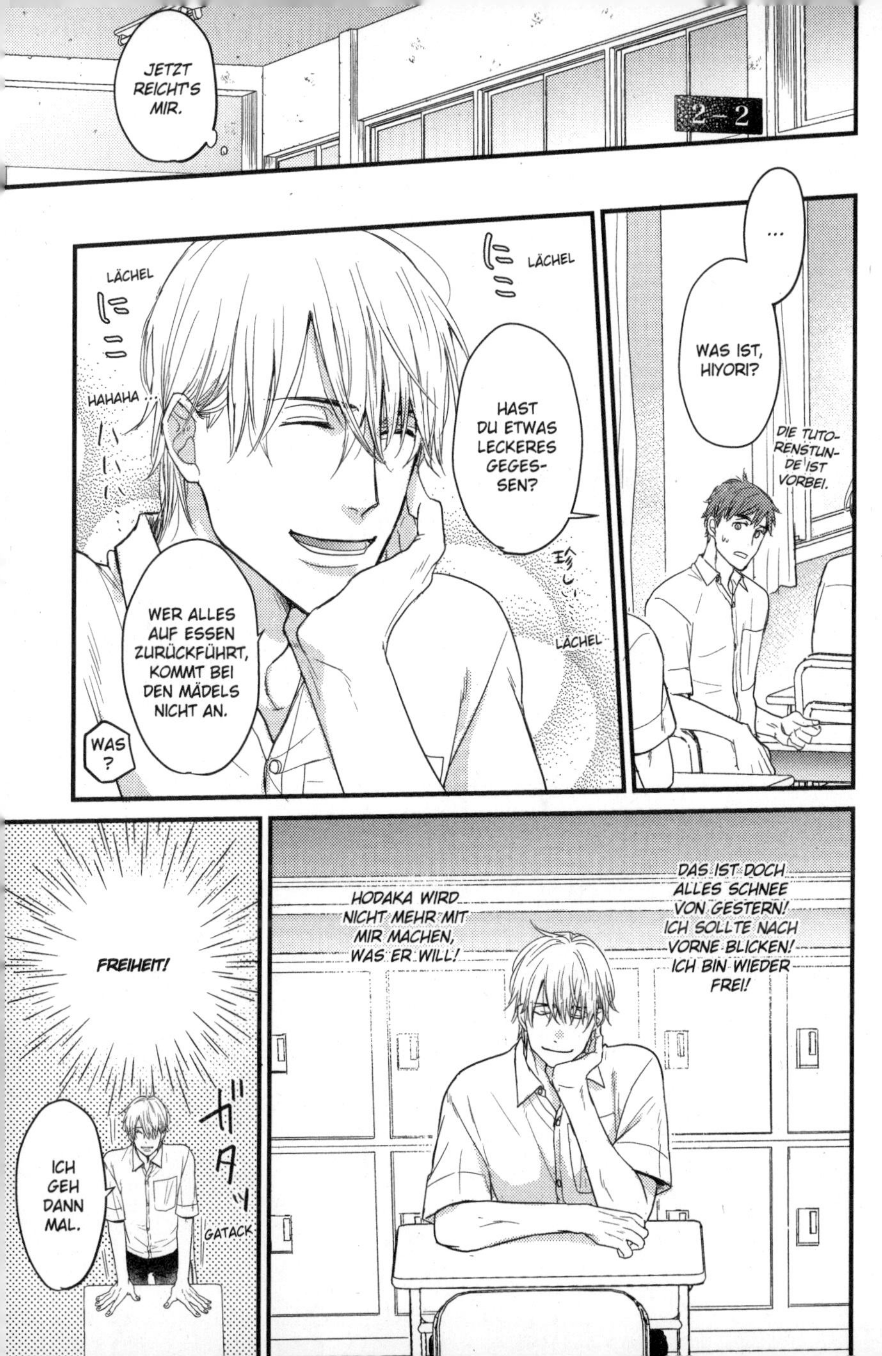
JETZT REICHT'S MIR.
2-2
...
WAS IST, HIYORI?
DIE TUTORENSTUNDE IST VORBEI.
LÄCHEL
HAST DU ETWAS LECKERES GEGESSEN?
LÄCHEL
LÄCHEL
HAHAHA ...
WER ALLES AUF ESSEN ZURÜCKFÜHRT, KOMMT BEI DEN MÄDELS NICHT AN.
WAS?
DAS IST DOCH ALLES SCHNEE VON GESTERN! ICH SOLLTE NACH VORNE BLICKEN! ICH BIN WIEDER FREI!
HODAKA WIRD NICHT MEHR MIT MIR MACHEN, WAS ER WILL!
FREIHEIT!
GATACK
ICH GEH DANN MAL.

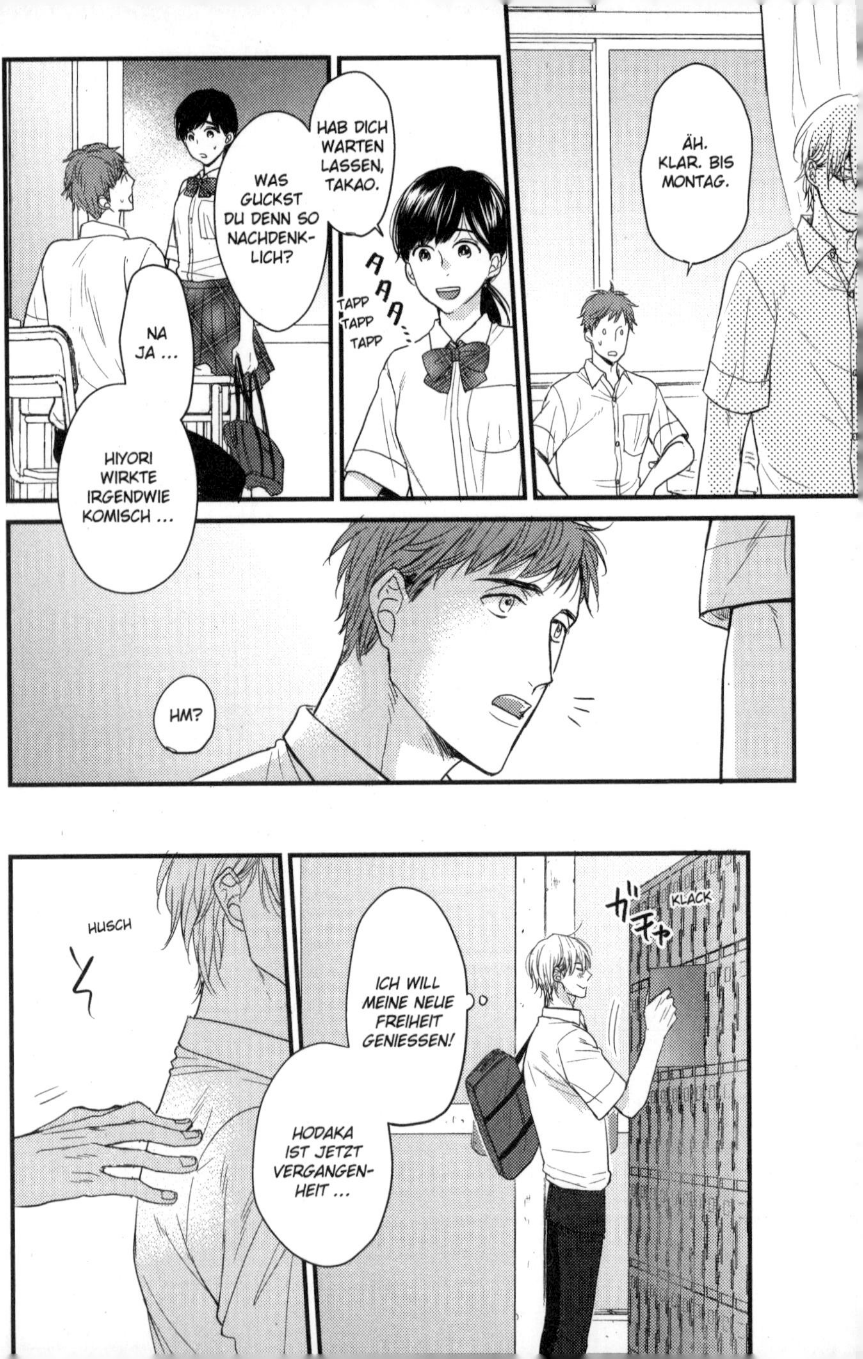

ÄH. KLAR. BIS MONTAG.

HAB DICH WARTEN LASSEN, TAKAO.

TAPP TAPP TAPP

WAS GUCKST DU DENN SO NACHDENKLICH?

NA JA …

HIYORI WIRKTE IRGENDWIE KOMISCH …

HM?

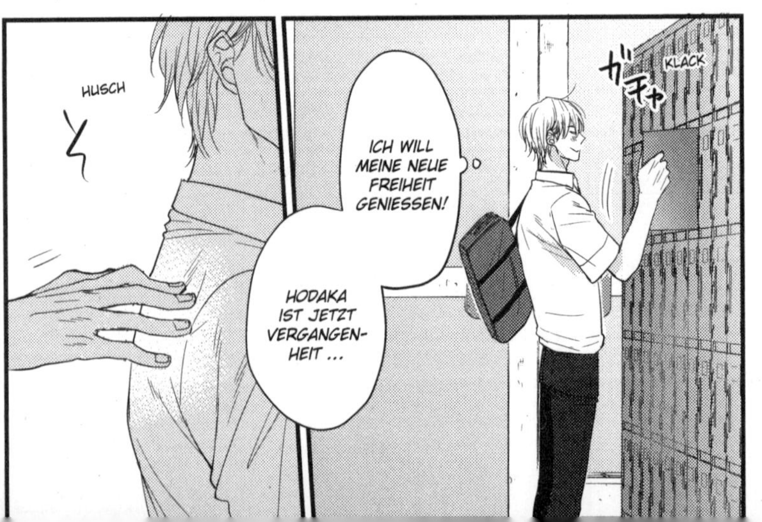

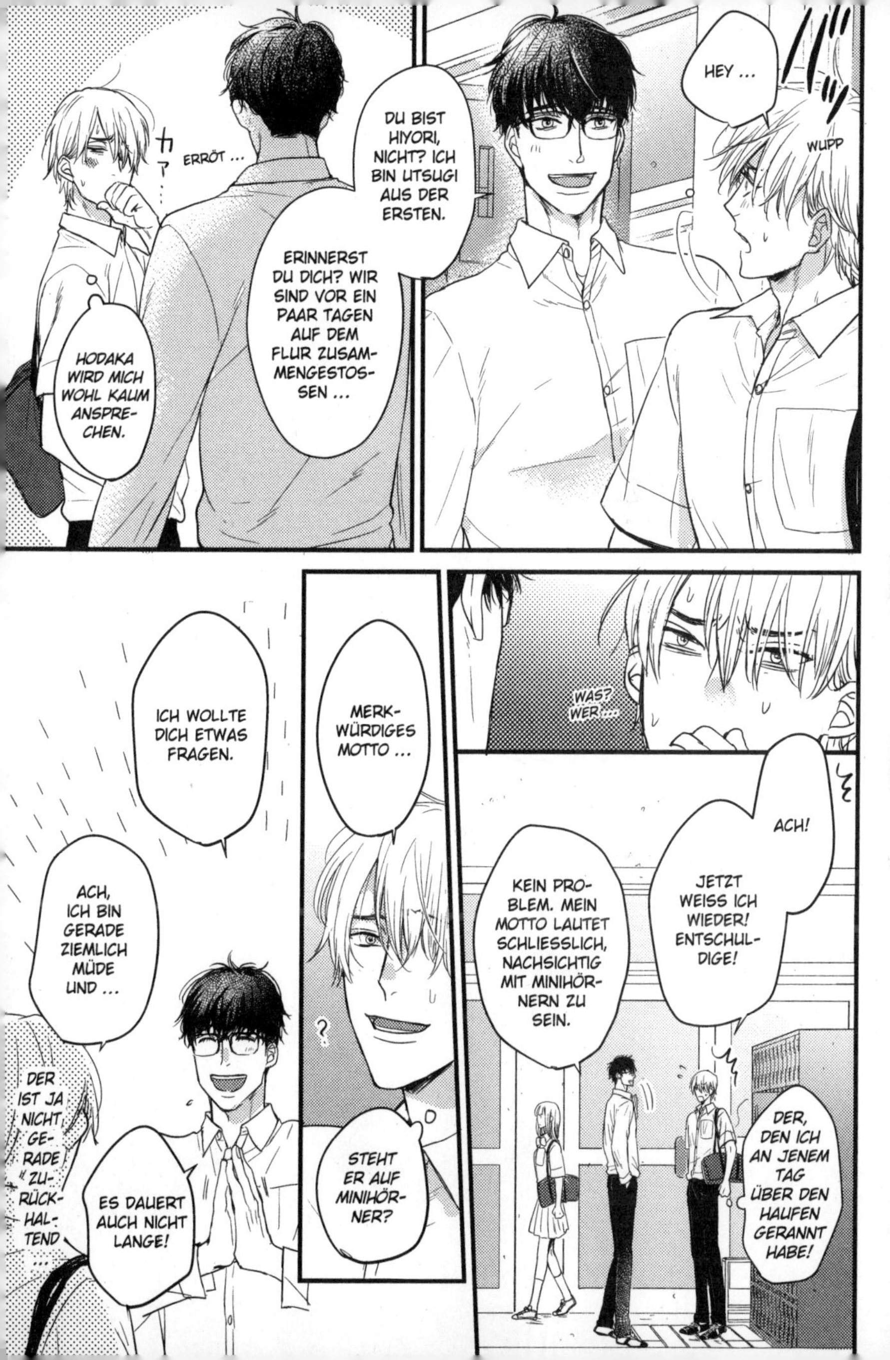
HEY …
WUPP
DU BIST HIYORI, NICHT? ICH BIN UTSUGI AUS DER ERSTEN.
ERINNERST DU DICH? WIR SIND VOR EIN PAAR TAGEN AUF DEM FLUR ZUSAMMENGESTOSSEN …
ERRÖT …
HODAKA WIRD MICH WOHL KAUM ANSPRECHEN.
WAS? WER …
ACH!
JETZT WEISS ICH WIEDER! ENTSCHULDIGE!
DER, DEN ICH AN JENEM TAG ÜBER DEN HAUFEN GERANNT HABE!
KEIN PROBLEM. MEIN MOTTO LAUTET SCHLIESSLICH, NACHSICHTIG MIT MINIHÖRNERN ZU SEIN.
MERKWÜRDIGES MOTTO …
?
STEHT ER AUF MINIHÖRNER?
ICH WOLLTE DICH ETWAS FRAGEN.
ACH, ICH BIN GERADE ZIEMLICH MÜDE UND …
ES DAUERT AUCH NICHT LANGE!
DER IST JA NICHT GERADE ZURÜCKHALTEND …

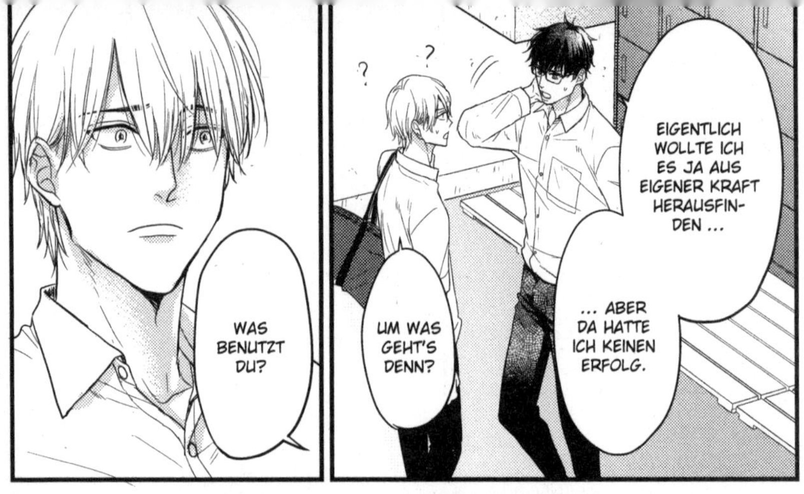

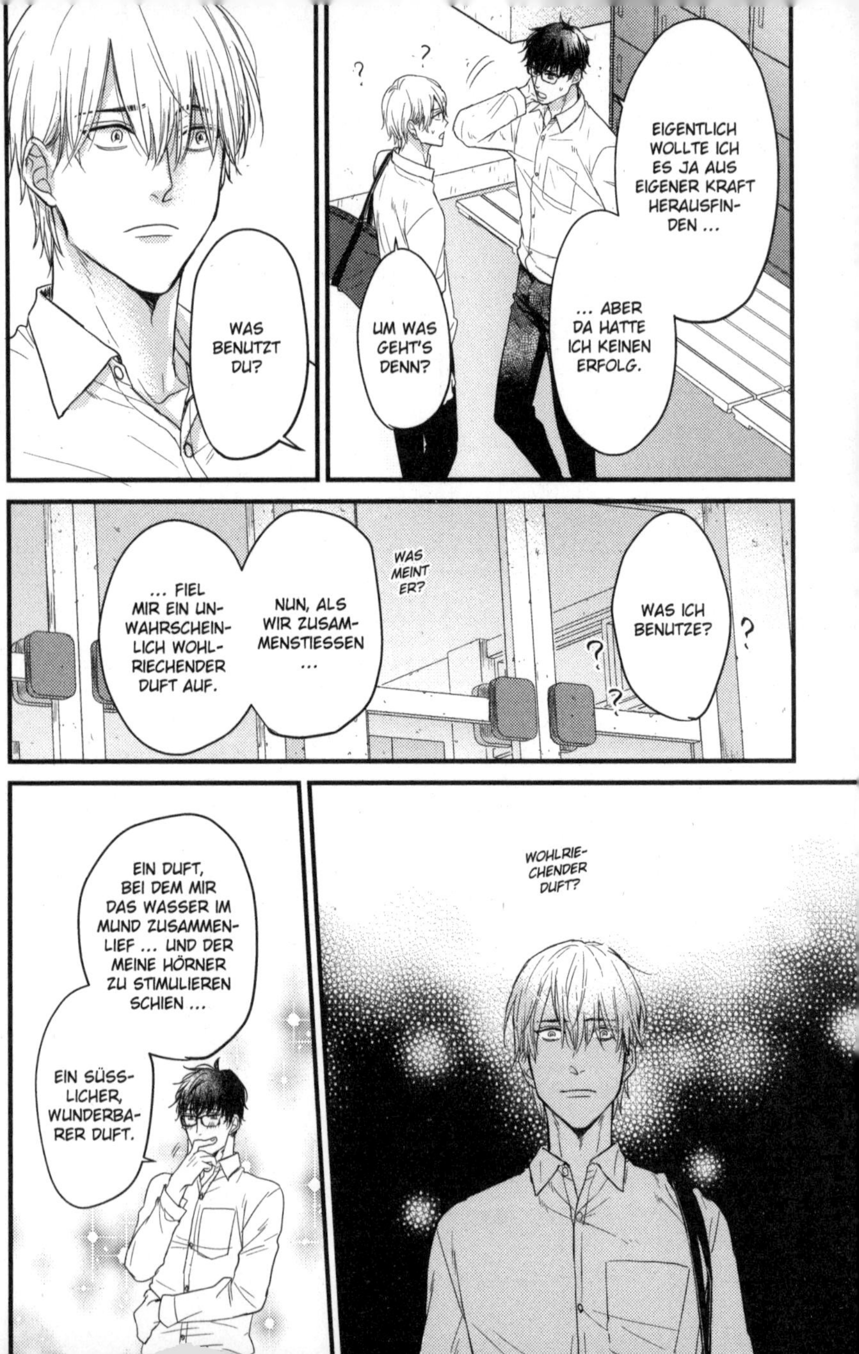

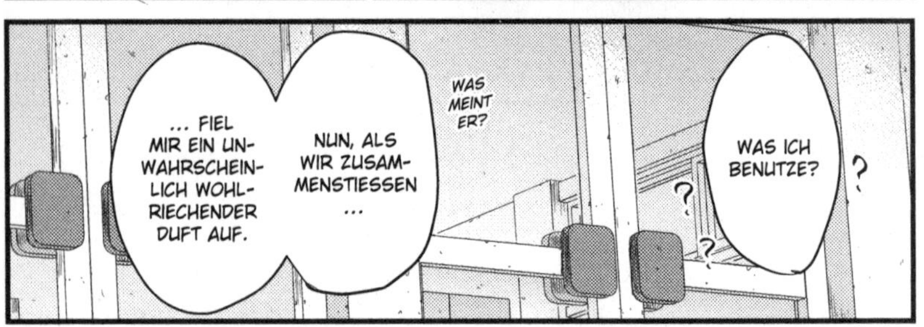

WOHLRIECHENDER DUFT?

EIN DUFT, BEI DEM MIR DAS WASSER IM MUND ZUSAMMENLIEF … UND DER MEINE HÖRNER ZU STIMULIEREN SCHIEN …

EIN SÜSSLICHER, WUNDERBARER DUFT.

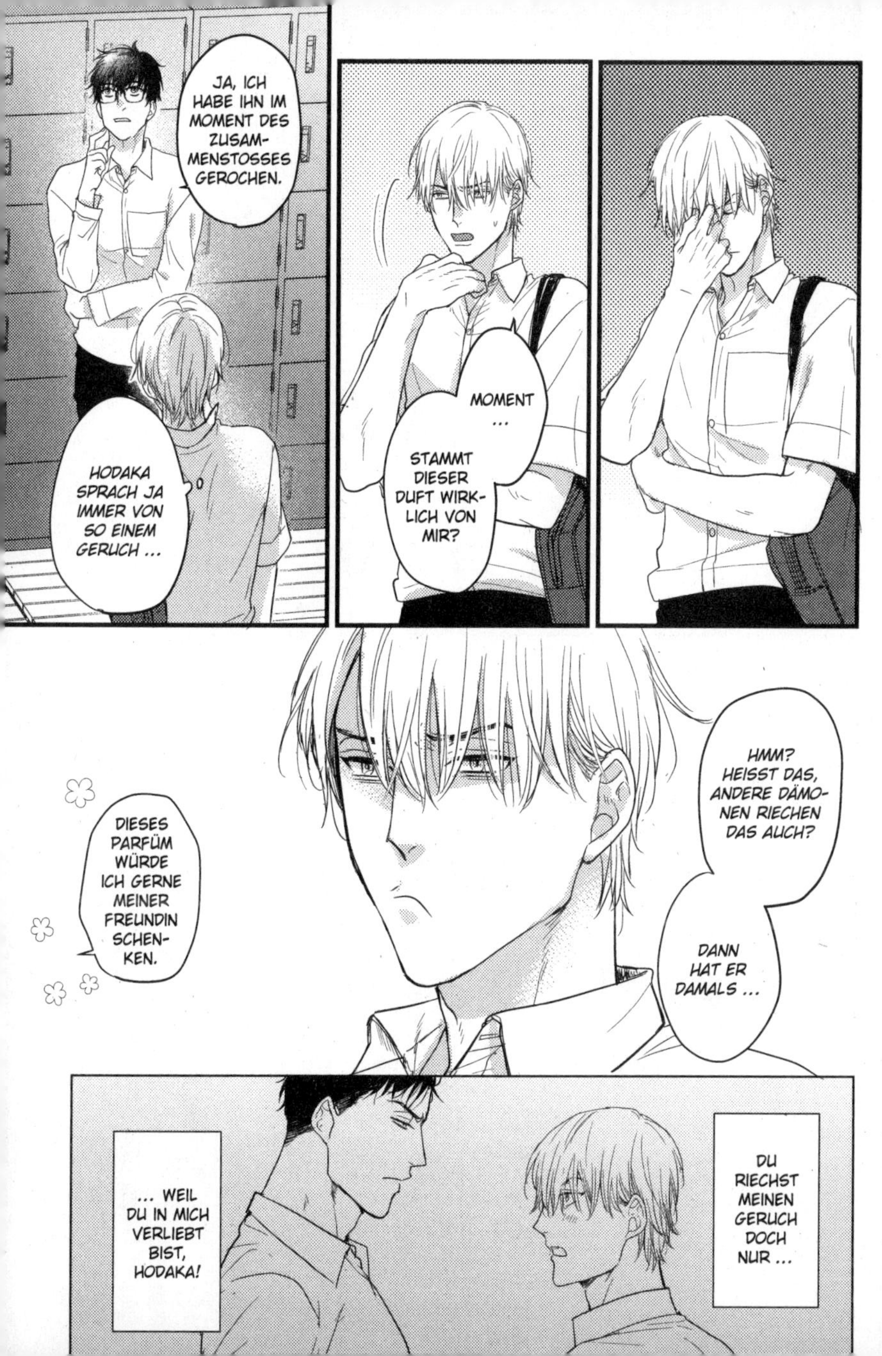
MOMENT …
STAMMT DIESER DUFT WIRKLICH VON MIR?
JA, ICH HABE IHN IM MOMENT DES ZUSAMMENSTOSSES GEROCHEN.
HODAKA SPRACH JA IMMER VON SO EINEM GERUCH …
HMM? HEISST DAS, ANDERE DÄMONEN RIECHEN DAS AUCH?
DANN HAT ER DAMALS …
DIESES PARFÜM WÜRDE ICH GERNE MEINER FREUNDIN SCHENKEN.
DU RIECHST MEINEN GERUCH DOCH NUR …
… WEIL DU IN MICH VERLIEBT BIST, HODAKA!

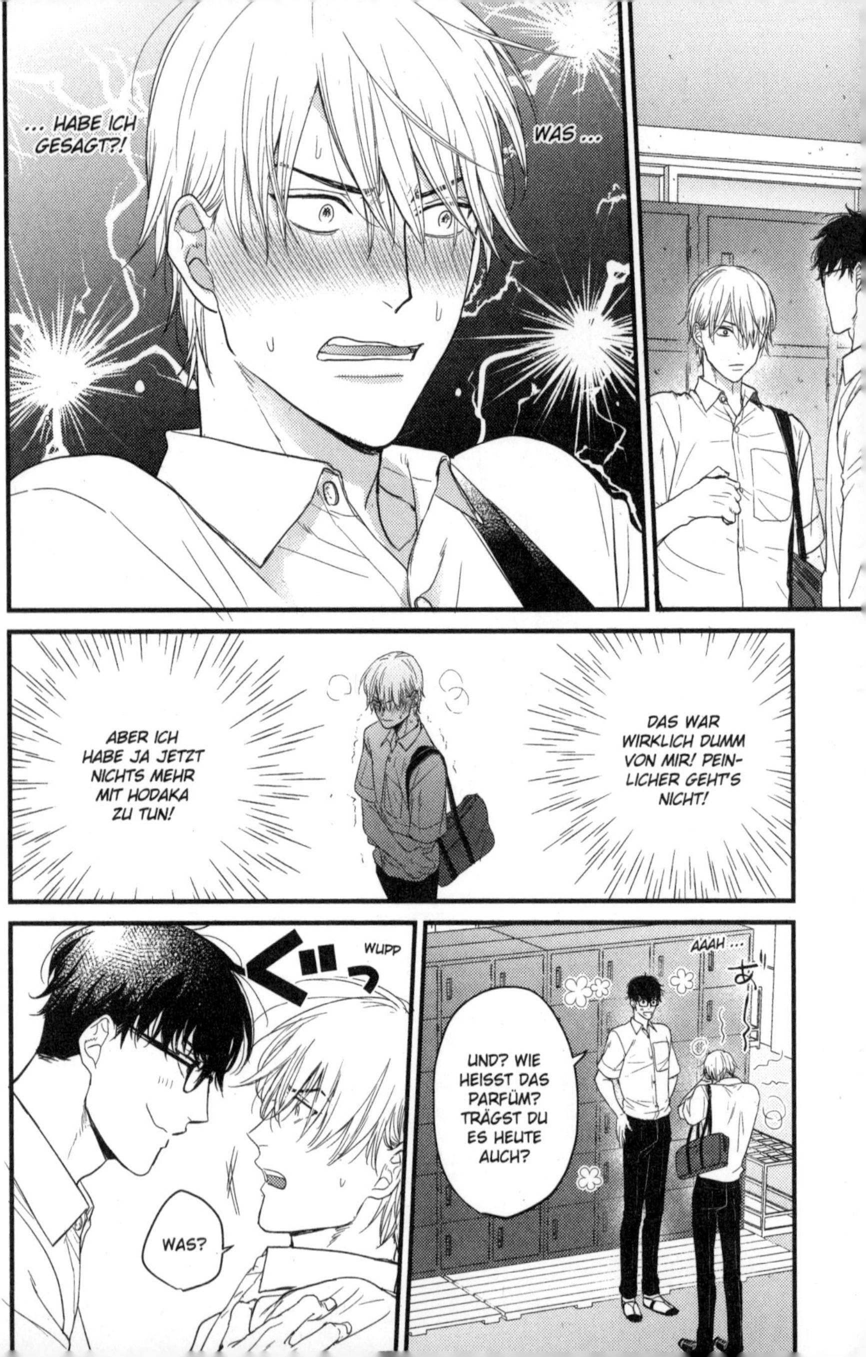

WAS ...
... HABE ICH GESAGT?!

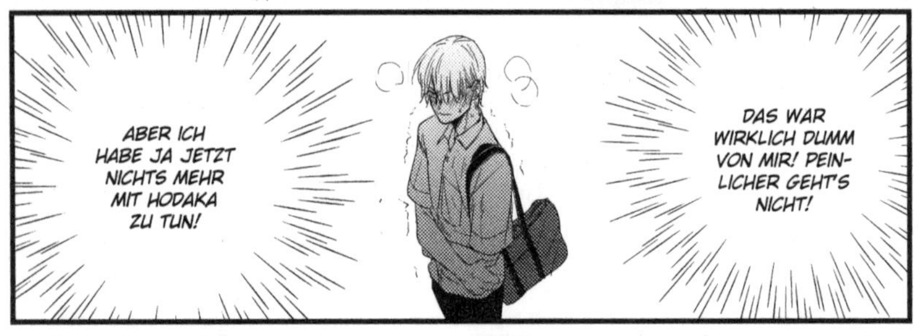

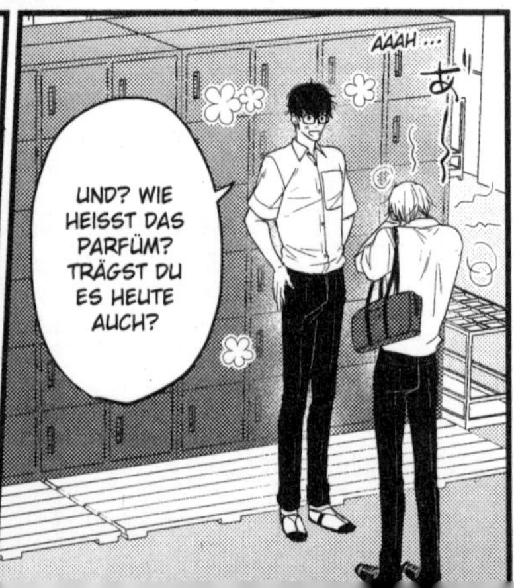

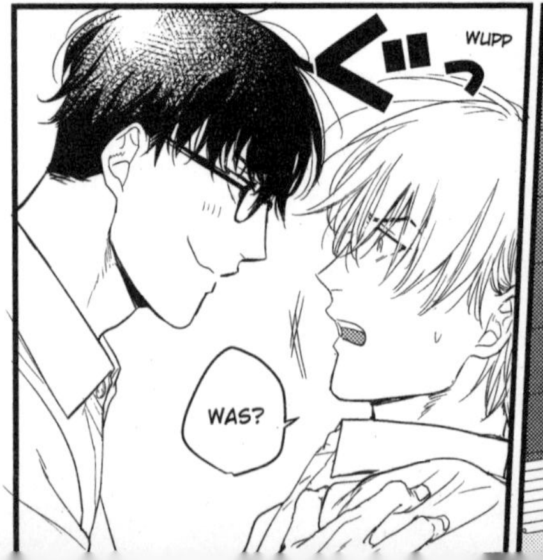

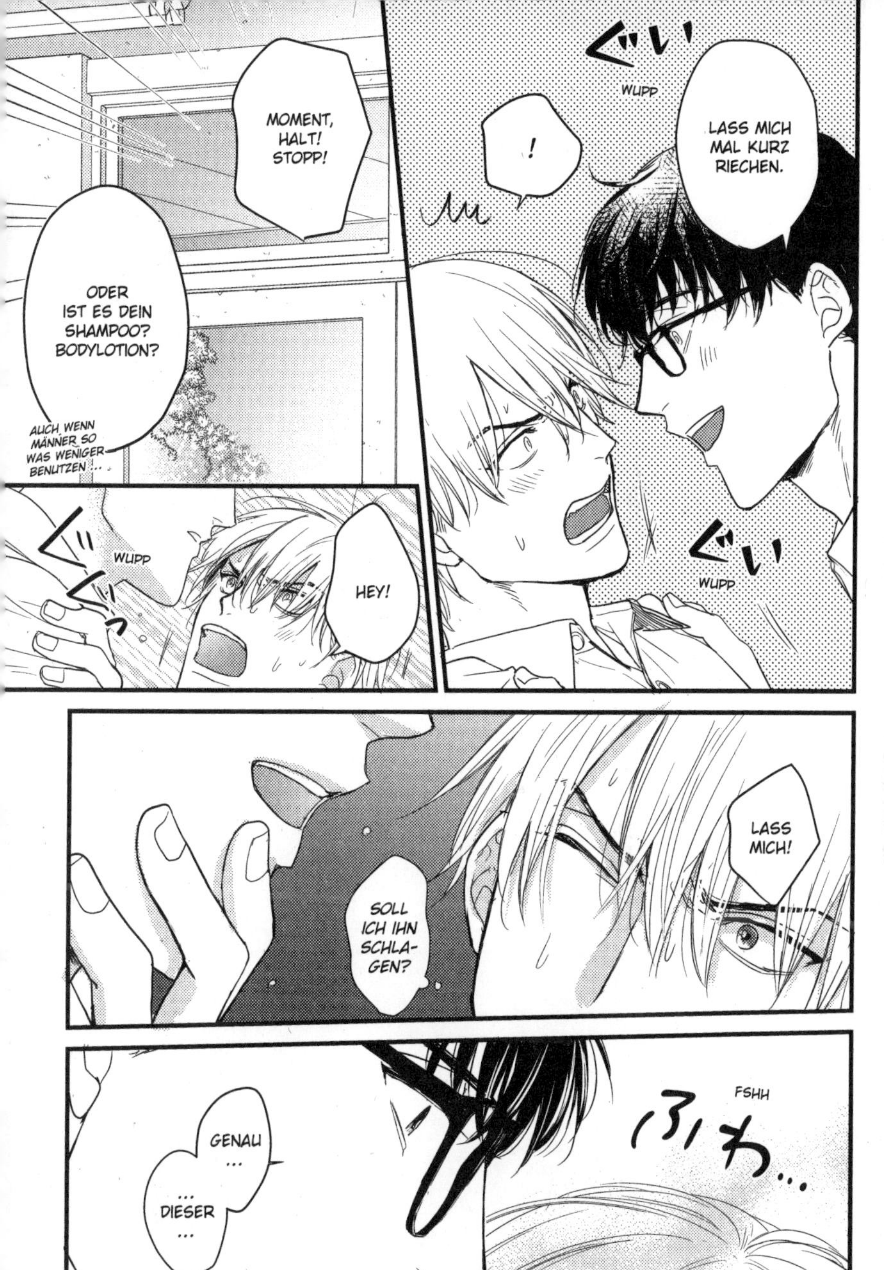
Lass mich mal kurz riechen.
WUPP
!
Moment, halt! Stopp!
Oder ist es dein Shampoo? Bodylotion?
Auch wenn Männer so was weniger benutzen …
WUPP
WUPP
Hey!
Lass mich!
Soll ich ihn schlagen?
FSHH
Genau …
… dieser …

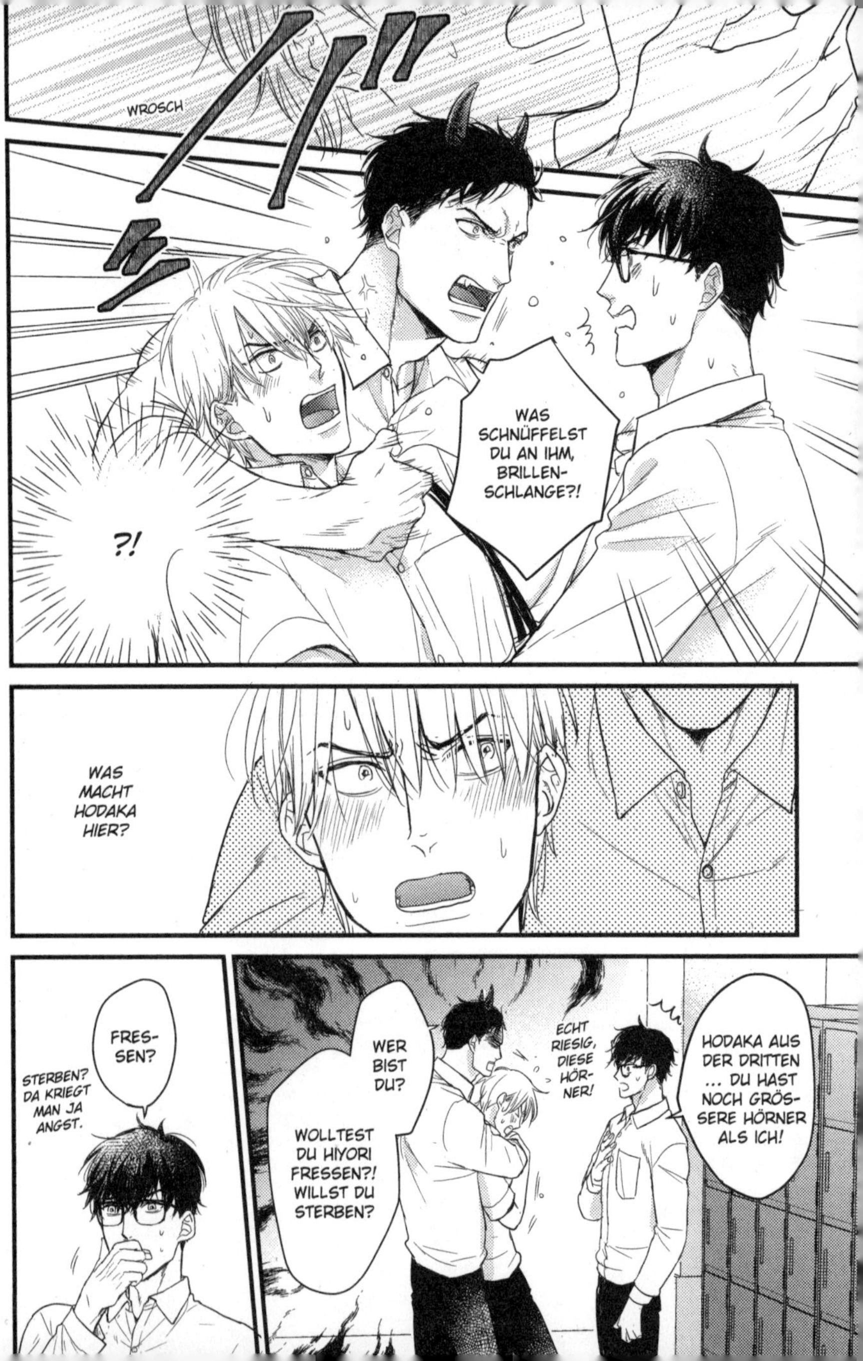

WROSCH

?!

WAS SCHNÜFFELST DU AN IHM, BRILLEN-SCHLANGE?!

WAS MACHT HODAKA HIER?

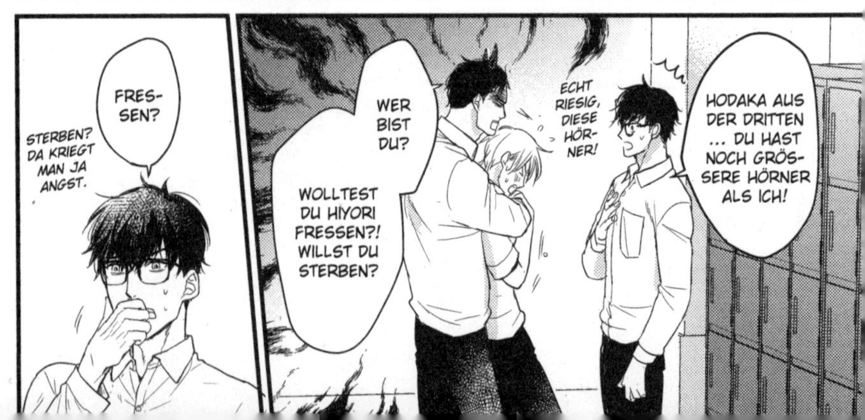

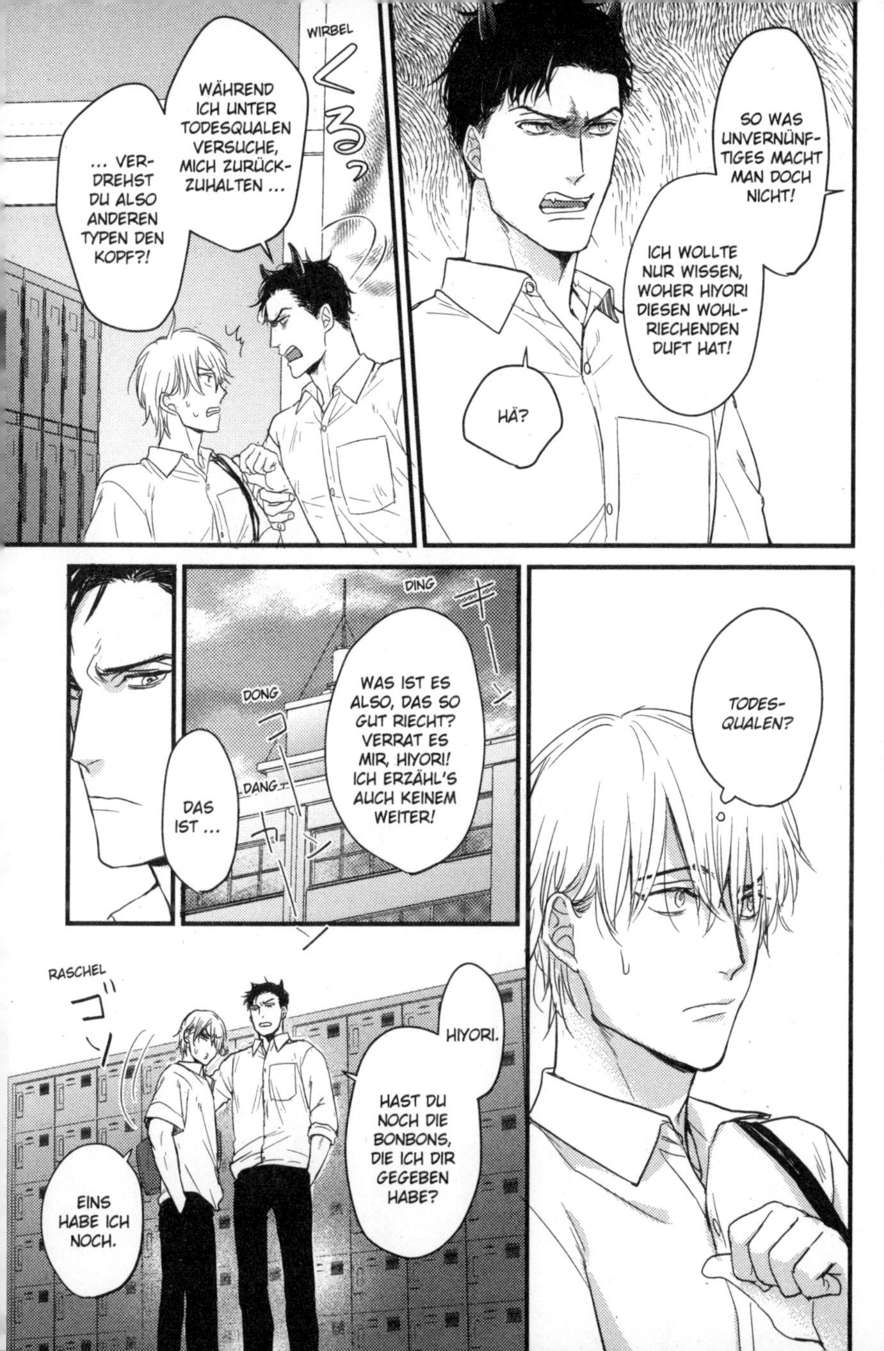

WIRBEL
WÄHREND ICH UNTER TODESQUALEN VERSUCHE, MICH ZURÜCKZUHALTEN …
… VERDREHST DU ALSO ANDEREN TYPEN DEN KOPF?!
SO WAS UNVERNÜNFTIGES MACHT MAN DOCH NICHT!
ICH WOLLTE NUR WISSEN, WOHER HIYORI DIESEN WOHLRIECHENDEN DUFT HAT!
HÄ?
TODES-QUALEN?
DING
DONG
DANG
WAS IST ES ALSO, DAS SO GUT RIECHT? VERRAT ES MIR, HIYORI! ICH ERZÄHL'S AUCH KEINEM WEITER!
DAS IST …
HIYORI.
HAST DU NOCH DIE BONBONS, DIE ICH DIR GEGEBEN HABE?
RASCHEL
EINS HABE ICH NOCH.

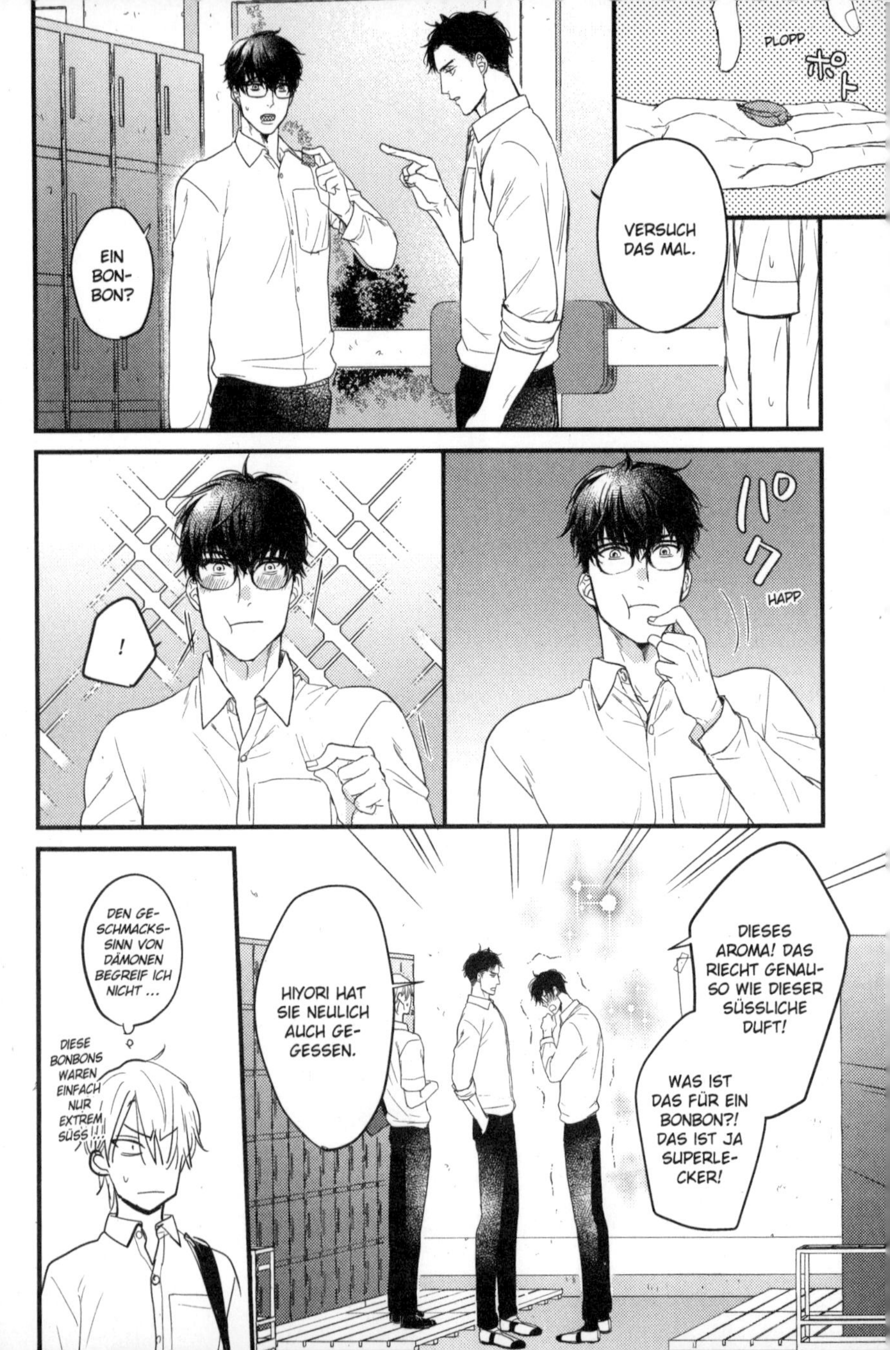
PLOPP
ポト
VERSUCH DAS MAL.
EIN BONBON?
パク
HAPP
!
DIESES AROMA! DAS RIECHT GENAUSO WIE DIESER SÜSSLICHE DUFT!
WAS IST DAS FÜR EIN BONBON?! DAS IST JA SUPERLECKER!
HIYORI HAT SIE NEULICH AUCH GEGESSEN.
DEN GESCHMACKSSINN VON DÄMONEN BEGREIF ICH NICHT …
DIESE BONBONS WAREN EINFACH NUR EXTREM SÜSS …!

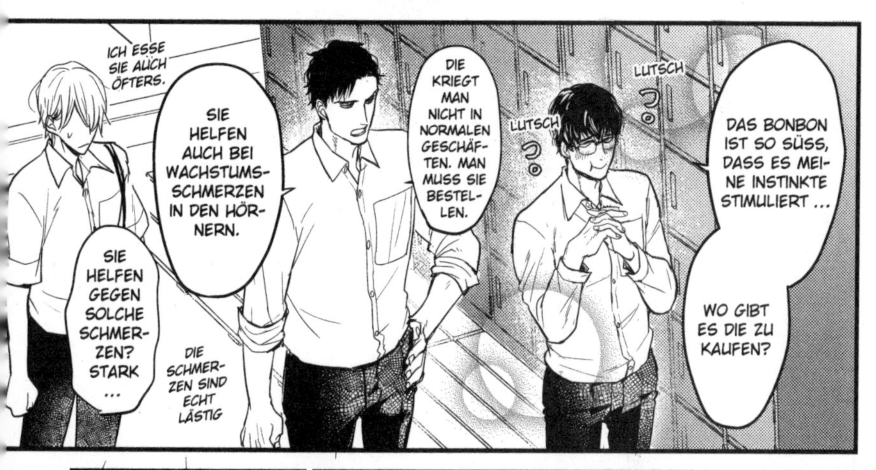
DAS BONBON IST SO SÜSS, DASS ES MEI-NE INSTINKTE STIMULIERT ...
WO GIBT ES DIE ZU KAUFEN?
LUTSCH
LUTSCH
DIE KRIEGT MAN NICHT IN NORMALEN GESCHÄF-TEN. MAN MUSS SIE BESTEL-LEN.
SIE HELFEN AUCH BEI WACHSTUMS-SCHMERZEN IN DEN HÖR-NERN.
ICH ESSE SIE AUCH ÖFTERS.
SIE HELFEN GEGEN SOLCHE SCHMER-ZEN? STARK ...
DIE SCHMER-ZEN SIND ECHT LÄSTIG

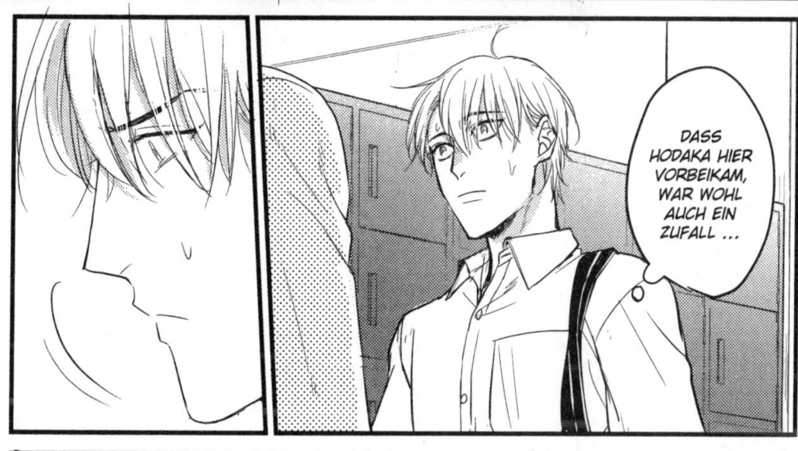
DASS HODAKA HIER VORBEIKAM, WAR WOHL AUCH EIN ZUFALL ...

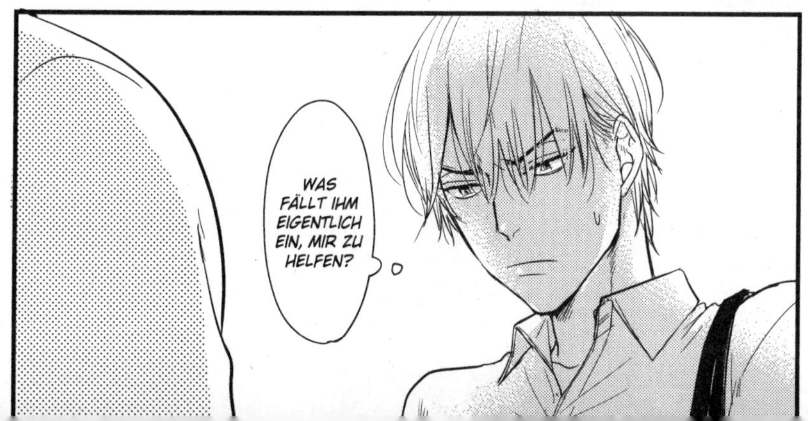
WAS FÄLLT IHM EIGENTLICH EIN, MIR ZU HELFEN?

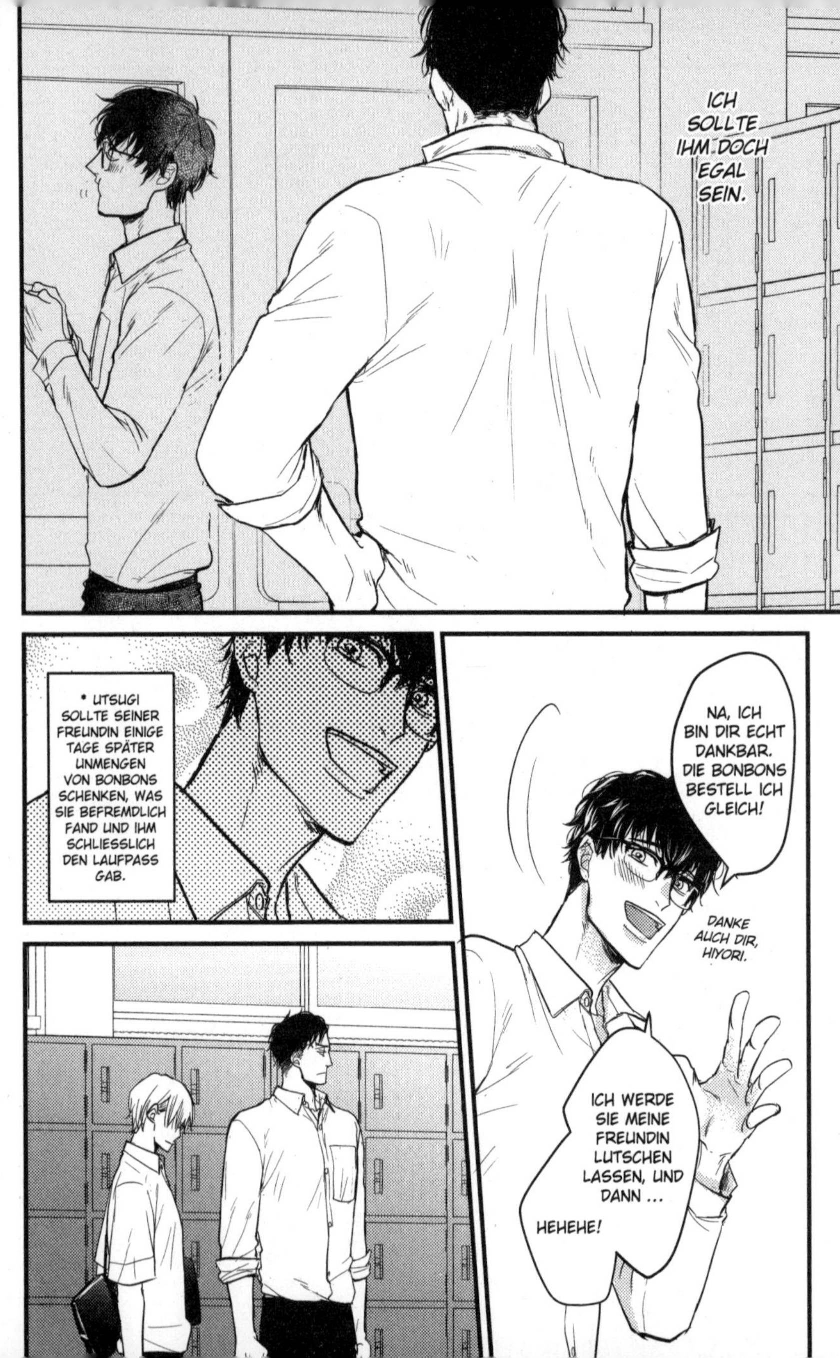
ICH SOLLTE IHM DOCH EGAL SEIN.
NA, ICH BIN DIR ECHT DANKBAR. DIE BONBONS BESTELL ICH GLEICH!
DANKE AUCH DIR, HIYORI.
* UTSUGI SOLLTE SEINER FREUNDIN EINIGE TAGE SPÄTER UNMENGEN VON BONBONS SCHENKEN, WAS SIE BEFREMDLICH FAND UND IHM SCHLIESSLICH DEN LAUFPASS GAB.
ICH WERDE SIE MEINE FREUNDIN LUTSCHEN LASSEN, UND DANN ...
HEHEHE!

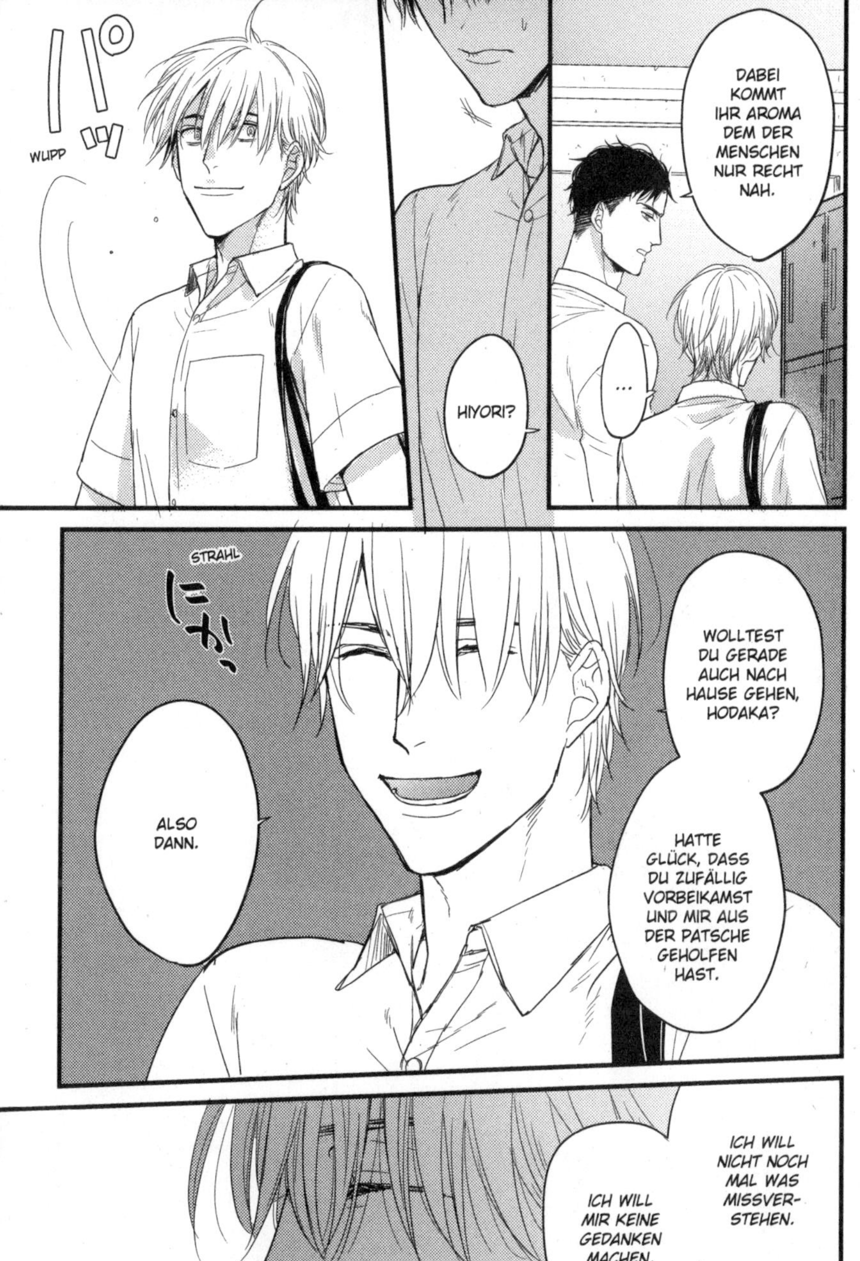
DABEI KOMMT IHR AROMA DEM DER MENSCHEN NUR RECHT NAH.
...
HIYORI?
パッ
WUPP
WOLLTEST DU GERADE AUCH NACH HAUSE GEHEN, HODAKA?
HATTE GLÜCK, DASS DU ZUFÄLLIG VORBEIKAMST UND MIR AUS DER PATSCHE GEHOLFEN HAST.
ALSO DANN.
にかっ
STRAHL
ICH WILL NICHT NOCH MAL WAS MISSVERSTEHEN.
ICH WILL MIR KEINE GEDANKEN MACHEN.

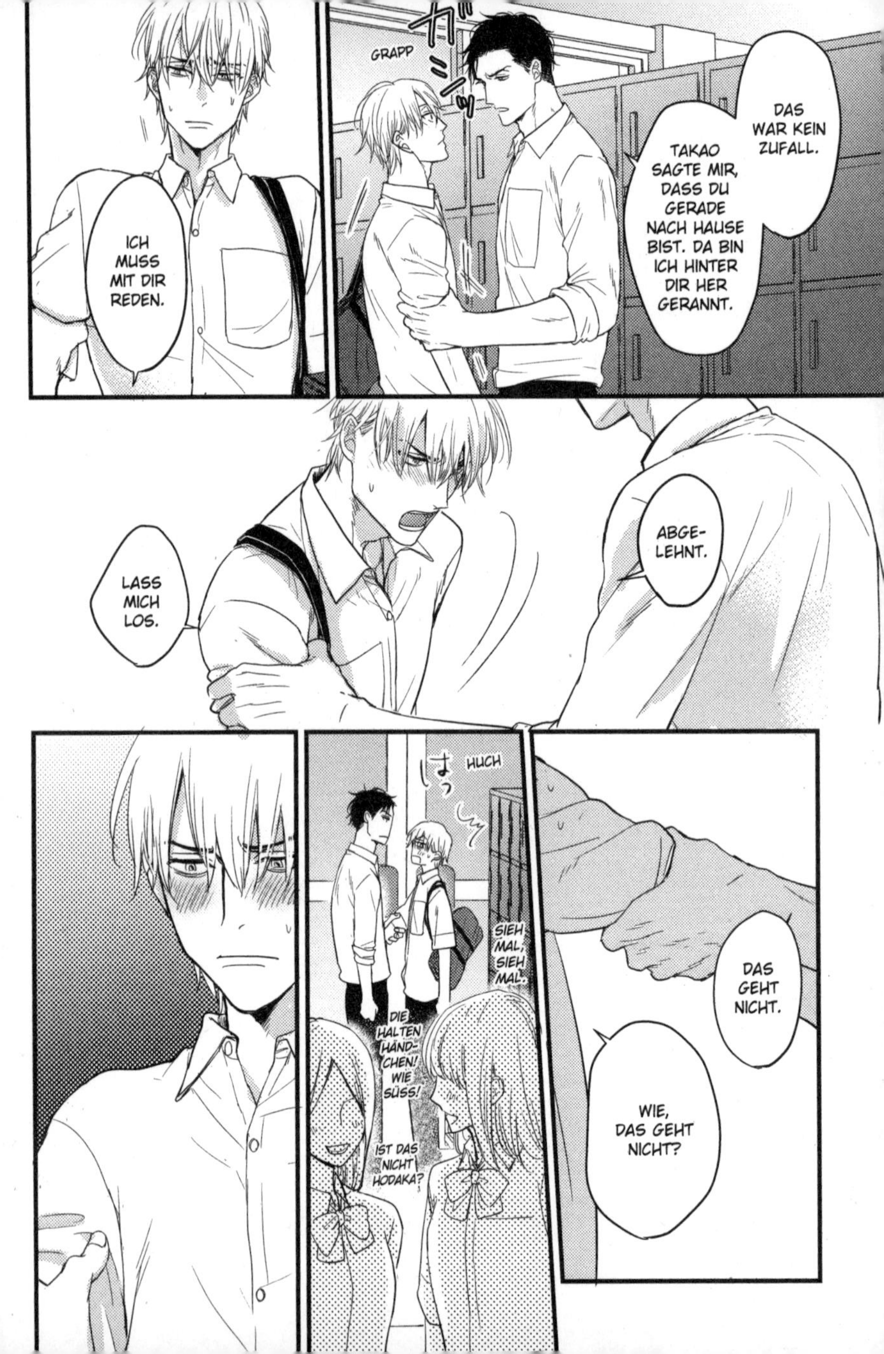
GRAPP
DAS WAR KEIN ZUFALL.
TAKAO SAGTE MIR, DASS DU GERADE NACH HAUSE BIST. DA BIN ICH HINTER DIR HER GERANNT.
ICH MUSS MIT DIR REDEN.
ABGE-LEHNT.
LASS MICH LOS.
DAS GEHT NICHT.
WIE, DAS GEHT NICHT?
HUCH
SIEH MAL, SIEH MAL.
DIE HALTEN HÄND-CHEN! WIE SÜSS!
IST DAS NICHT HODAKA?

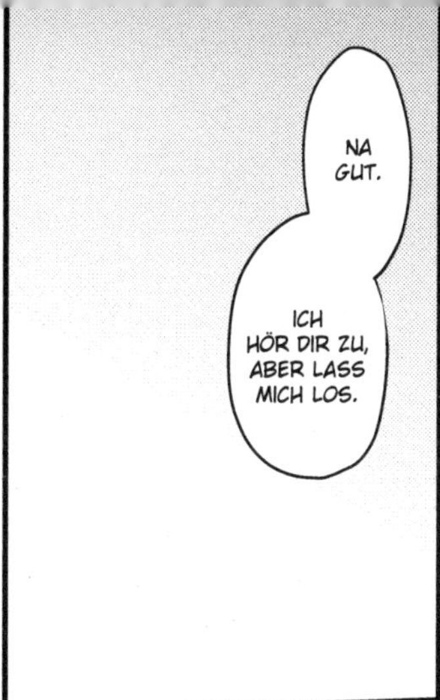
NA GUT.
ICH HÖR DIR ZU, ABER LASS MICH LOS.

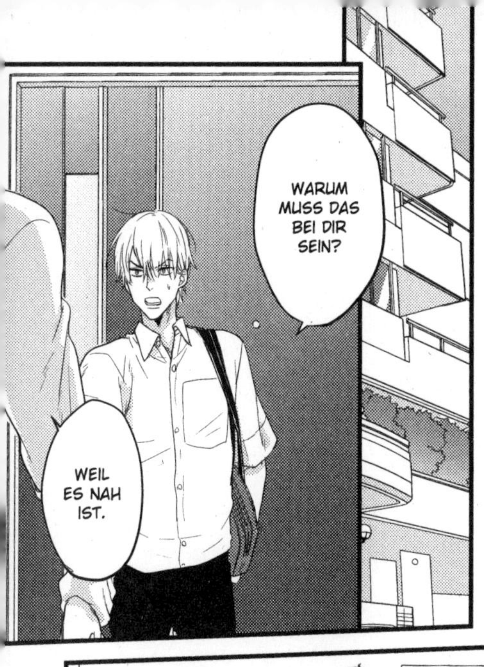
WARUM MUSS DAS BEI DIR SEIN?
WEIL ES NAH IST.

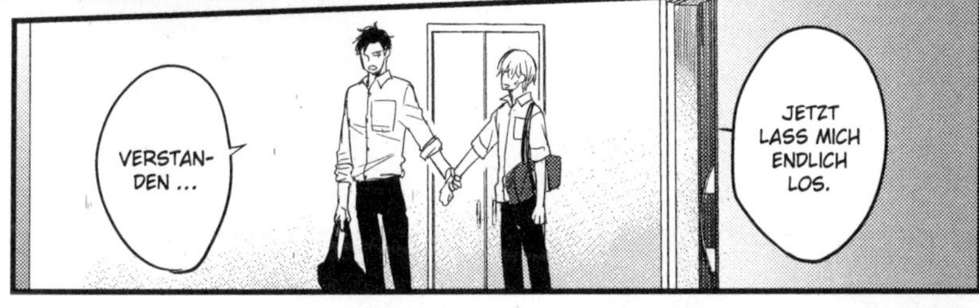
JETZT LASS MICH ENDLICH LOS.
VERSTAN-DEN ...

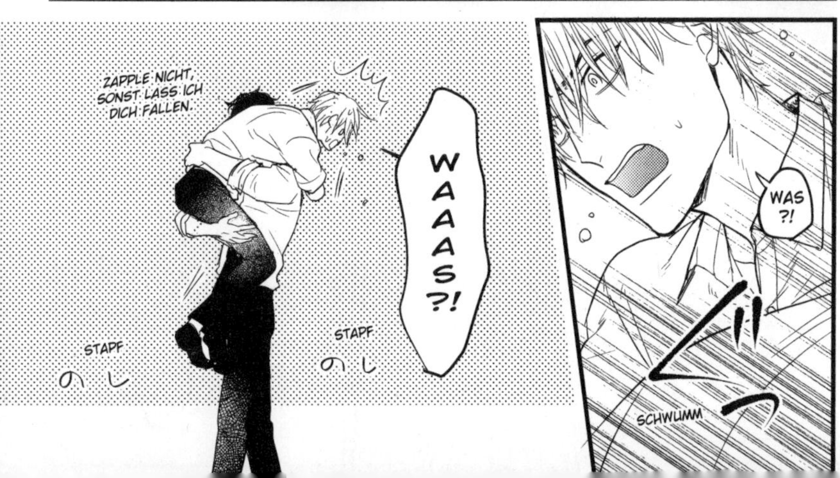
WAS ?!
SCHWUMM
WAAAS?!
ZAPPLE NICHT, SONST LASS ICH DICH FALLEN.
STAPF
のし
STAPF
のし

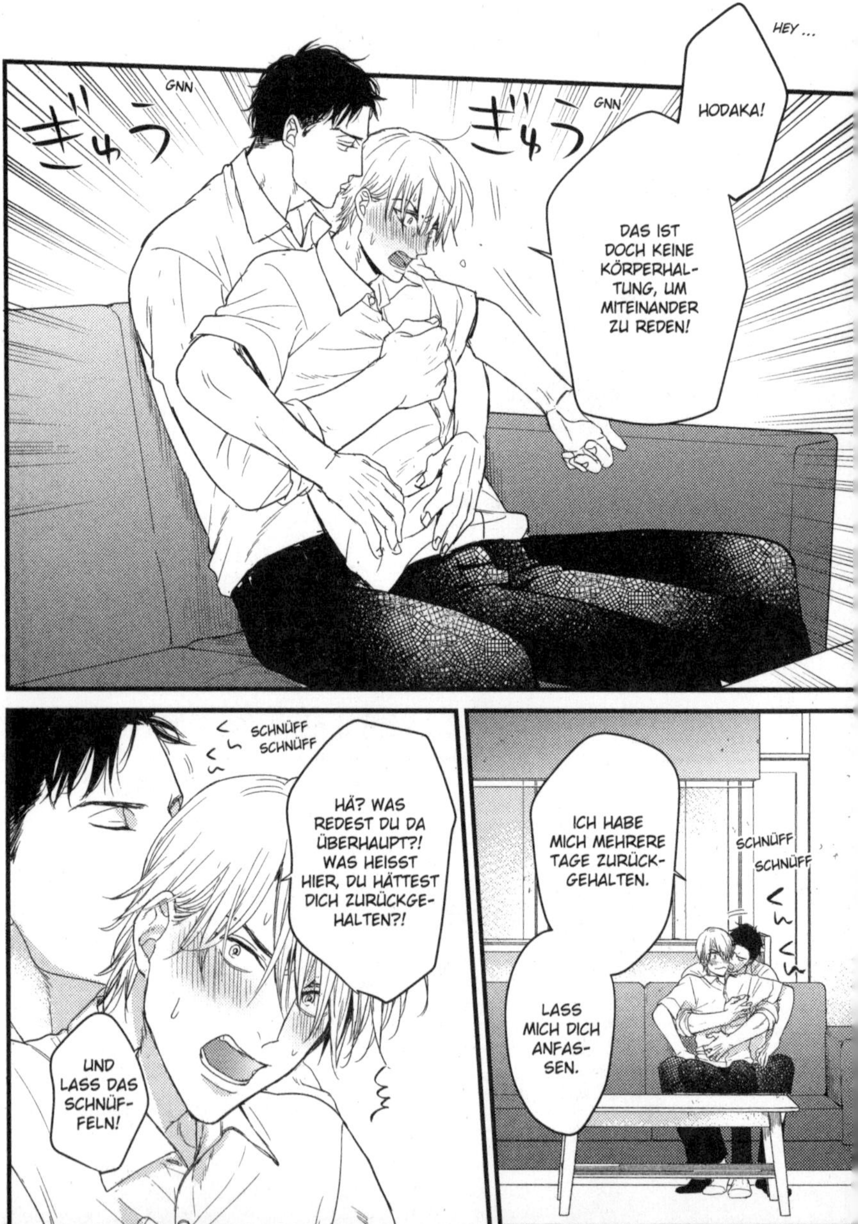

HEY …

HODAKA!

DAS IST DOCH KEINE KÖRPERHALTUNG, UM MITEINANDER ZU REDEN!

ぎゅう GNN

ぎゅう GNN

ICH HABE MICH MEHRERE TAGE ZURÜCKGEHALTEN.

LASS MICH DICH ANFASSEN.

SCHNÜFF SCHNÜFF

くんくん

くんくん SCHNÜFF SCHNÜFF

HÄ? WAS REDEST DU DA ÜBERHAUPT?! WAS HEISST HIER, DU HÄTTEST DICH ZURÜCKGEHALTEN?!

UND LASS DAS SCHNÜFFELN!

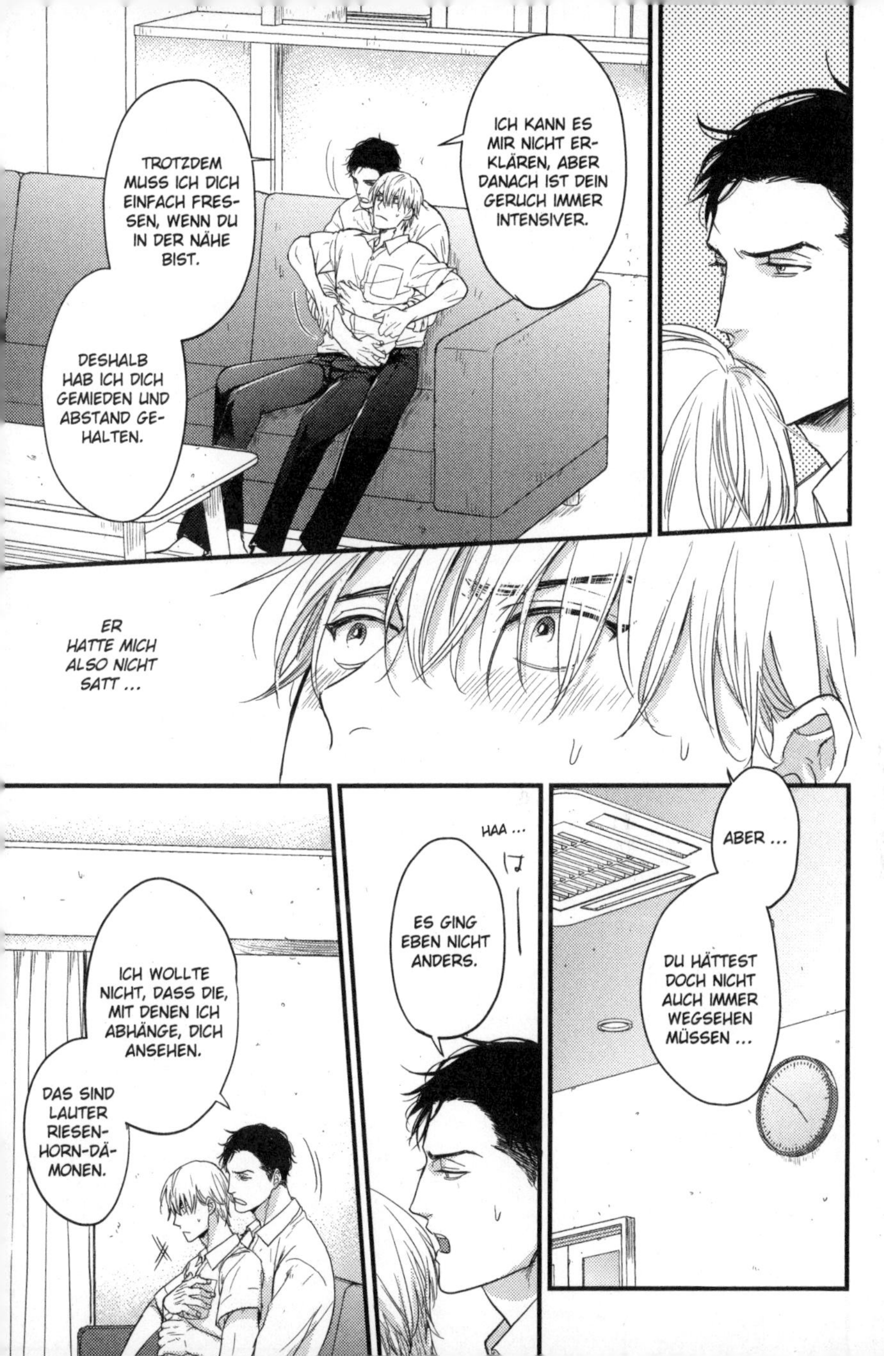
ICH KANN ES MIR NICHT ERKLÄREN, ABER DANACH IST DEIN GERUCH IMMER INTENSIVER.
TROTZDEM MUSS ICH DICH EINFACH FRESSEN, WENN DU IN DER NÄHE BIST.
DESHALB HAB ICH DICH GEMIEDEN UND ABSTAND GEHALTEN.
ER HATTE MICH ALSO NICHT SATT …
ABER …
DU HÄTTEST DOCH NICHT AUCH IMMER WEGSEHEN MÜSSEN …
HAA …
ES GING EBEN NICHT ANDERS.
ICH WOLLTE NICHT, DASS DIE, MIT DENEN ICH ABHÄNGE, DICH ANSEHEN.
DAS SIND LAUTER RIESEN-HORN-DÄMONEN.

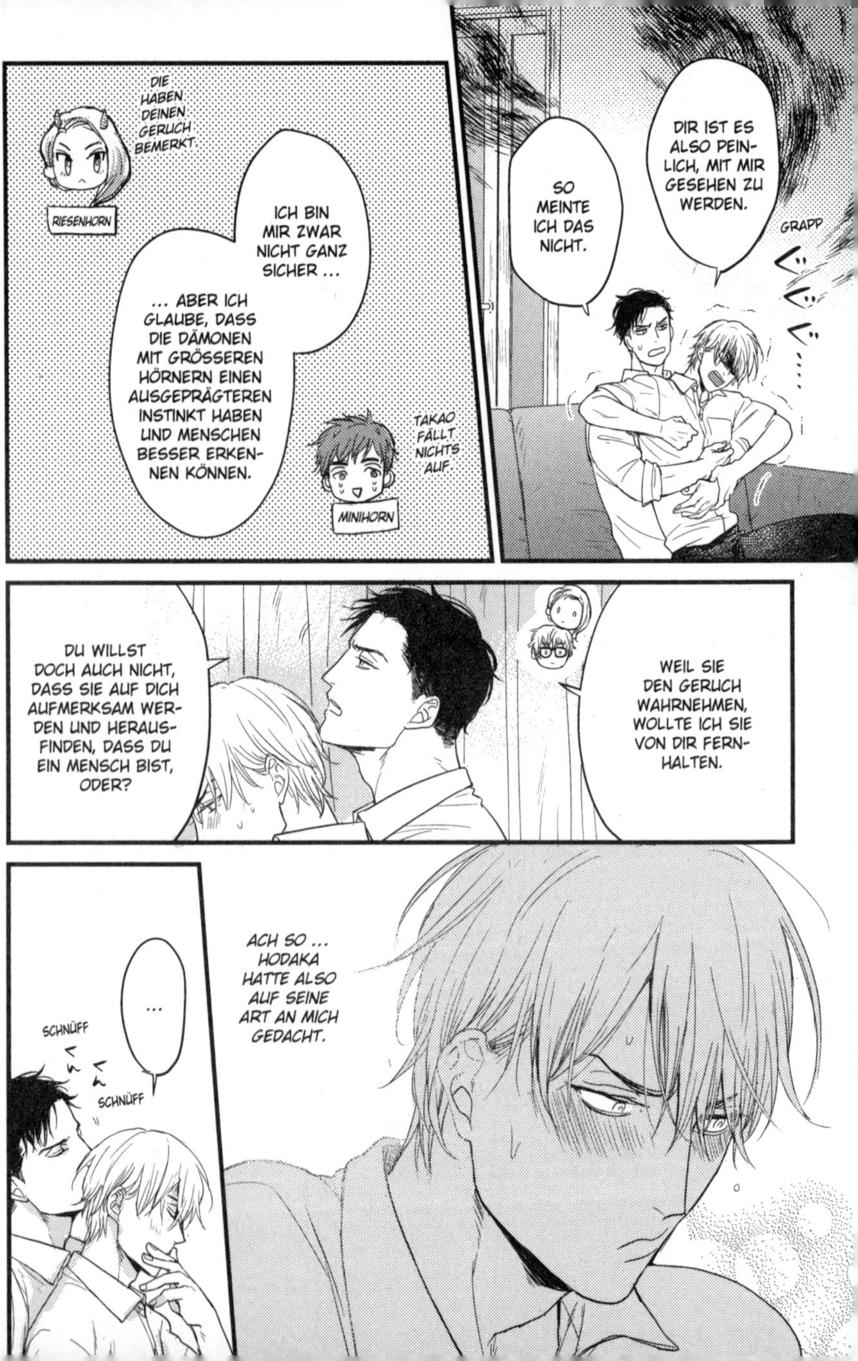

DIR IST ES ALSO PEINLICH, MIT MIR GESEHEN ZU WERDEN.

GRAPP

SO MEINTE ICH DAS NICHT.

ICH BIN MIR ZWAR NICHT GANZ SICHER …

… ABER ICH GLAUBE, DASS DIE DÄMONEN MIT GRÖSSEREN HÖRNERN EINEN AUSGEPRÄGTEREN INSTINKT HABEN UND MENSCHEN BESSER ERKENNEN KÖNNEN.

DIE HABEN DEINEN GERUCH BEMERKT.

RIESENHORN

TAKAO FÄLLT NICHTS AUF.

MINIHORN

WEIL SIE DEN GERUCH WAHRNEHMEN, WOLLTE ICH SIE VON DIR FERNHALTEN.

DU WILLST DOCH AUCH NICHT, DASS SIE AUF DICH AUFMERKSAM WERDEN UND HERAUSFINDEN, DASS DU EIN MENSCH BIST, ODER?

ACH SO … HODAKA HATTE ALSO AUF SEINE ART AN MICH GEDACHT.

…

SCHNÜFF

SCHNÜFF

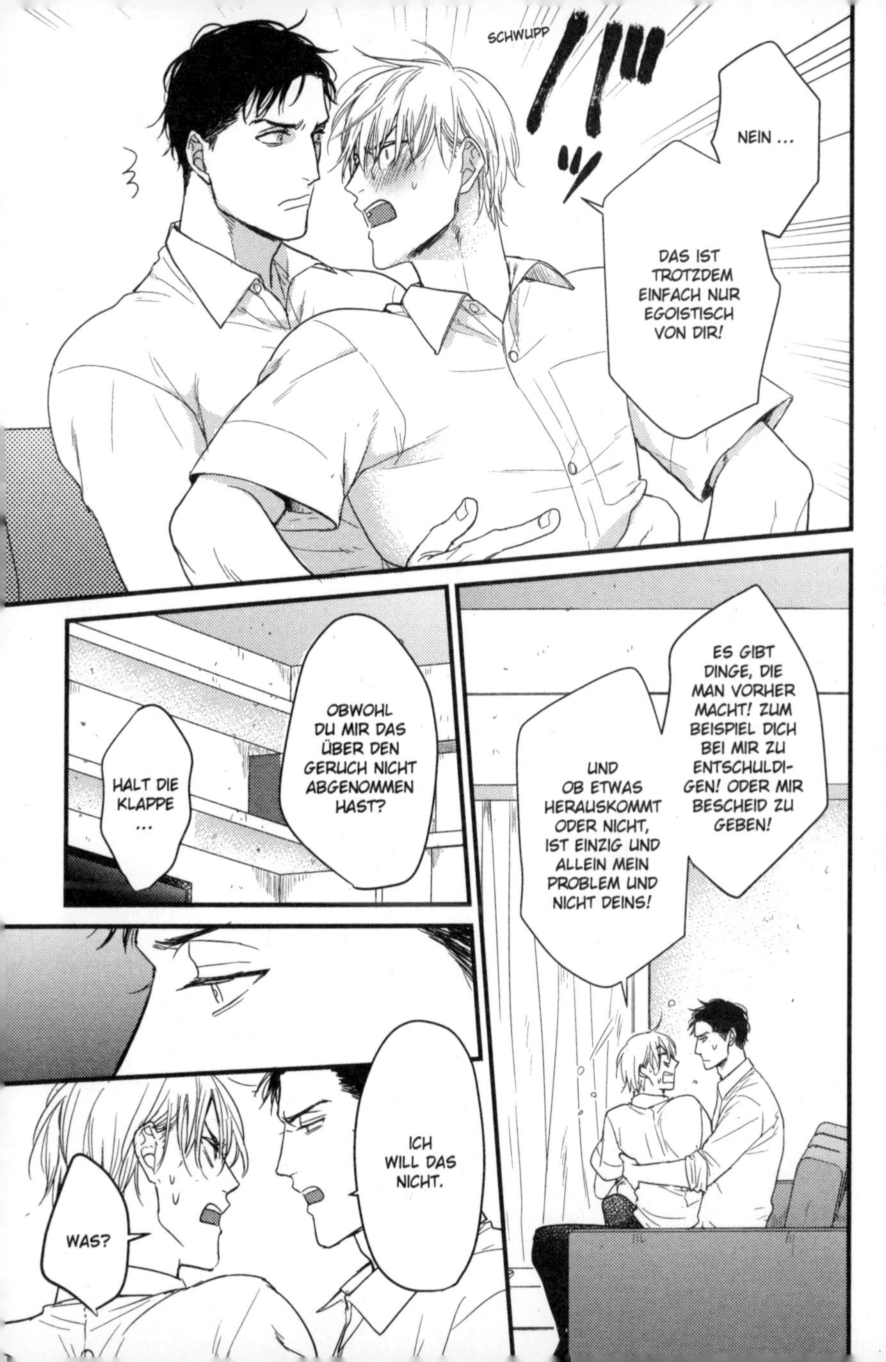
SCHWUPP
NEIN ...
DAS IST TROTZDEM EINFACH NUR EGOISTISCH VON DIR!
ES GIBT DINGE, DIE MAN VORHER MACHT! ZUM BEISPIEL DICH BEI MIR ZU ENTSCHULDI-GEN! ODER MIR BESCHEID ZU GEBEN!
UND OB ETWAS HERAUSKOMMT ODER NICHT, IST EINZIG UND ALLEIN MEIN PROBLEM UND NICHT DEINS!
OBWOHL DU MIR DAS ÜBER DEN GERUCH NICHT ABGENOMMEN HAST?
HALT DIE KLAPPE ...
ICH WILL DAS NICHT.
WAS?

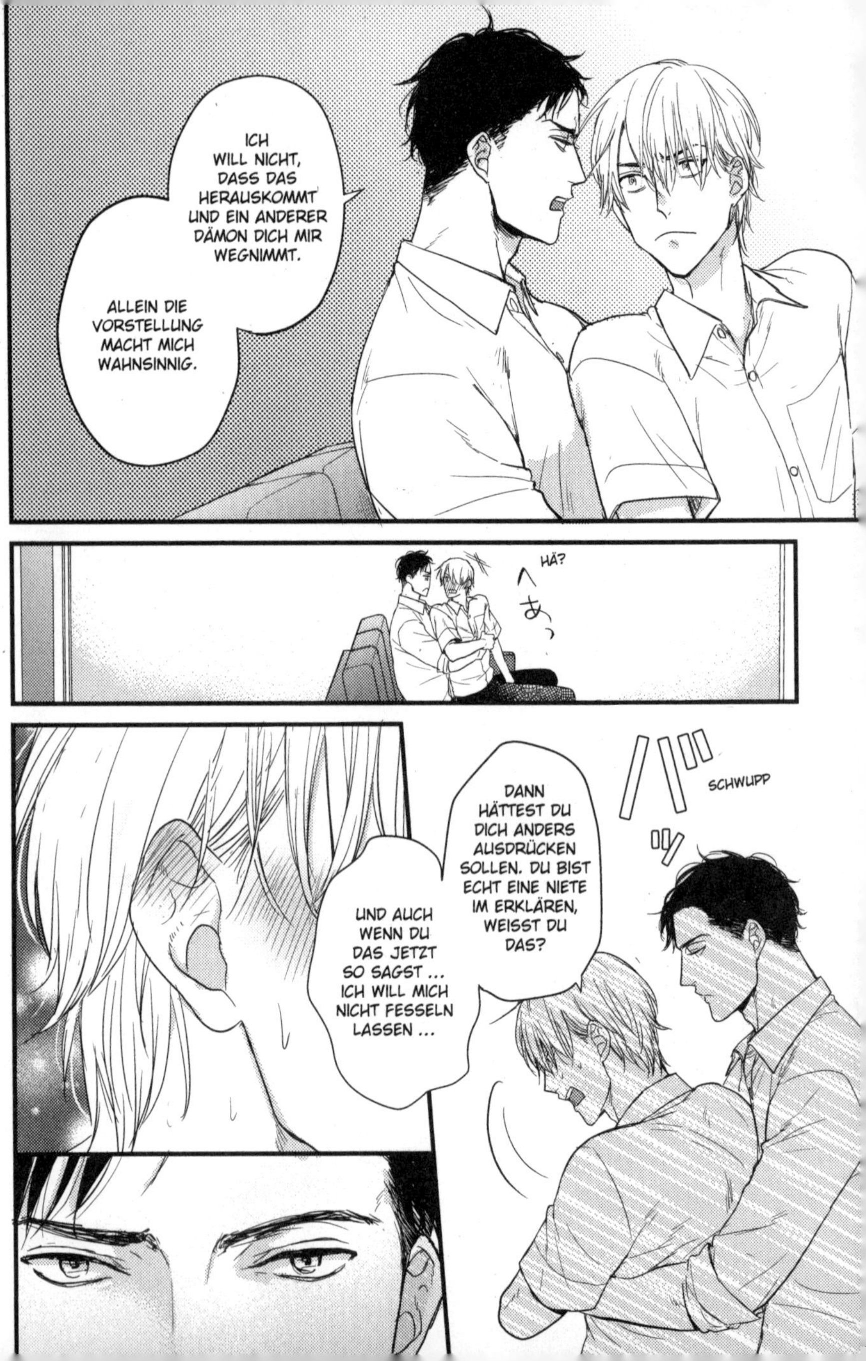

ICH WILL NICHT, DASS DAS HERAUSKOMMT UND EIN ANDERER DÄMON DICH MIR WEGNIMMT.

ALLEIN DIE VORSTELLUNG MACHT MICH WAHNSINNIG.

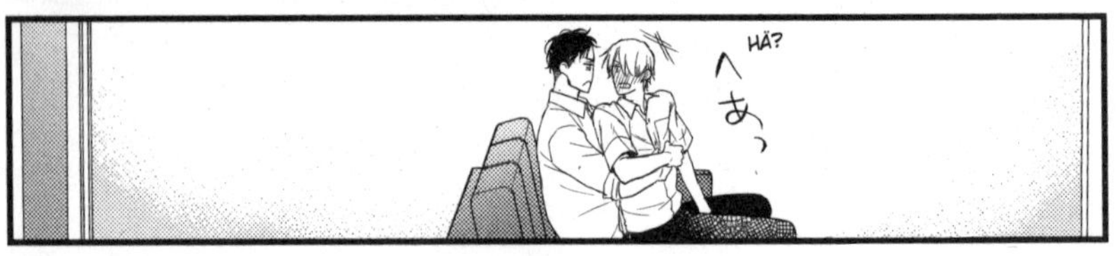

バッ
SCHWUPP

DANN HÄTTEST DU DICH ANDERS AUSDRÜCKEN SOLLEN. DU BIST ECHT EINE NIETE IM ERKLÄREN, WEISST DU DAS?

UND AUCH WENN DU DAS JETZT SO SAGST … ICH WILL MICH NICHT FESSELN LASSEN …

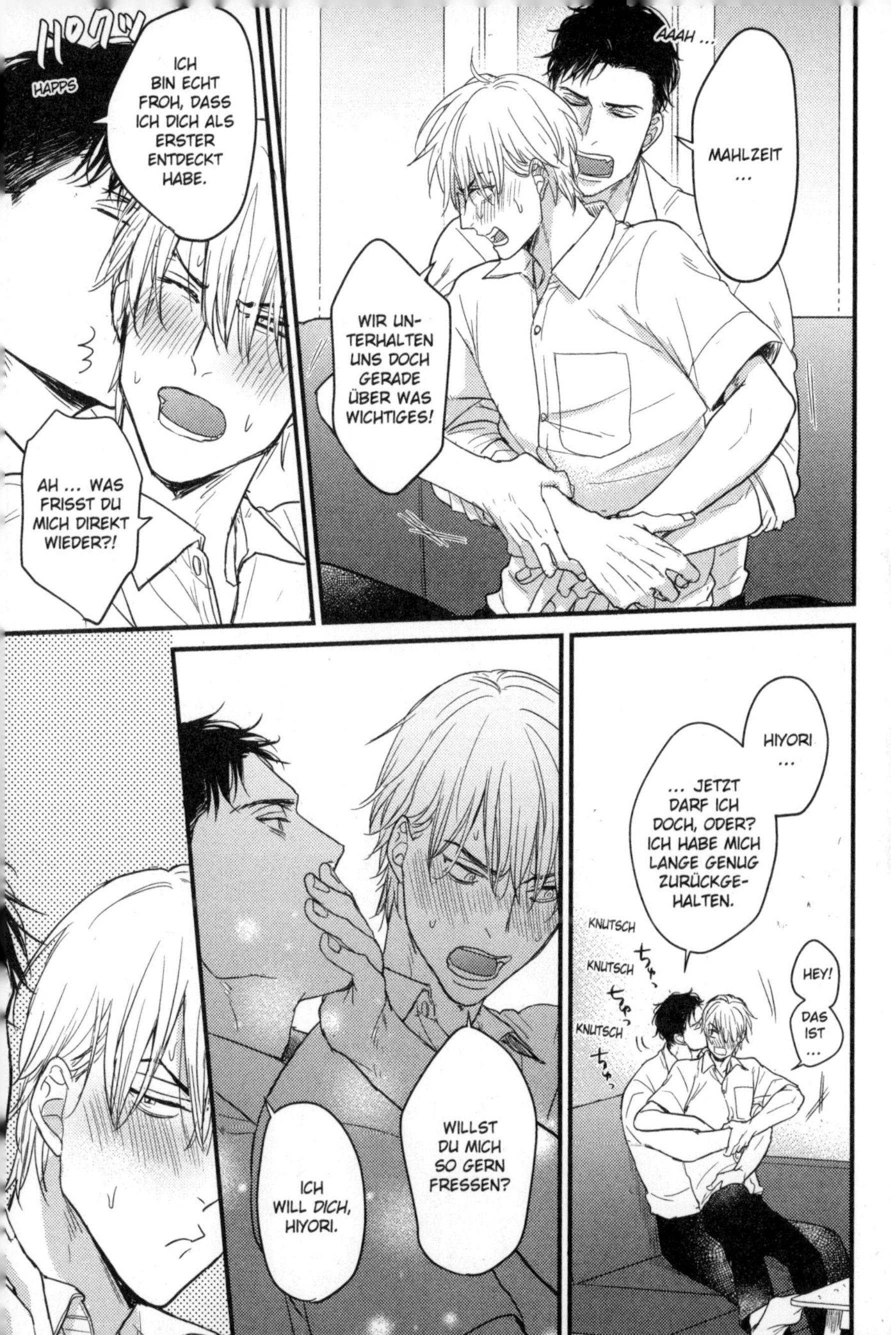
AAAH …
MAHLZEIT …
WIR UNTERHALTEN UNS DOCH GERADE ÜBER WAS WICHTIGES!
HAPPS
ICH BIN ECHT FROH, DASS ICH DICH ALS ERSTER ENTDECKT HABE.
AH … WAS FRISST DU MICH DIREKT WIEDER?!
HIYORI …
… JETZT DARF ICH DOCH, ODER? ICH HABE MICH LANGE GENUG ZURÜCKGEHALTEN.
KNUTSCH
KNUTSCH
KNUTSCH
HEY!
DAS IST …
WILLST DU MICH SO GERN FRESSEN?
ICH WILL DICH, HIYORI.

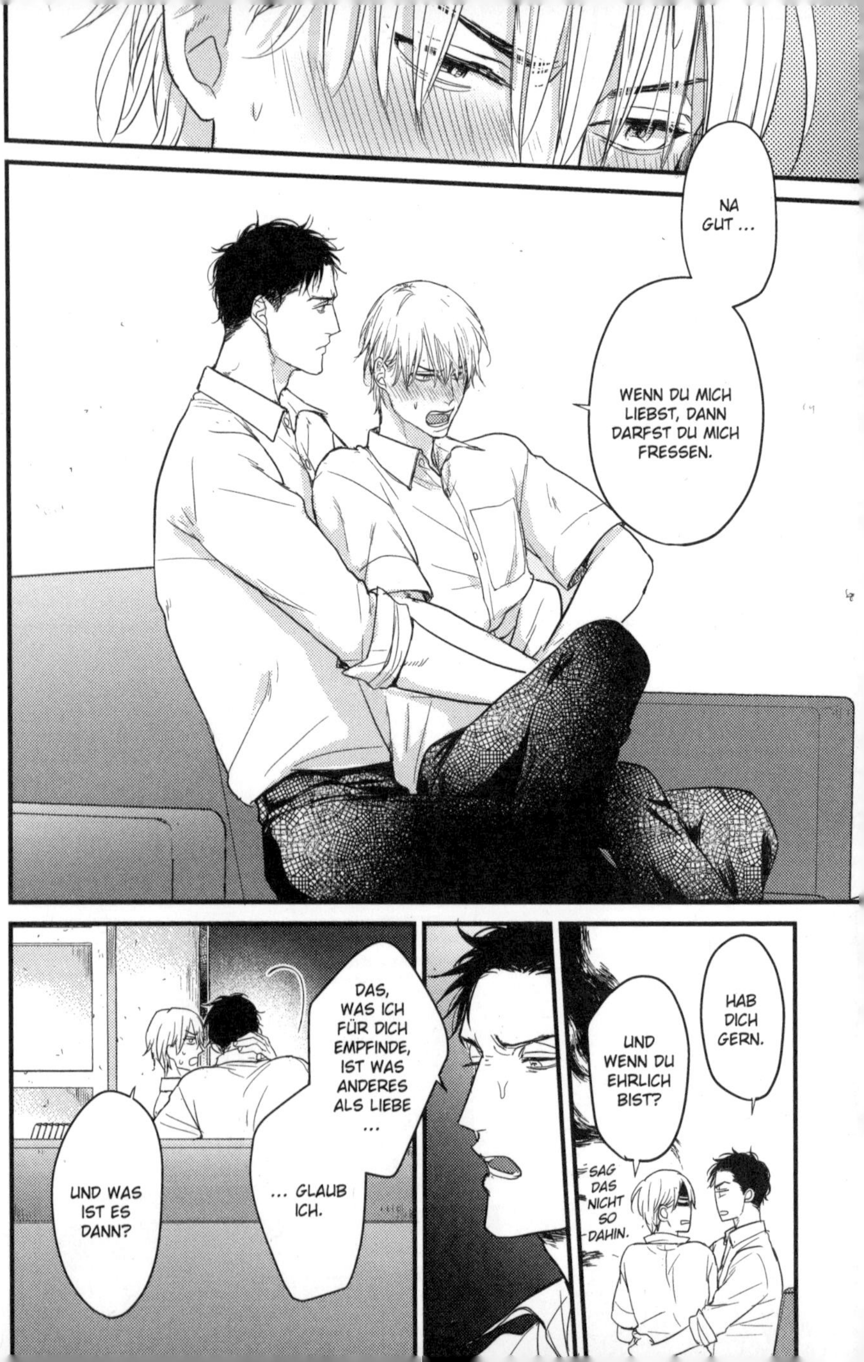

NA GUT ...

WENN DU MICH LIEBST, DANN DARFST DU MICH FRESSEN.

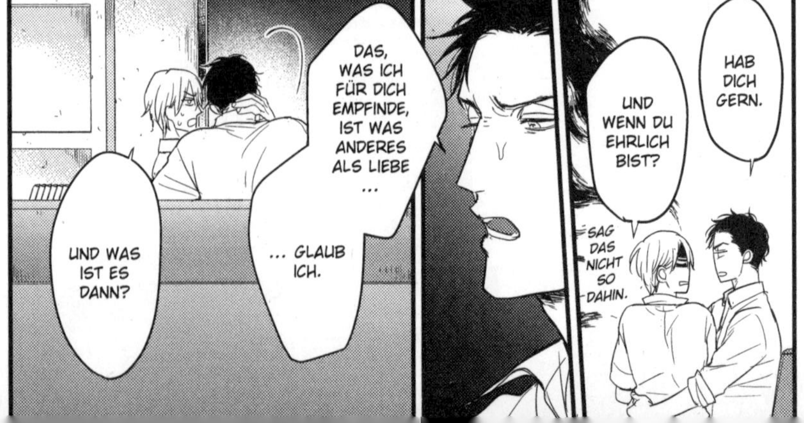

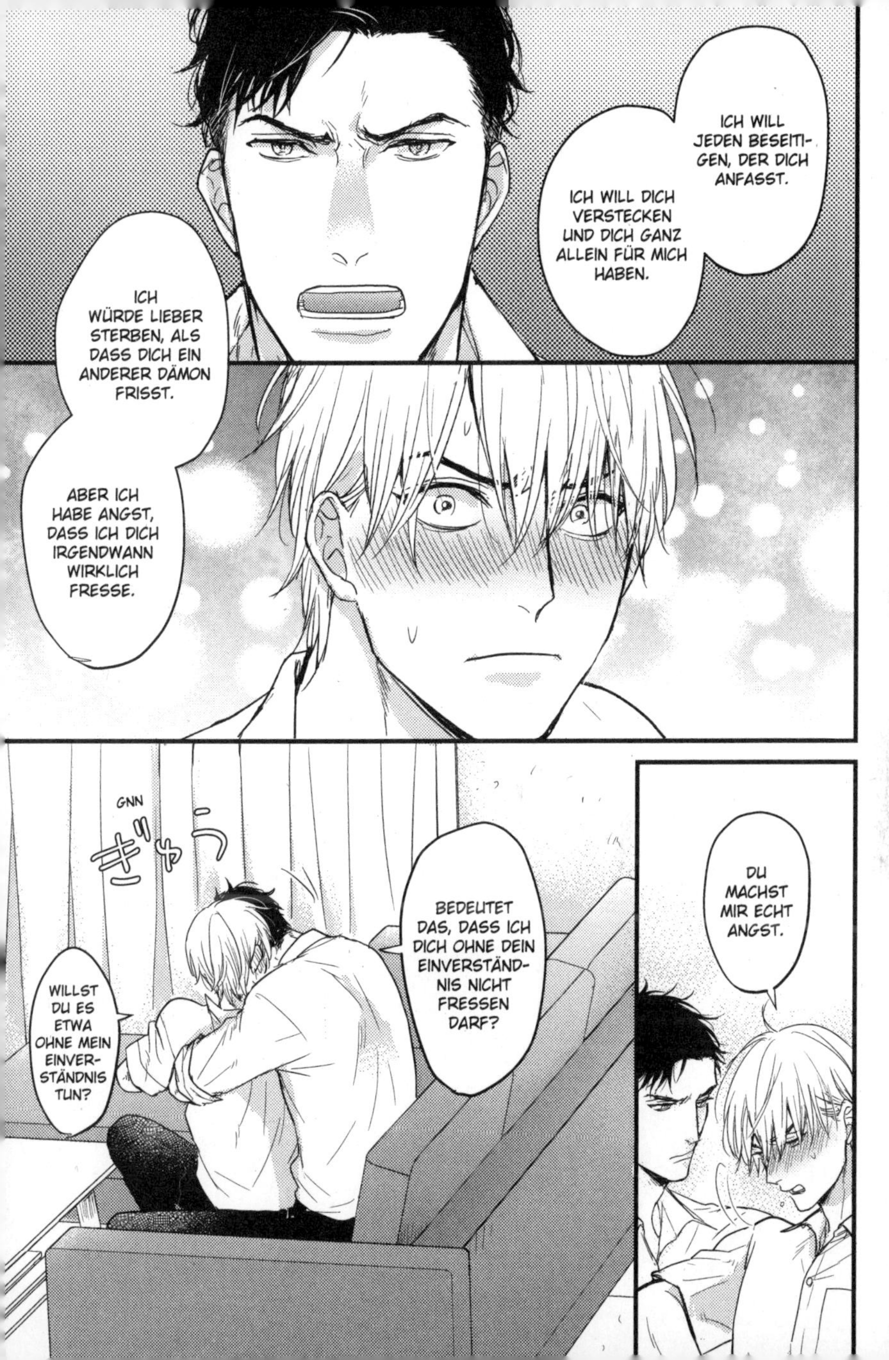
ICH WILL JEDEN BESEITI-GEN, DER DICH ANFASST.
ICH WILL DICH VERSTECKEN UND DICH GANZ ALLEIN FÜR MICH HABEN.
ICH WÜRDE LIEBER STERBEN, ALS DASS DICH EIN ANDERER DÄMON FRISST.
ABER ICH HABE ANGST, DASS ICH DICH IRGENDWANN WIRKLICH FRESSE.
DU MACHST MIR ECHT ANGST.
BEDEUTET DAS, DASS ICH DICH OHNE DEIN EINVERSTÄND-NIS NICHT FRESSEN DARF?
GNN
ぎゅう
WILLST DU ES ETWA OHNE MEIN EINVER-STÄNDNIS TUN?

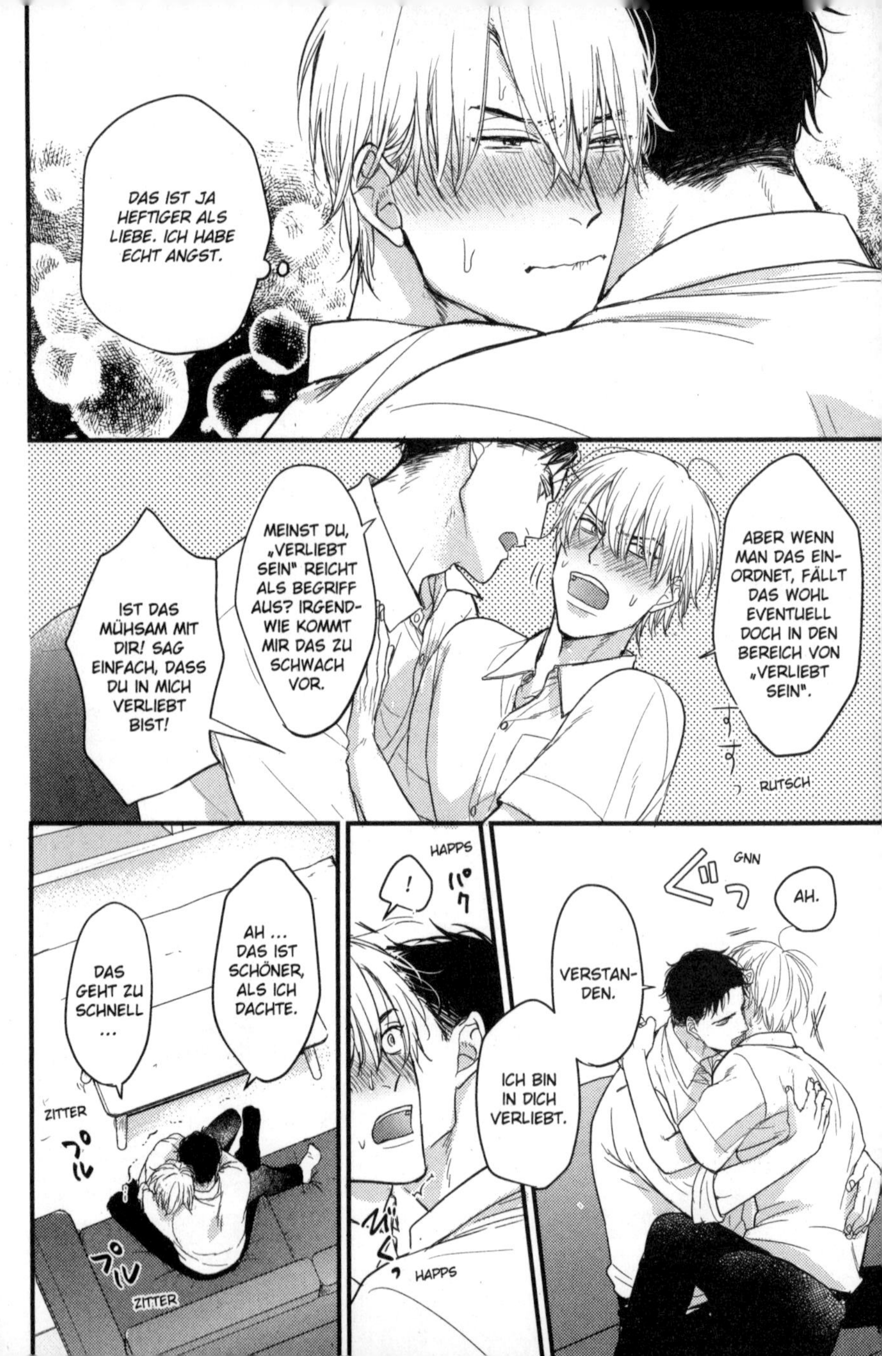
DAS IST JA HEFTIGER ALS LIEBE. ICH HABE ECHT ANGST.
ABER WENN MAN DAS EIN-ORDNET, FÄLLT DAS WOHL EVENTUELL DOCH IN DEN BEREICH VON „VERLIEBT SEIN".
RUTSCH
MEINST DU, „VERLIEBT SEIN" REICHT ALS BEGRIFF AUS? IRGEND-WIE KOMMT MIR DAS ZU SCHWACH VOR.
IST DAS MÜHSAM MIT DIR! SAG EINFACH, DASS DU IN MICH VERLIEBT BIST!
GNN
AH.
VERSTAN-DEN.
ICH BIN IN DICH VERLIEBT.
HAPPS
パク
!
HAPPS
AH ... DAS IST SCHÖNER, ALS ICH DACHTE.
DAS GEHT ZU SCHNELL ...
ZITTER
ZITTER

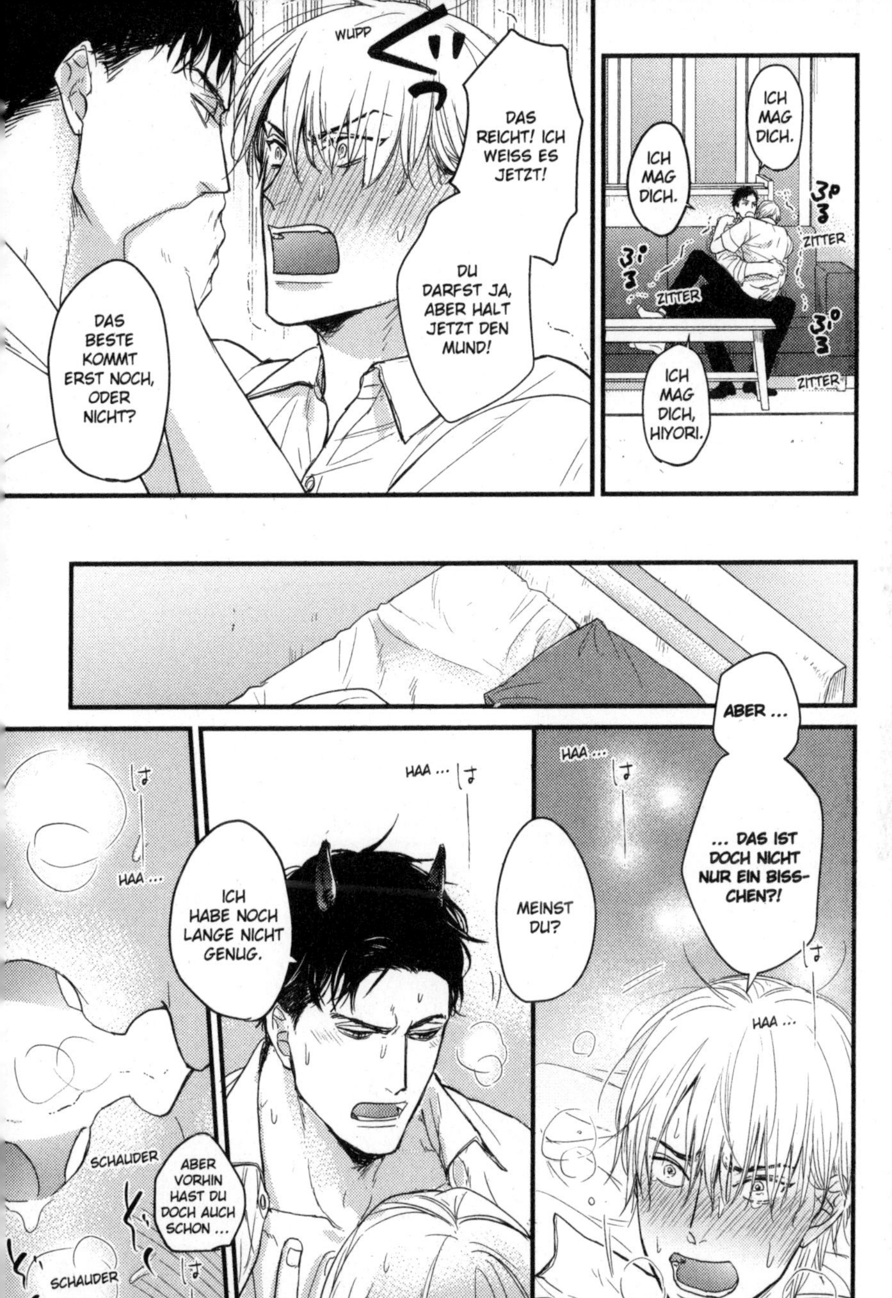

ICH MAG DICH.
ICH MAG DICH.
ICH MAG DICH, HIYORI.
ZITTER
ZITTER
ZITTER
WUPP
DAS REICHT! ICH WEISS ES JETZT!
DU DARFST JA, ABER HALT JETZT DEN MUND!
DAS BESTE KOMMT ERST NOCH, ODER NICHT?
ABER …
… DAS IST DOCH NICHT NUR EIN BISS-CHEN?!
HAA …
HAA …
MEINST DU?
HAA …
ICH HABE NOCH LANGE NICHT GENUG.
HAA …
SCHAUDER
ABER VORHIN HAST DU DOCH AUCH SCHON …
SCHAUDER
HAA …

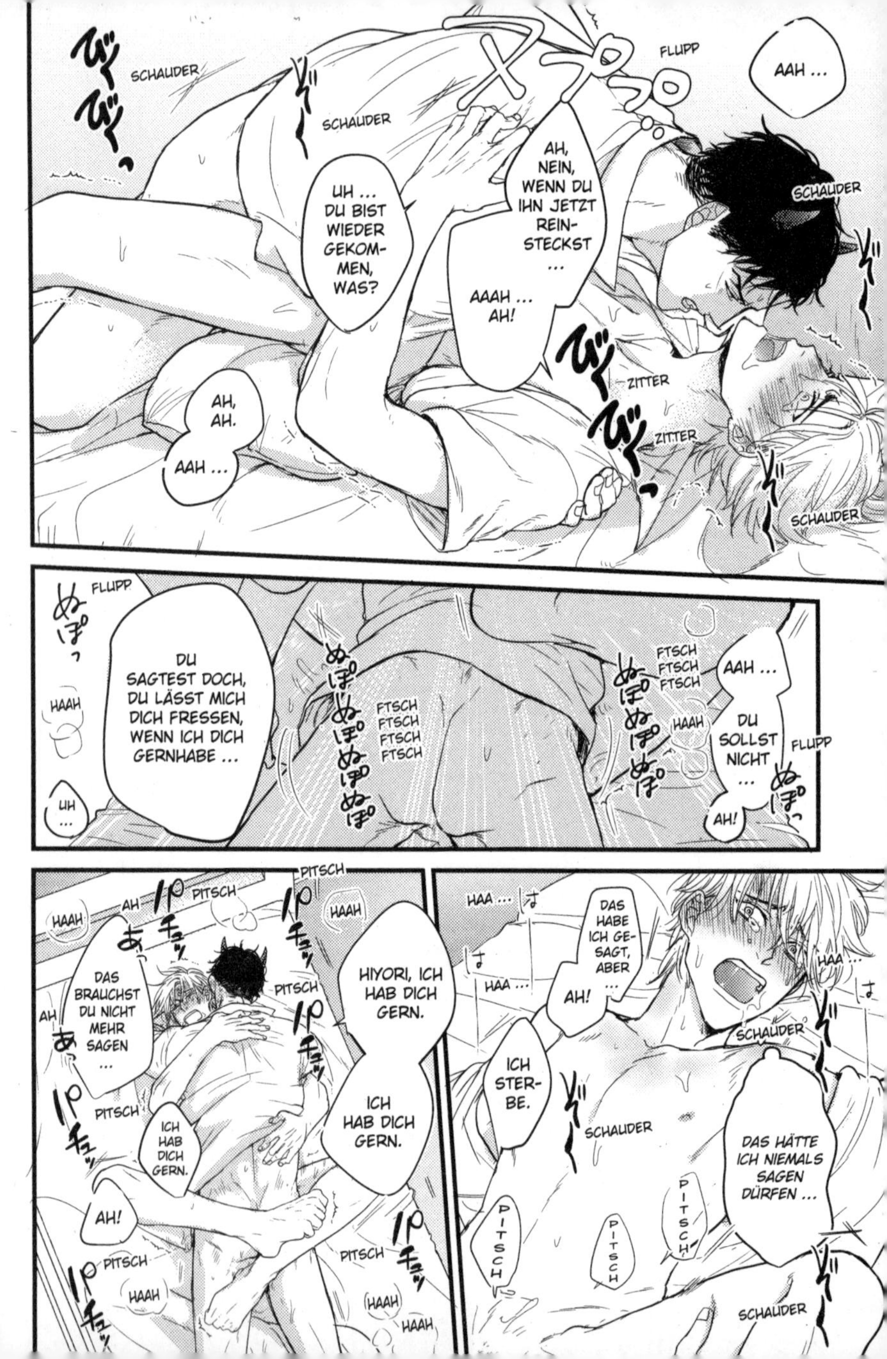
AAH …
FLUPP
SCHAUDER
AH, NEIN, WENN DU IHN JETZT REIN-STECKST …
AAAH … AH!
UH … DU BIST WIEDER GEKOMMEN, WAS?
SCHAUDER
SCHAUDER
ZITTER
ZITTER
SCHAUDER
AH, AH.
AAH …
AAH …
DU SOLLST NICHT …
AH!
FLUPP
FTSCH FTSCH FTSCH
HAAH
FTSCH FTSCH FTSCH FTSCH
DU SAGTEST DOCH, DU LÄSST MICH DICH FRESSEN, WENN ICH DICH GERNHABE …
FLUPP
HAAH
UH …
HAA …
HAA …
HAA …
DAS HABE ICH GESAGT, ABER …
AH!
ICH STERBE.
SCHAUDER
SCHAUDER
DAS HÄTTE ICH NIEMALS SAGEN DÜRFEN …
PITSCH
PITSCH
PITSCH
SCHAUDER
PITSCH
HAAH
HIYORI, ICH HAB DICH GERN.
ICH HAB DICH GERN.
PITSCH
PITSCH
HAAH
AH
DAS BRAUCHST DU NICHT MEHR SAGEN …
AH
PITSCH
ICH HAB DICH GERN.
AH!
PITSCH
PITSCH
HAAH
HAAH
HAAH

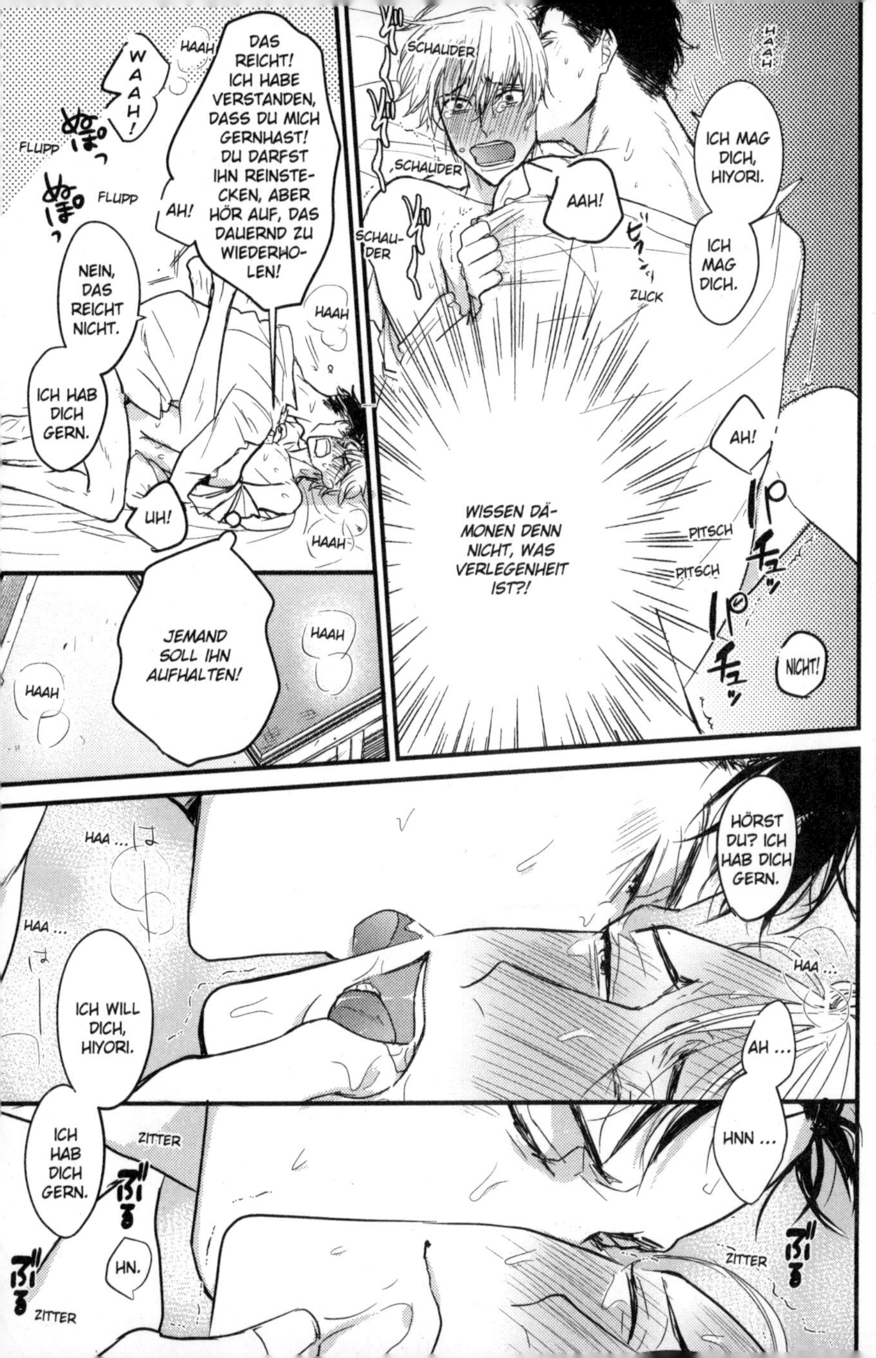
HAAH
ICH MAG DICH, HIYORI.
ICH MAG DICH.
SCHAUDER
AAH!
ZUCK
SCHAUDER
SCHAU-DER
AH!
PITSCH
PITSCH
NICHT!
WISSEN DÄ-MONEN DENN NICHT, WAS VERLEGENHEIT IST?!
WAAAH!
HAAH
FLUPP
FLUPP
DAS REICHT! ICH HABE VERSTANDEN, DASS DU MICH GERNHAST! DU DARFST IHN REINSTE-CKEN, ABER HÖR AUF, DAS DAUERND ZU WIEDERHO-LEN!
AH!
NEIN, DAS REICHT NICHT.
ICH HAB DICH GERN.
HAAH
UH!
HAAH
HAAH
JEMAND SOLL IHN AUFHALTEN!
HAAH
HÖRST DU? ICH HAB DICH GERN.
HAA ...
AH ...
HAA ...
HAA ...
ICH WILL DICH, HIYORI.
HNN ...
ZITTER
ZITTER
ICH HAB DICH GERN.
HN.
ZITTER

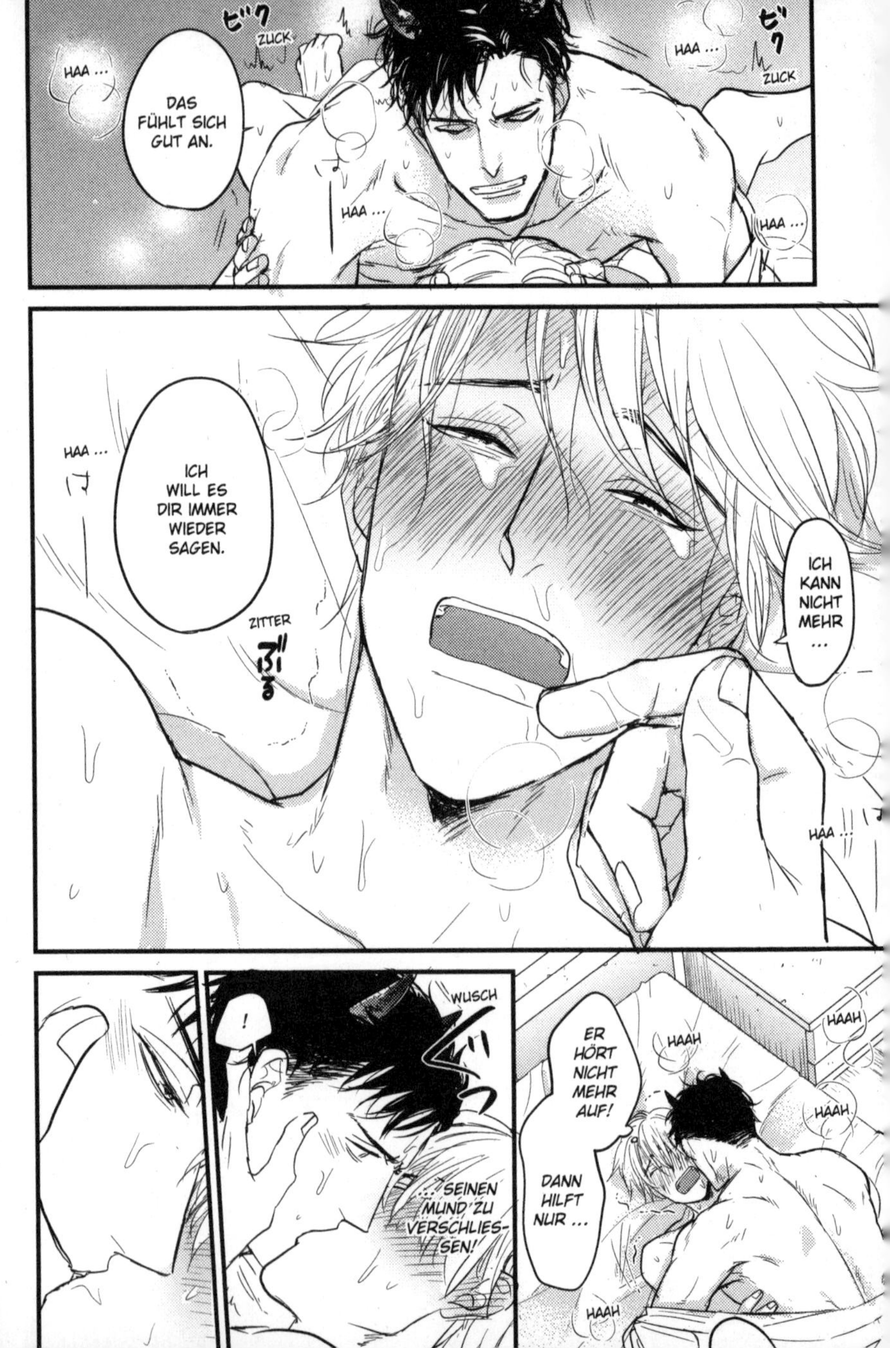

ビク
ZUCK
HAA ...
ビク
ZUCK
HAA ...
DAS FÜHLT SICH GUT AN.
HAA ...
HAA ...
ICH KANN NICHT MEHR ...
ICH WILL ES DIR IMMER WIEDER SAGEN.
HAA ...
HAA ...
ZITTER
ぶる
HAAH
HAAH
ER HÖRT NICHT MEHR AUF!
HAAH
DANN HILFT NUR ...
HAAH
WUSCH
!
... SEINEN MUND ZU VERSCHLIES-SEN!

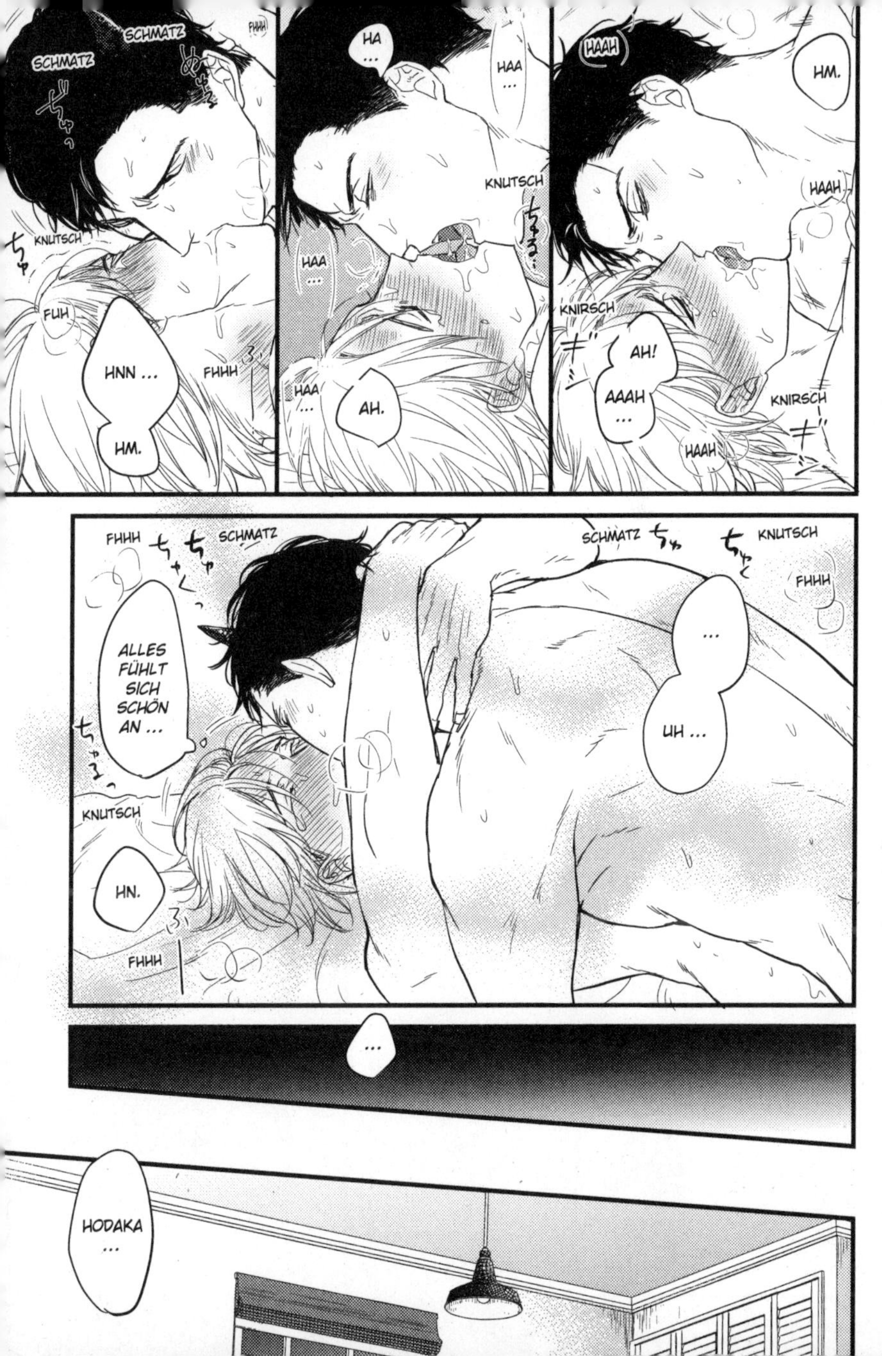
HAAH
HM.
HAAH
KNIRSCH
AH! AAAH …
KNIRSCH
HAAH
HA …
HAA …
KNUTSCH
HAA …
HAA …
AH.
FHHH
SCHMATZ
SCHMATZ
KNUTSCH
FUH
HNN … HM.
FHHH
KNUTSCH
SCHMATZ
FHHH
… UH …
SCHMATZ
FHHH
ALLES FÜHLT SICH SCHÖN AN …
KNUTSCH
HN.
FHHH
…
HODAKA …

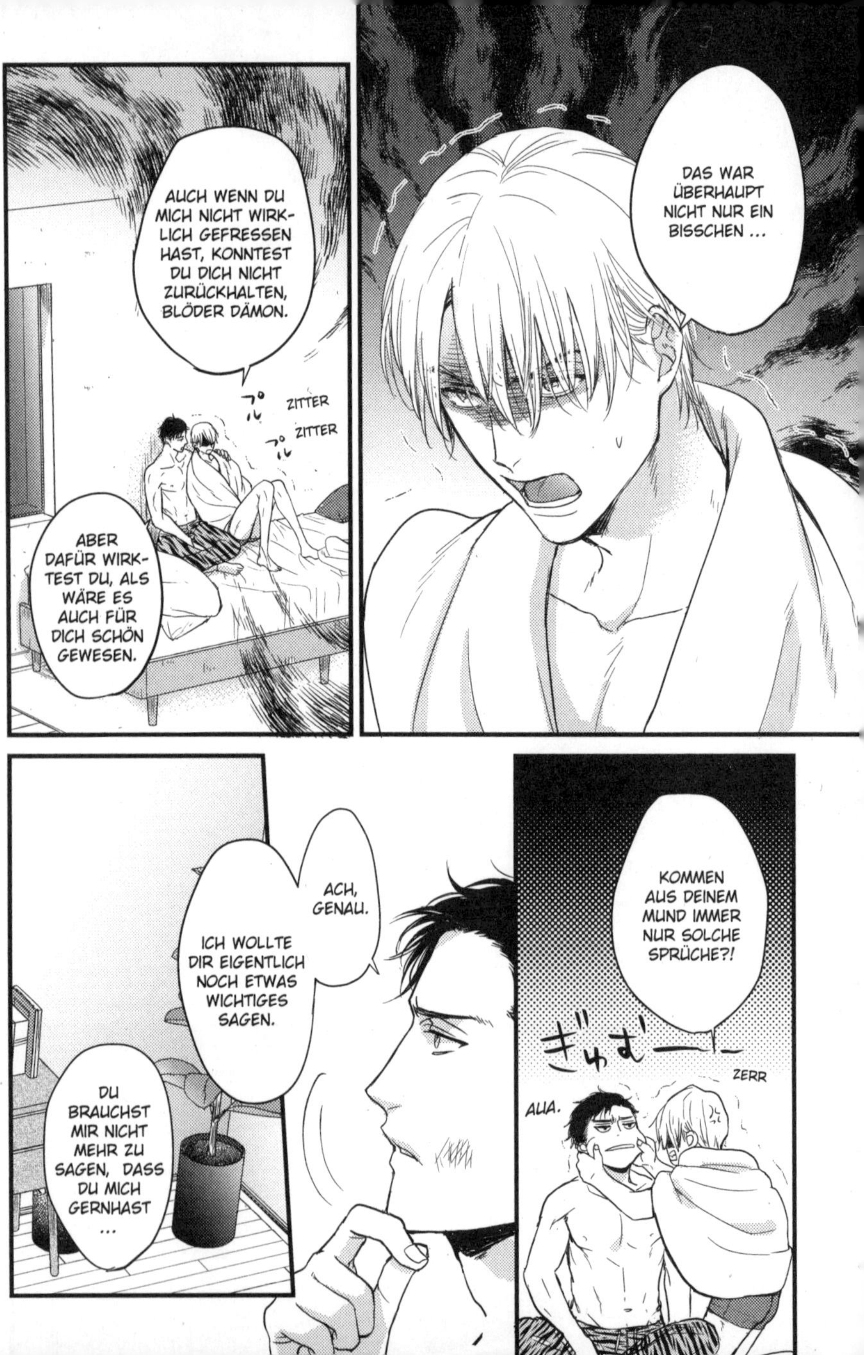

DAS WAR ÜBERHAUPT NICHT NUR EIN BISSCHEN …

AUCH WENN DU MICH NICHT WIRKLICH GEFRESSEN HAST, KONNTEST DU DICH NICHT ZURÜCKHALTEN, BLÖDER DÄMON.

プル ZITTER

プル ZITTER

ABER DAFÜR WIRKTEST DU, ALS WÄRE ES AUCH FÜR DICH SCHÖN GEWESEN.

KOMMEN AUS DEINEM MUND IMMER NUR SOLCHE SPRÜCHE?!

ぎゅむー

ZERR

AUA.

ACH, GENAU.

ICH WOLLTE DIR EIGENTLICH NOCH ETWAS WICHTIGES SAGEN.

DU BRAUCHST MIR NICHT MEHR ZU SAGEN, DASS DU MICH GERNHAST …

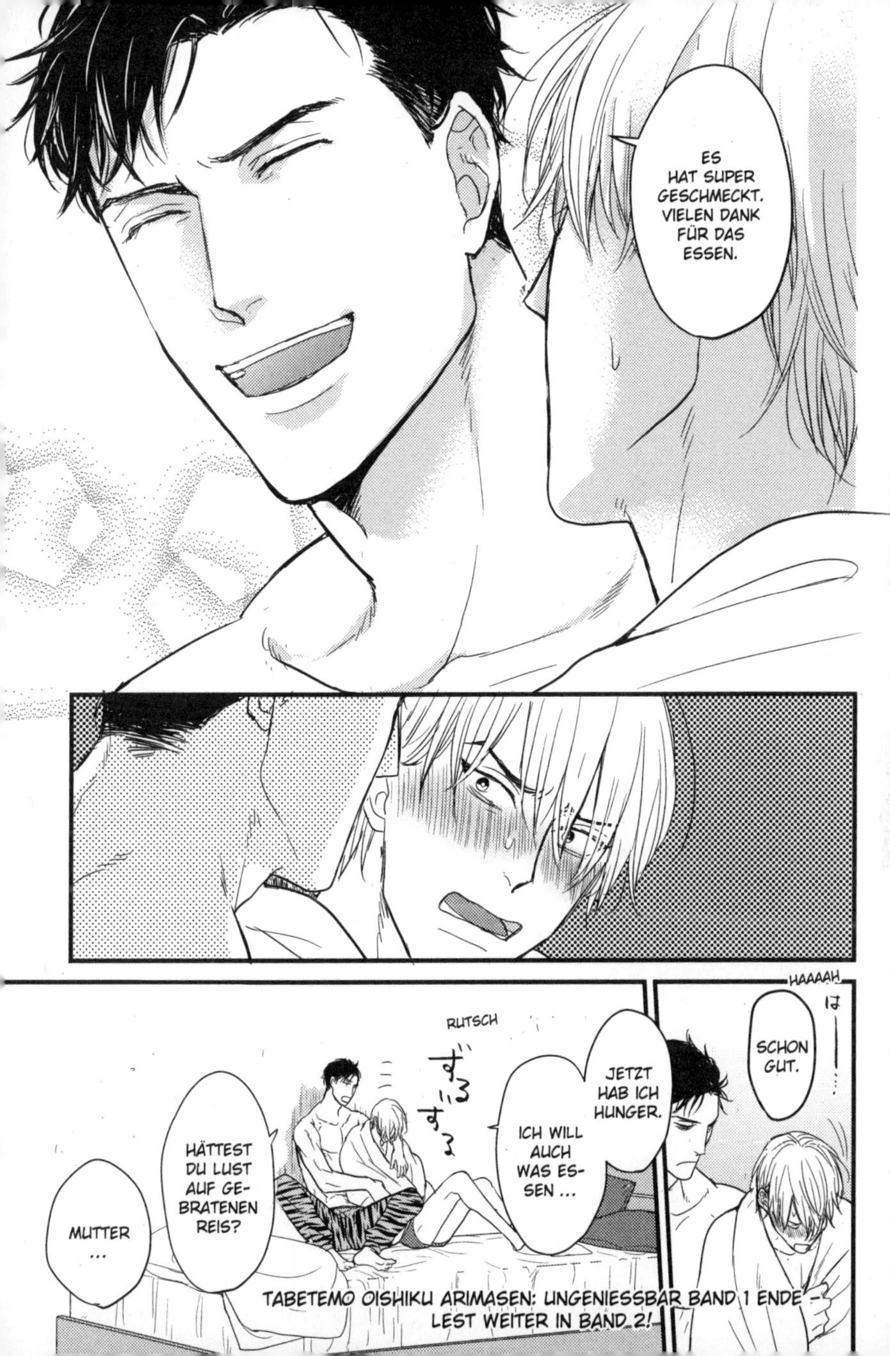
ES HAT SUPER GESCHMECKT. VIELEN DANK FÜR DAS ESSEN.
HAAAAH
は――……
SCHON GUT.
JETZT HAB ICH HUNGER.
ICH WILL AUCH WAS ES-SEN …
RUTSCH
ずるずる
HÄTTEST DU LUST AUF GE-BRATENEN REIS?
MUTTER …
TABETEMO OISHIKU ARIMASEN: UNGENIESSBAR BAND 1 ENDE – LEST WEITER IN BAND 2!

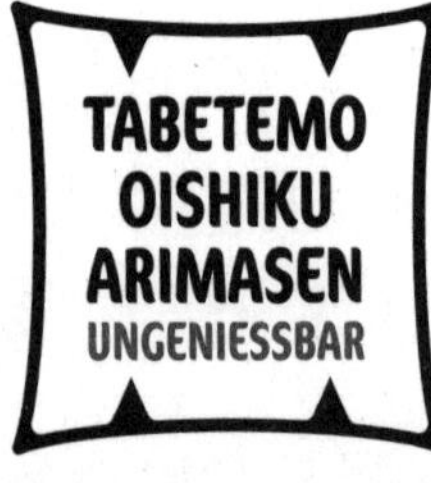
TABETEMO
OISHIKU
ARIMASEN
UNGENIESSBAR

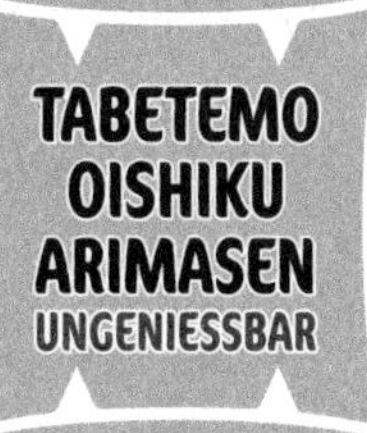
TABETEMO
OISHIKU
ARIMASEN
UNGENIESSBAR

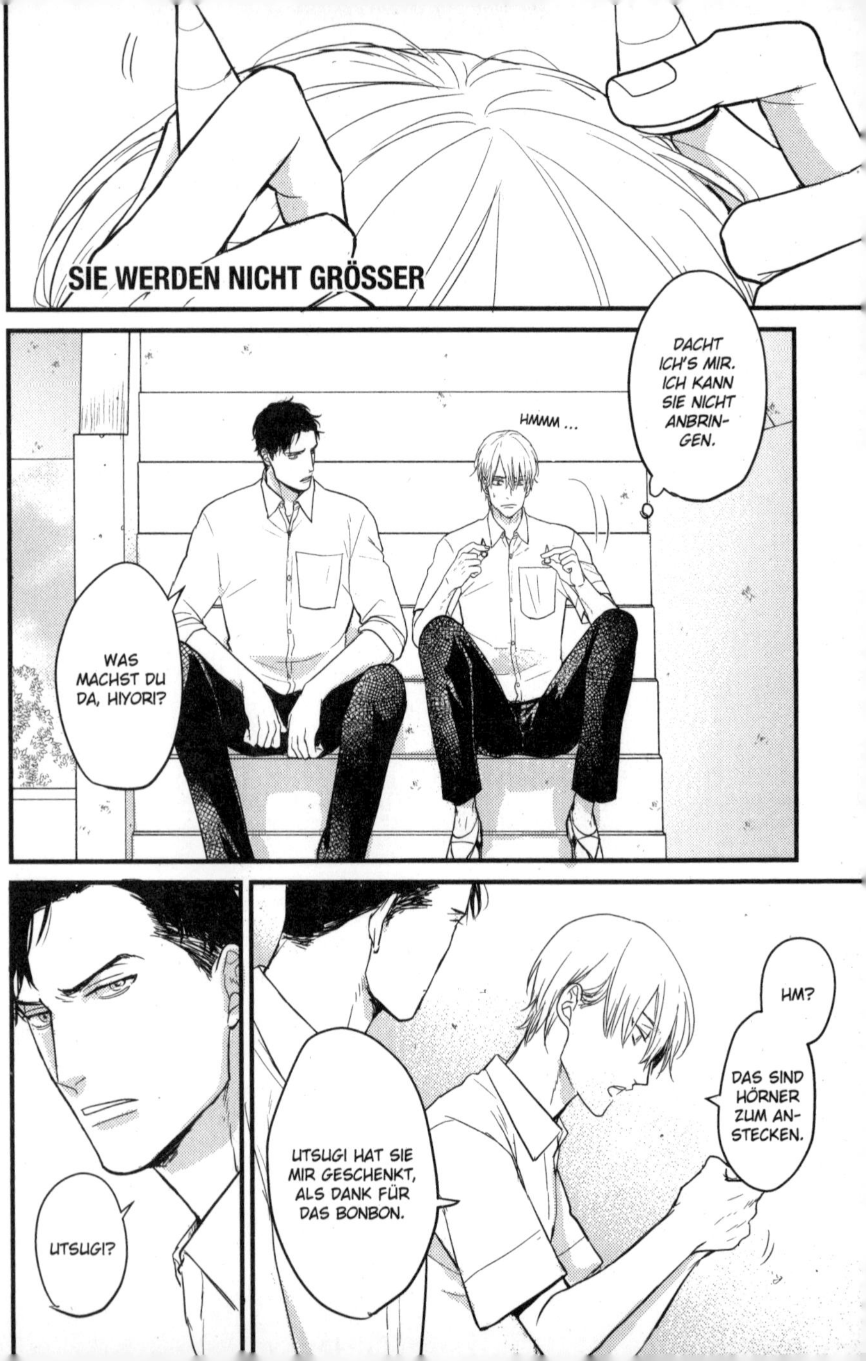

SIE WERDEN NICHT GRÖSSER

DACHT ICH'S MIR. ICH KANN SIE NICHT ANBRINGEN.

HMMM ...

WAS MACHST DU DA, HIYORI?

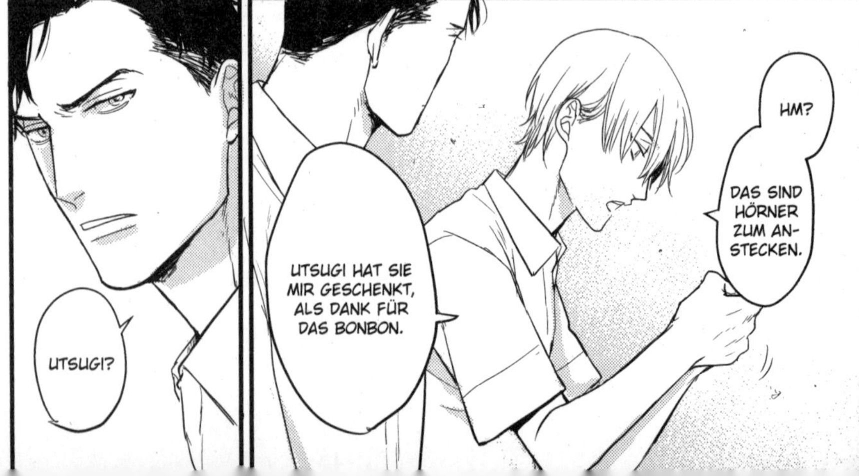

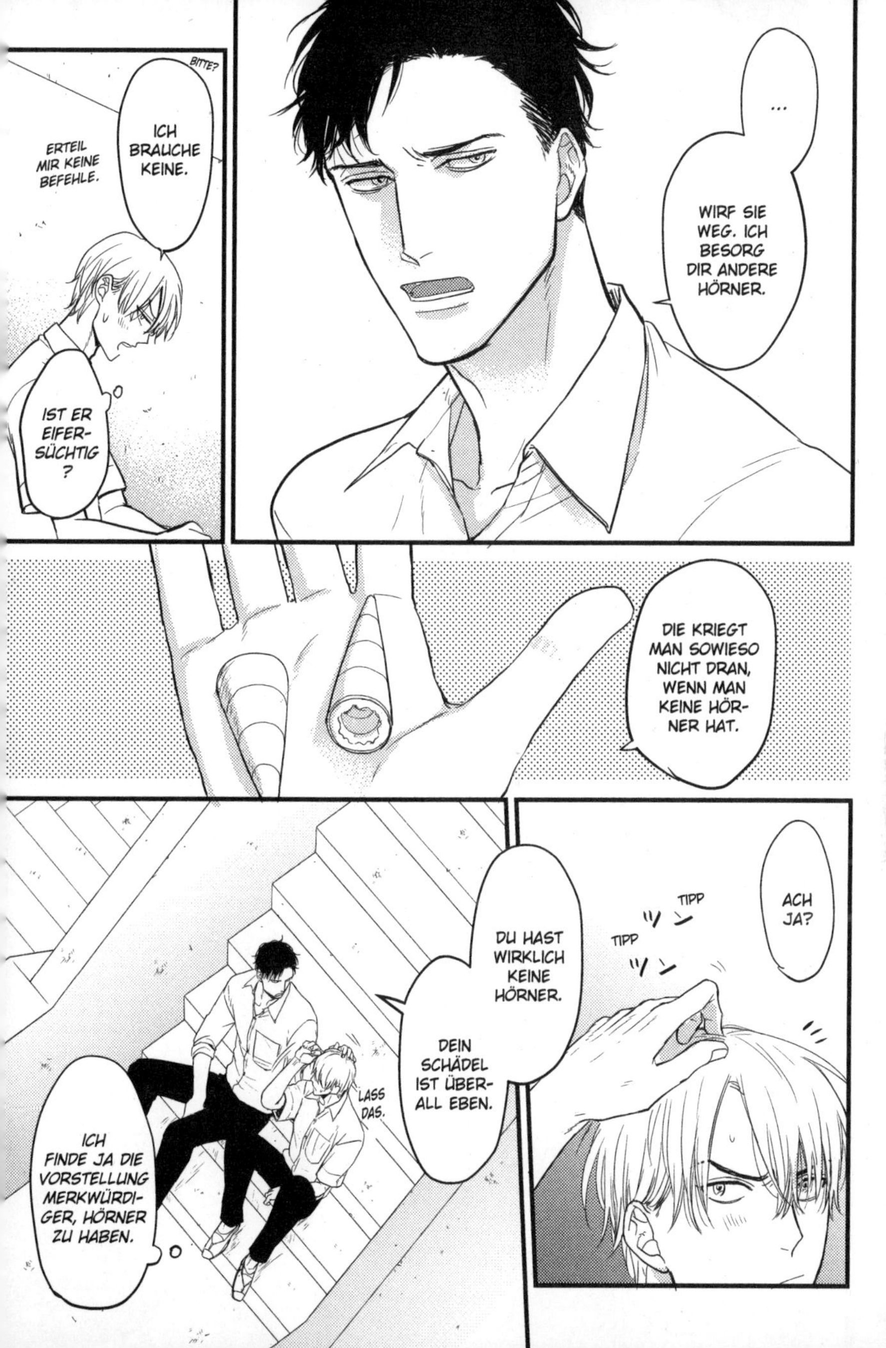
...
WIRF SIE WEG. ICH BESORG DIR ANDERE HÖRNER.
BITTE?
ICH BRAUCHE KEINE.
ERTEIL MIR KEINE BEFEHLE.
IST ER EIFER-SÜCHTIG?
DIE KRIEGT MAN SOWIESO NICHT DRAN, WENN MAN KEINE HÖR-NER HAT.
ACH JA?
TIPP
TIPP
DU HAST WIRKLICH KEINE HÖRNER.
DEIN SCHÄDEL IST ÜBER-ALL EBEN.
LASS DAS.
ICH FINDE JA DIE VORSTELLUNG MERKWÜRDI-GER, HÖRNER ZU HABEN.

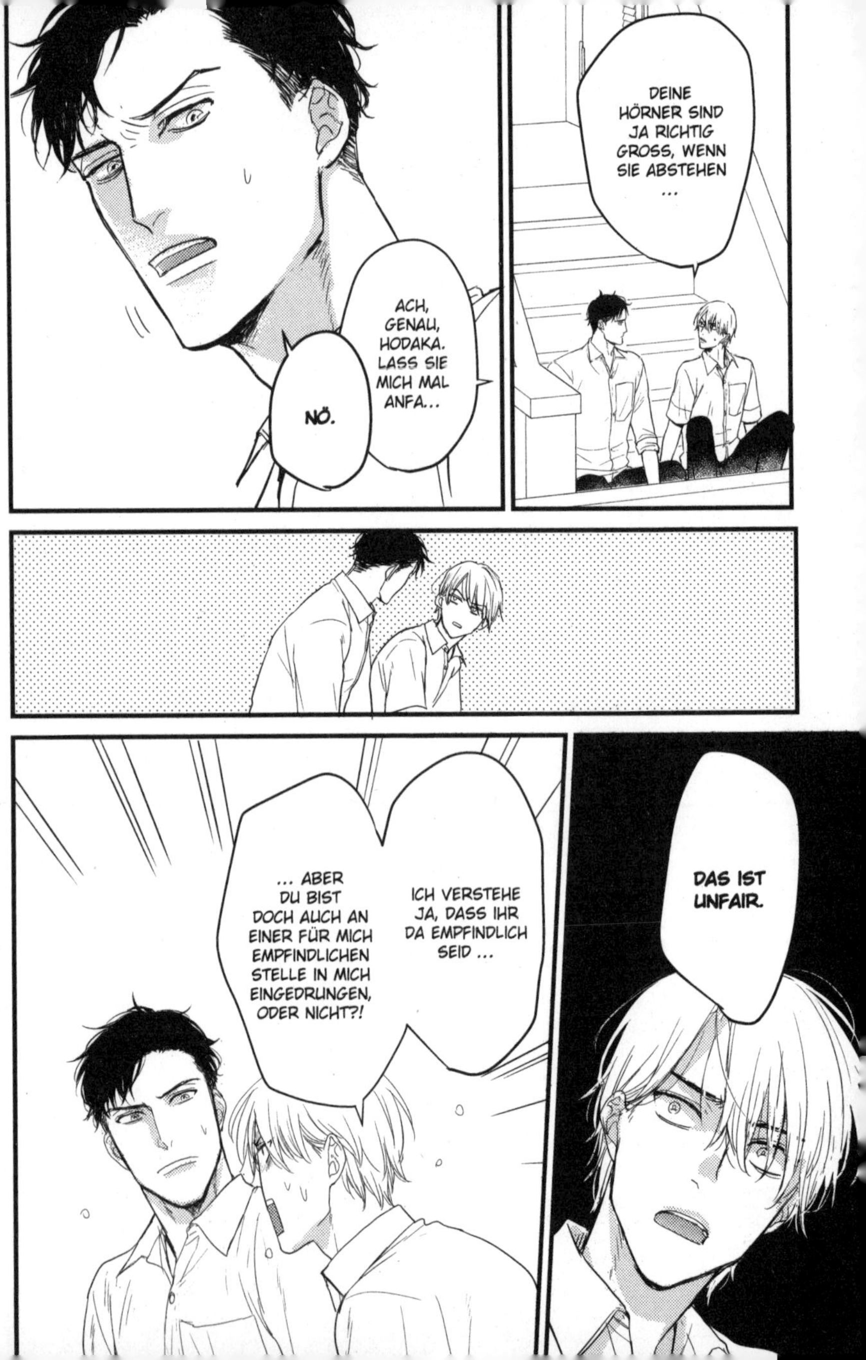

DEINE HÖRNER SIND JA RICHTIG GROSS, WENN SIE ABSTEHEN …
ACH, GENAU, HODAKA. LASS SIE MICH MAL ANFA…
NÖ.

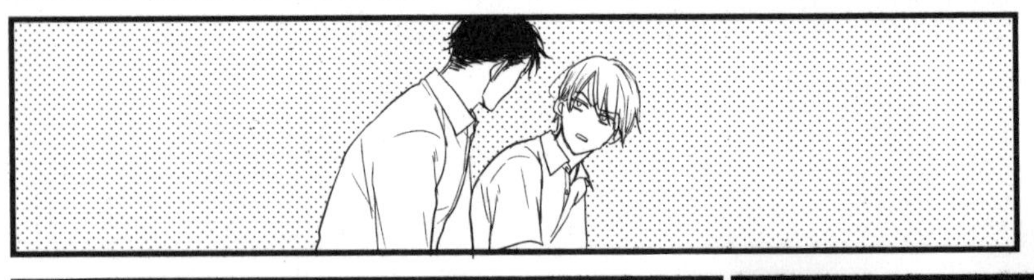

DAS IST UNFAIR.
ICH VERSTEHE JA, DASS IHR DA EMPFINDLICH SEID …
… ABER DU BIST DOCH AUCH AN EINER FÜR MICH EMPFINDLICHEN STELLE IN MICH EINGEDRUNGEN, ODER NICHT?!

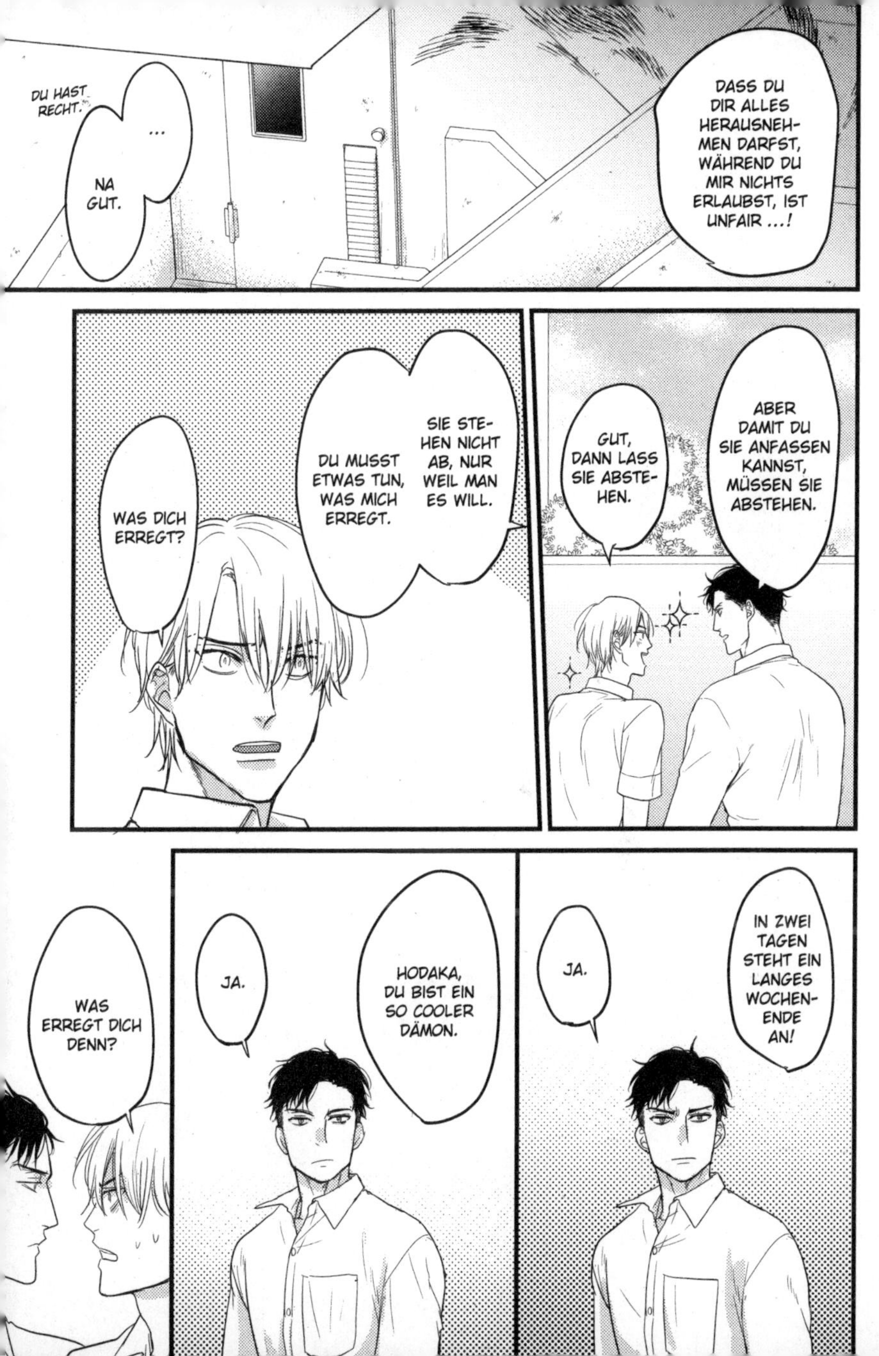
DASS DU DIR ALLES HERAUSNEHMEN DARFST, WÄHREND DU MIR NICHTS ERLAUBST, IST UNFAIR ...!
... NA GUT.
DU HAST RECHT.
ABER DAMIT DU SIE ANFASSEN KANNST, MÜSSEN SIE ABSTEHEN.
GUT, DANN LASS SIE ABSTEHEN.
SIE STEHEN NICHT AB, NUR WEIL MAN ES WILL.
DU MUSST ETWAS TUN, WAS MICH ERREGT.
WAS DICH ERREGT?
IN ZWEI TAGEN STEHT EIN LANGES WOCHENENDE AN!
JA.
HODAKA, DU BIST EIN SO COOLER DÄMON.
JA.
WAS ERREGT DICH DENN?

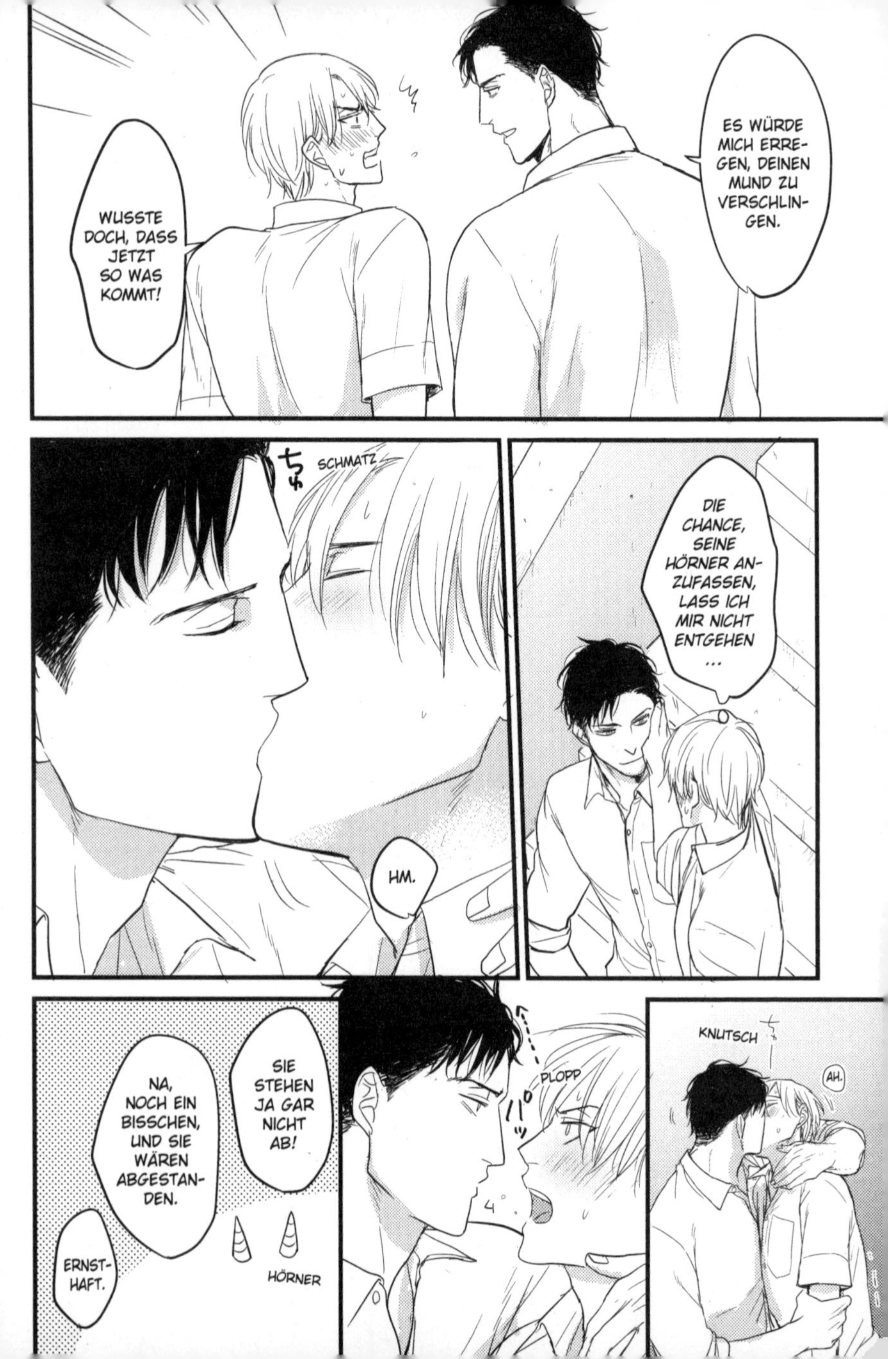

ES WÜRDE MICH ERREGEN, DEINEN MUND ZU VERSCHLINGEN.
WUSSTE DOCH, DASS JETZT SO WAS KOMMT!
DIE CHANCE, SEINE HÖRNER ANZUFASSEN, LASS ICH MIR NICHT ENTGEHEN ...
SCHMATZ
HM.
KNUTSCH
AH.
PLOPP
SIE STEHEN JA GAR NICHT AB!
NA, NOCH EIN BISSCHEN, UND SIE WÄREN ABGESTANDEN.
ERNSTHAFT.
HÖRNER

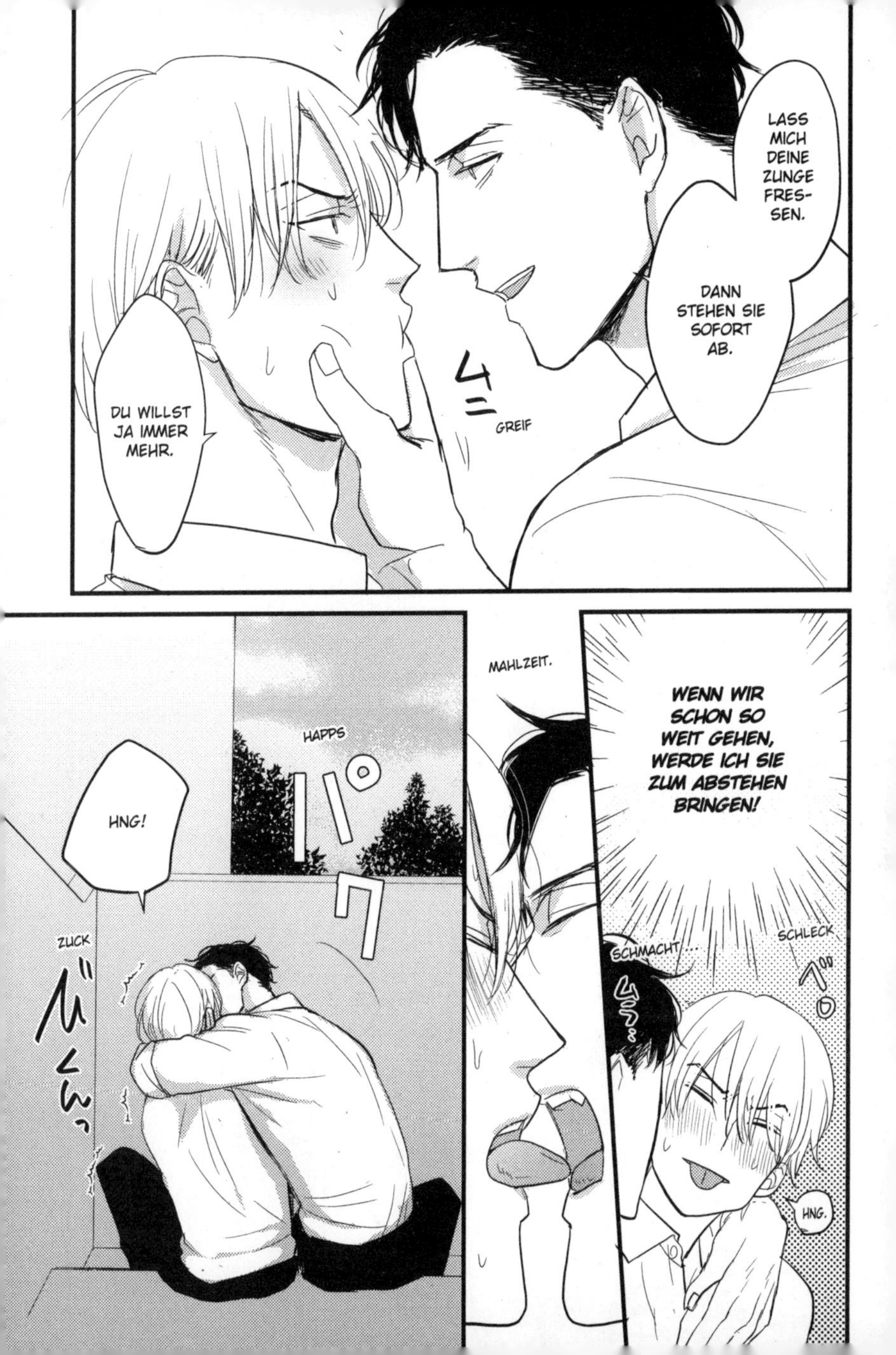

LASS MICH DEINE ZUNGE FRES-SEN.

DANN STEHEN SIE SOFORT AB.

GREIF

DU WILLST JA IMMER MEHR.

WENN WIR SCHON SO WEIT GEHEN, WERDE ICH SIE ZUM ABSTEHEN BRINGEN!

SCHLECK

SCHMACHT ...

HNG.

MAHLZEIT.

HAPPS

HNG!

ZUCK

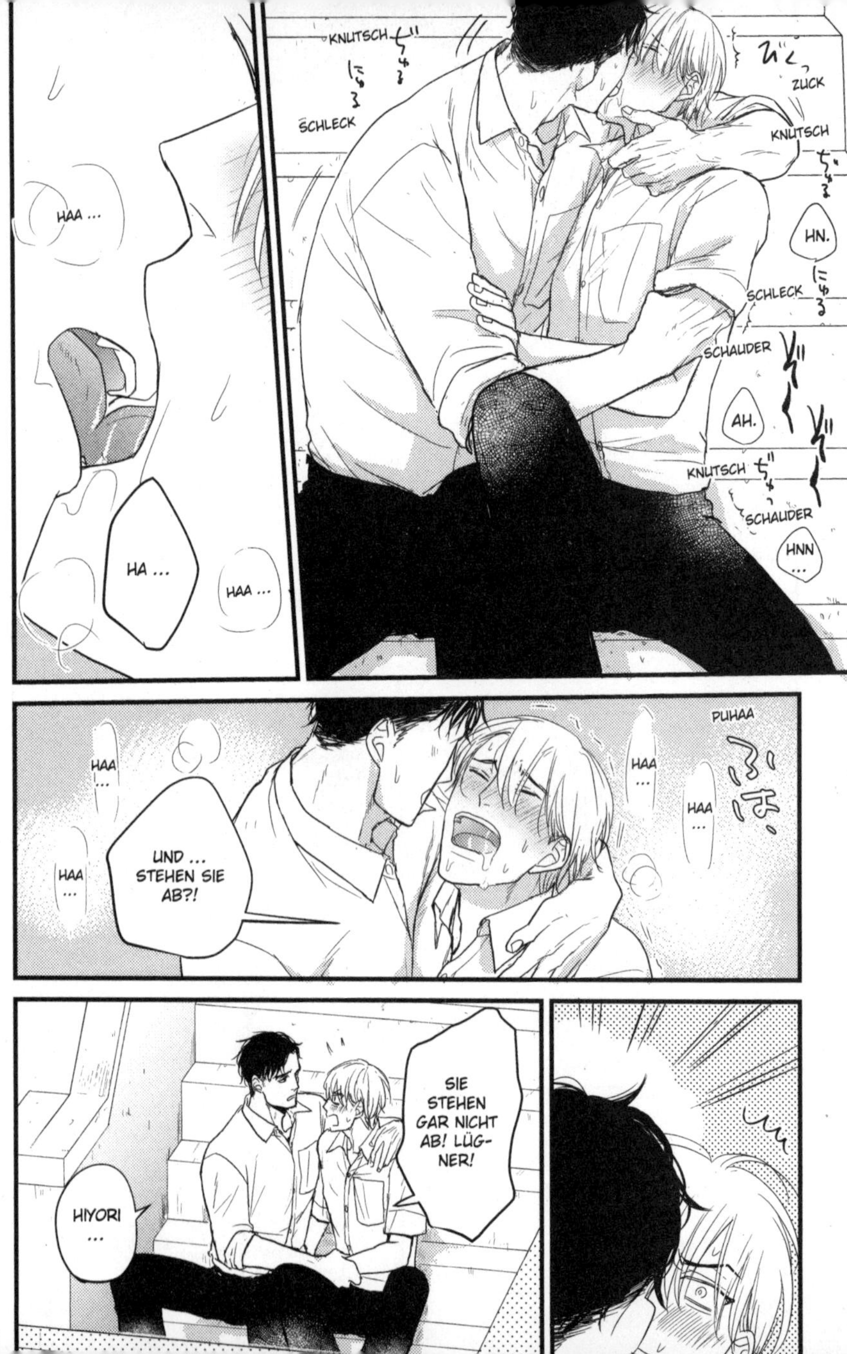
ZUCK
KNUTSCH
KNUTSCH
SCHLECK
HN.
SCHLECK
SCHAUDER
AH.
KNUTSCH
SCHAUDER
HNN …
HAA …
HAA …
HA …
PUHAA
HAA …
HAA …
UND … STEHEN SIE AB?!
HAA …
HAA …
SIE STEHEN GAR NICHT AB! LÜGNER!
HIYORI …

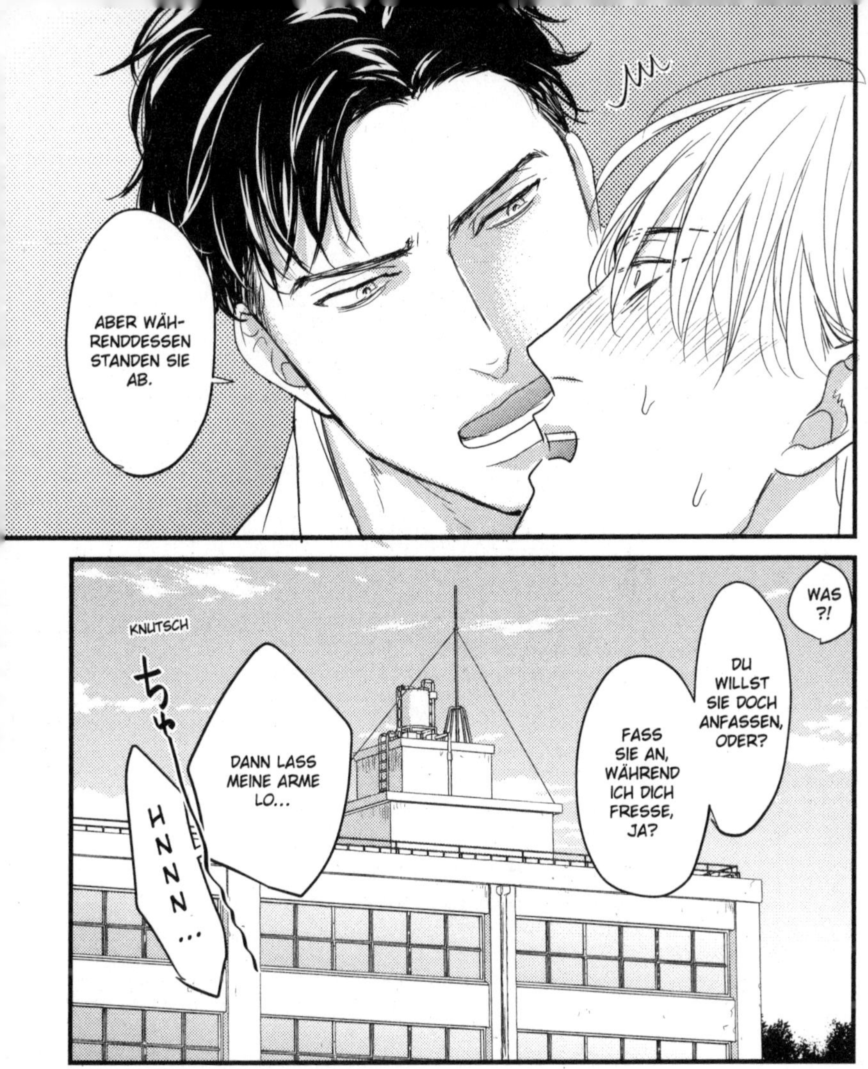

ABER WÄHRENDDESSEN STANDEN SIE AB.

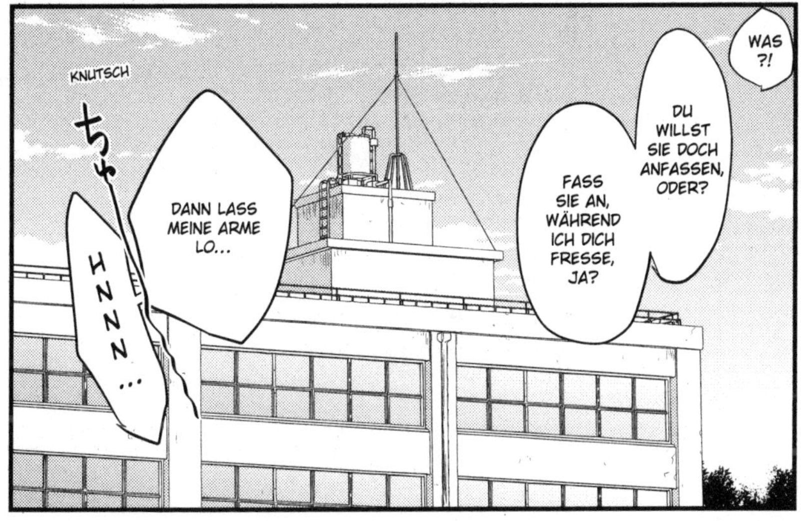

BEIM UNGEFÄHR VIERTEN MAL KONNTE ICH SIE SCHLIESSLICH BERÜHREN.

ENDE

TABETEMO OISHIKU ARIMASEN
UNGENIESSBAR

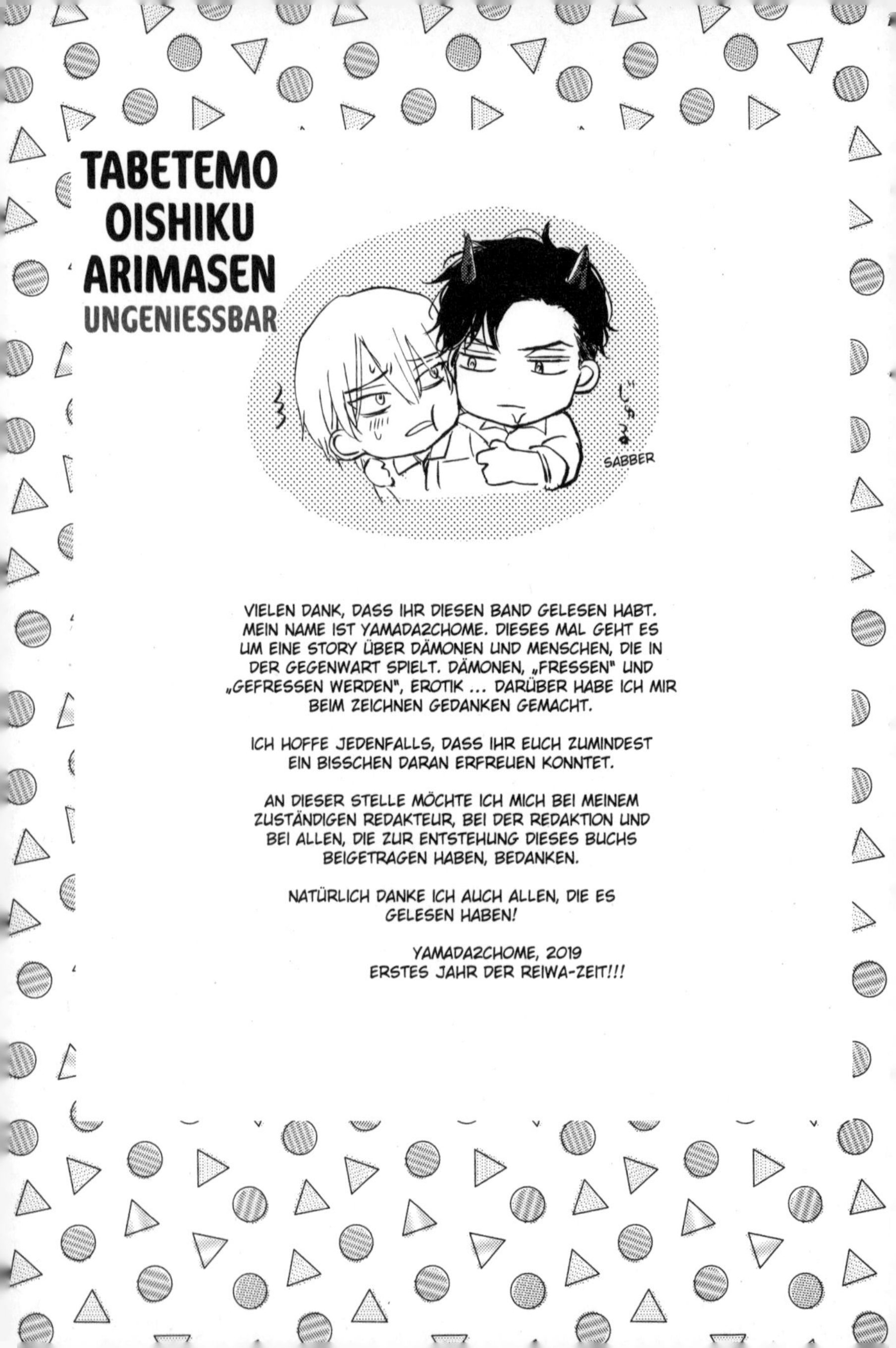

VIELEN DANK, DASS IHR DIESEN BAND GELESEN HABT. MEIN NAME IST YAMADA2CHOME. DIESES MAL GEHT ES UM EINE STORY ÜBER DÄMONEN UND MENSCHEN, DIE IN DER GEGENWART SPIELT. DÄMONEN, „FRESSEN" UND „GEFRESSEN WERDEN", EROTIK … DARÜBER HABE ICH MIR BEIM ZEICHNEN GEDANKEN GEMACHT.

ICH HOFFE JEDENFALLS, DASS IHR EUCH ZUMINDEST EIN BISSCHEN DARAN ERFREUEN KONNTET.

AN DIESER STELLE MÖCHTE ICH MICH BEI MEINEM ZUSTÄNDIGEN REDAKTEUR, BEI DER REDAKTION UND BEI ALLEN, DIE ZUR ENTSTEHUNG DIESES BUCHS BEIGETRAGEN HABEN, BEDANKEN.

NATÜRLICH DANKE ICH AUCH ALLEN, DIE ES GELESEN HABEN!

YAMADA2CHOME, 2019
ERSTES JAHR DER REIWA-ZEIT!!!

NÄCHSTE NUMMER

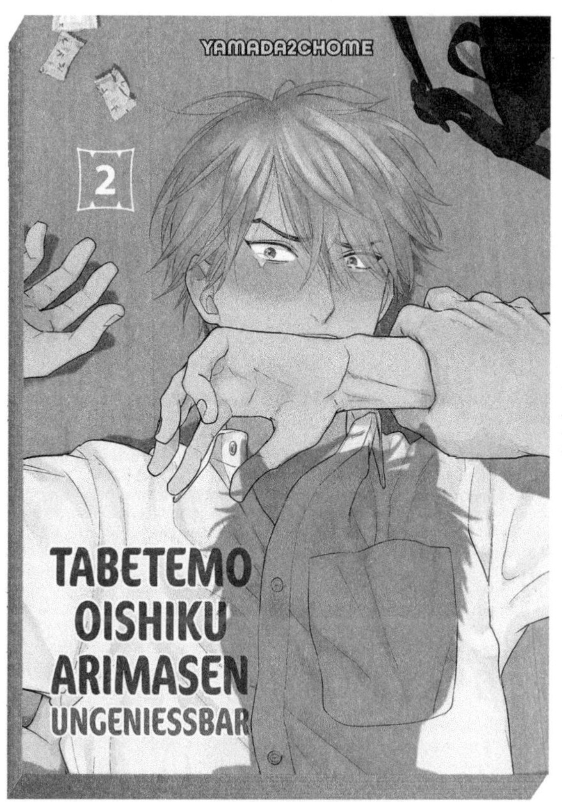

Vorläufiges Cover

AB JUNI

ACHTUNG!

Dieser Comic wird wie im Original gelesen:
von rechts nach links,
also fangt einfach von der anderen Seite des Buches an
und stürzt euch in die Welt von

TABETEMO OISHIKU ARIMASEN UNGENIESSBAR

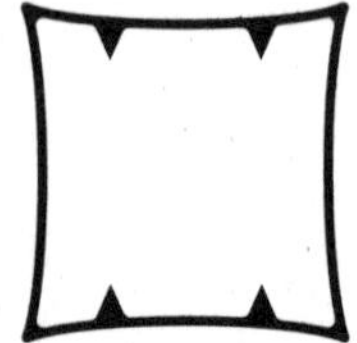

TABETEMO OISHIKU ARIMASEN: UNGENIESSBAR erscheint bei **PANINI MANGA**, Schloßstraße 76, D-70176 Stuttgart. TABETEMO OISHIKU ARIMASEN: UNGENIESSBAR wird unter Lizenz in Deutschland von PANINI Verlags-GmbH veröffentlicht. Druck: LEGO PRINT S.p.A. Direkt-Abos auf **www.paninimanga.de**. Geschäftsführer **Hermann Paul**, Publishing Director Europe **Marco M. Lupoi**, Finanzen/Logistik **Felix Bauer**, Marketing Director **Holger Wiest**, Marketing **Dr. Rebecca Haar**, **Jessica Langer**, Vertrieb **Alexander Bubenheimer**, PR/Presse **Steffen Volkmer**, Publishing Manager **Lisa Pancaldi**, Redaktion **Marlene Eggertsberger**, **Stephanie Jakob**, **Matthias Korn**, **Philipp Nakata**, **Daniela Uhlmann**, Übersetzung **Shozo Araki**, Proofreading **Jan Lukas Kuhn**, grafische Gestaltung **Rudy Remitti**, **Nicola Spano**, Art Director **Alessandro Gucciardo**, Redaktion Panini Comics **Elisa Panzani**, **Ludovica Ungari**, Repro/Packager **Alessandro Nalli** (coordinator), **Anna Boselli**, **Mario Da Rin Zanco**, **Valentina Esposito**, **Luca Ficarelli**, **Simone Guidetti**, **Linda Leporati**, **Fabio Melatti**.

ISBN 978-3-7416-3814-5

Digitale Ausgaben: ISBN 978-3-7569-0815-8 (.pdf) / ISBN 978-3-7569-0813-4 (.epub) / ISBN 978-3-7569-0814-1 (.mobi)

1. Auflage

Bibliografische Information der Deutschen Nationalbibliothek
Die Deutsche Nationalbibliothek verzeichnet diese Publikation in der Deutschen Nationalbibliografie; detaillierte bibliografische Daten sind im Internet über dnb.d-nb.de abrufbar.